Obst- und Gartenbauverlag München

Hermine Hofbauer

# Aus dem Garten in die Küche

271 Rezepte
291 Fotos
300 Seiten

Bayerischer Landesverband für Gartenbau und Landespflege e. V.

**Herausgeber:**
Bayerischer Landesverband für Gartenbau und Landespflege e. V.
Herzog-Heinrich-Straße 21, D-80336 München

**E-Mail:**
info@gartenbauvereine.org

**Internet:**
www.gartenratgeber.de

**Titelbild:** Fleischpflänzchen nach Gärtnerart (Rezept Seite 209)

**Bearbeitung:**


**Gesamtherstellung:**
Ludwig Auer GmbH, Donauwörth

**Auflage:**
2. Auflage 2006

ISBN 10: 3-87596-119-6; ISBN 13: 978-3-87596-119-5

# Zu diesem Buch

Wir Freizeitgärtner sind in einer beneidenswerten Lage, können wir doch Gemüse, Kräuter und Obst ganz frisch und chemisch unbehandelt aus dem Garten holen. So enthalten sie noch alle Vitalstoffe.
Auch im Winter zehren wir noch von dem, was uns der Garten hervorbrachte. Die verschiedenen Vorratsmöglichkeiten (milchsaures Einlegen, Einlagern in der Erde oder im Frühbeet) bieten genügend Abwechslung, uns mit hochwertigen Erzeugnissen aus dem eigenen Garten zu versorgen. Die Rezepte dieses Buches sind abgestimmt auf die Jahreszeiten, nicht auf den Supermarkt, der alles zu jeder Zeit anbietet. Der Preis dafür ist allerdings hoch: lange Transportwege, Abbau von Aroma, Geschmack und Wert gebenden Inhaltsstoffen, hohe Energiekosten und verstärkter Einsatz von Chemie.

Kochen im Einklang mit der Natur ist das Leitmotiv bei der Zusammenstellung der Speisen.
Mittelpunkt der Gerichte sind Obst- und Gemüse aus dem eigenen Garten, ergänzt durch Vollkorn, Fisch und Fleisch.
Zurückhaltung ist heute bei den Süßungsmitteln geboten. Dem Honig wurde der Vorzug gegeben, weil wir Gärtner im eigenen Interesse die Bienenzucht unterstützen sollten.
Da der Fettverbrauch sehr hoch liegt, sind kalorienreiche Zubereitungen wie Rühr- und Mürbeteige, Schmalzgebäck, Einbrennen und Mayonnaisen stark reduziert. Weitgehend verzichtet wurde auf chemische Hilfsmittel, stark verarbeitete Handelsware sowie auf Nahrungsmittel mit vielen Zusatzstoffen.
Großer Wert wird auf das Eigenaroma, auf Kräuter, natürliche Gewürze und auf die Erhaltung der Nährstoffe gelegt. Die Grundsätze der Vollwert-Ernährung wurden bei der Auswahl der Gerichte und der verwendeten Zutaten berücksichtigt.

Die Zusammenstellung der Gerichte und Zutaten ist keineswegs dogmatisch zu sehen. Wenn bestimmte Kräuter oder Gemüse im eigenen Garten gerade nicht vorhanden sind, können sie meist problemlos durch andere ersetzt werden. Hinweise dazu werden gegeben. Wer sich mit Vollkornprodukten nicht oder nur schwer anfreunden kann, kann Vollkornmehle und andere Vollkornprodukte selbstverständlich durch die entsprechenden konventionellen Auszugsmehle u. a. ersetzen, auch wenn diese natürlich ernährungsphysiologisch deutlich geringer einzustufen sind.

**Hinweis**
Alle Mengenangaben bei den Rezepten, außer es wurde extra angegeben, sind für 4 Portionen ausgerichtet.

*Hermine Hofbauer*

# Inhalt

## Januar


| | |
|---|---|
| Fischklößchensuppe mit Walnuss | 14 |
| Bohnensuppe | 15 |
| Bunte Gemüsesuppe mit Linsen | 16 |
| Kürbis Sauerkrautgratin | 17 |
| Kartoffelknödel mit milchsauerem Gemüse | 18 |
| Chicoréesalat mit Kürbis | 19 |
| Gebackene Schwarzwurzeln mit Mischgemüse | 20 |
| Winterlicher Rohkostsalat | 21 |
| Erbsengemüse | 22 |
| Sauerkrautsalat mit Kürbis | 23 |
| Bunte Gemüsepfanne | 24 |
| Überbackenes Gemüse mit Fisch | 25 |
| Schwarzwurzel-Rohkost | 26 |
| Quarkaufstrich mit gekeimten Bockshornkleesamen | 27 |
| Rote-Rüben-Rettich-Salat | 28 |
| Vollkorn-Quark-Brötchen | 29 |
| Apfel-Mohnstrudel mit Hefeteig | 30 |
| Apfelkuchen mit Quark | 31 |
| Apfelschalentee | 32 |
| Bratäpfel | 33 |
| Korbiniantorte mit Most | 34 |


## Februar


| | |
|---|---|
| Quark-Müsli mit Apfel | 36 |
| Steinpilz-Kartoffelsuppe | 37 |
| Geriebene Teigsuppe mit Gelbe-Rüben-Einlage | 38 |
| Lauchcremesuppe | 39 |
| Brotsuppe | 40 |
| Heringstopf | 41 |
| Weizenbrötchen mit Sprossen | 42 |
| Grünkernbrei mit Mischsalat und Quarksoße | 43 |
| Kartoffelpuffer mit milchsauerem Kraut und Leberkäse | 44 |
| Pellkartoffeln mit Linsenbrei und Quark, Zuckerhutsalat mit Gelben Rüben | 45 |
| Überbackene Pastinaken | 46 |
| Speckknödel mit Sauerkraut | 47 |
| Salat mit Gelbe Rüben, Sellerie | 48 |
| Roggenbrot mit Edelpilzkäse-Butter, Alfalfa und Senfsprossen | 49 |
| Zuckerhutsalat mit Weizensprossen | 50 |
| Sellerieschnitzel | 51 |
| Feldsalat mit Winterrettich | 52 |
| Haferflockenauflauf mit Äpfeln | 53 |
| Apfelkuchen mit Marmelade | 54 |
| Walnusswaffeln | 55 |
| Pastinakentorte | 56 |


## März


| | |
|---|---|
| Pastinakenmüsli | 58 |
| Rote-Rüben-Suppe | 59 |
| Selleriesuppe | 60 |
| Kartoffel-Gelbe-Rüben-Suppe mit Topinambur | 61 |
| Lauchpfanne mit geröstetem Brot | 62 |
| Winterliches Gemüse mit Brandteigklößchen | 63 |
| Roher Lauchsalat | 64 |
| Hackfleisch mit Hirse und Gemüse, Curryäpfel | 65 |
| Kartoffelbrei mit Gartenkresse | 66 |
| Schwarzwurzel-Gratin | 67 |
| Chicoréesalat mit Grünkohl | 68 |
| Kressekartoffeln, Rohkostsalat, Fisch in Currysoße | 69 |
| Feldsalat mit Pastinaken und Hirse | 70 |
| Panierte Pastinaken | 71 |
| Zuckerhutsalat mit Grünkohl und Wasserrüben | 72 |
| Kartoffel-Haferknödel mit Linsensoße | 73 |
| Feldsalat mit Wasserrüben und Keimsprossen | 74 |
| Schwarzwurzelomelett mit Gelbe-Rüben-Schwarzwurzel-Salat | 75 |
| Linsenauflauf | 76 |
| Warmes Salatgemüse mit Topinambur | 77 |
| Pikante Apfelcreme mit Senf | 78 |
| Waldorfsalat auf leichtere Art | 79 |
| Kartoffeltorte | 80 |


## April


| | |
|---|---|
| Müsli „Chinaapfel" | 82 |
| Kräuterpfannkuchen-Suppe | 83 |
| Grüne Kartoffelsuppe | 84 |
| Nudelsuppe mit Gemüse | 85 |
| Klare Gemüsesuppe mit Dinkelklößchen | 86 |
| Giersch-Omelett mit gemischtem Salat | 87 |
| Kohlrübenauflauf mit Buchweizen | 88 |
| Gemüseauflauf mit Bohnen | 89 |
| [illegible] | 90 |
| Quarkspätzle mit Spinat | 91 |
| Selleriesalat mit Gelben Rüben und Äpfeln | 92 |
| Forelle mit Kerbel-Kartoffeln und Gelbe-Rüben-Apfelsalat | 93 |
| Kartoffelsalat mit Pastinaken | 94 |
| Morcheln mit Lauch und Kartoffeln | 95 |
| Erfrischender Spinatsalat | 96 |
| Eieraufstrich mit Vollkornsemmeln | 97 |
| Niedergerner Bärlauchaufstrich | 98 |
| Apfelquark | 99 |
| Apfelkuchen | 100 |
| Wickeltorte | 101 |
| Schwarzer Tee mit Fruchtsaft | 102 |


## Mai


| | |
|---|---|
| Rhabarbermüsli mit Trockenfrüchten | 104 |
| Vollkornsemmeln mit Trockenfrüchten | 105 |
| Löwenzahnblütentee | 106 |
| Shii-Take Rahmsuppe | 107 |
| Schafgarbensuppe | 108 |
| Haferflocken-Lauchsuppe | 109 |
| Kerbelsuppe | 110 |
| Lauch-Kartoffel-Gratin | 111 |
| Bandnudeln mit Spinatsoße | 112 |
| Japanisches Baumschnitzel mit Kartoffel-Gelbe-Rüben-Brei | 113 |
| Spinat mit Winterrettich und Radieschen | 114 |
| Spaghetti mit Schnittlauchsoße | 115 |
| Eingelegtes Fischfilet | 116 |
| Spinat-Omelett | 117 |
| Gelbe-Rüben-Sellerie-Gemüse | 118 |
| Spinat-Gratin | 119 |
| Hefepfannkuchen mit Holler | 120 |
| Rhabarberauflauf mit Quark-Fruchtsoße | 121 |
| Rhabarberkompott | 122 |
| Zimtnudeln mit Johannisbeer-Preiselbeer-Kompott | 123 |
| Rhabarberblechkuchen | 124 |
| Schneller Rhabarberkuchen | 125 |
| Erdbeerbowle | 126 |


## Juni


| | |
|---|---|
| Früchtebrot „Gartenstolz" | 128 |
| Felsenbirnenmüsli | 129 |
| Rohe Erdbeersoße mit Biskuitgebäck | 130 |
| Hirsesuppe mit Spargel | 131 |
| Kohlrabisuppe mit Hirse | 132 |
| Brokkolicremesuppe | 133 |
| Brokkoli-Hirse-Auflauf | 134 |
| Blumenkohlblätter-Gemüse mit Kartoffeln und Ei | 135 |
| Zucchinipflänzchen | 136 |
| Sommerlicher Nudelsalat | 137 |
| Sommerlicher Vitalsalat | 138 |
| Hirsotto mit Schafskäse | 139 |
| Spinat mit Bröseln | 140 |
| Mangoldpizza | 141 |
| Grüner Salat mit asiatischer Note | 142 |
| Zucchini-Hackfleischgericht | 143 |
| Krautspätzle | 144 |
| Kirschknödel | 145 |
| Heidelbeergebäck | 146 |
| Johannisbeer-Schmetterling | 147 |
| Erdbeerkuchen mit Bananen | 148 |
| Erdbeer-Eis | 149 |
| Vollkornwaffeln mit Johannisbeeren | 150 |

## Juli


Himbeermüsli mit Pfirsichen 152
Himbeer-Pfirsich-Milch 153
Gemüsesuppe „Querbeet“ 154
Pfannkuchensuppe mit Erbsen 155
Panierte Zucchini 156
Erfrischender Sommersalat 157
Buntes Sommergemüse mit Böseln 158
Apfel-Gelbe-Rüben-Rohkost 159
Getreide-Hackfleischpflänzchen mit Zuckererbsen und Joghurtsoße 160
Bunter Hafersalat 161
Gegrilltes Truthahnschnitzel mit Tomaten und Zuckererbsen 162
Gratin mit Puffbohnen und Zucchini 163
Kapuzinerkresse-Salat 164
Sättigender Gurkensalat 165
Überbackener Blumenkohl 166
Brokkoli-Auflauf mit Kartoffelbrei 167
Quarkauflauf mit Johannisbeeren 168
Johannisbeerkuchen 169
Joghurt mit Früchten 170
Haferbrei mit roher Johannisbeerfruchtsoße 171
Dinkelflammeri mit Sauerkirsch-Bananensoße 172
Himbeerkaltschale mit Pfirsichen 173
Roggen-Biskuitkuchen mit Johannisbeeren 174


## August


Müsli „Ferienfreunde“ 176
Kalte Gurkensuppe 177
Gurkensuppe mit Rosmarin 178
Kalte Tomatensuppe 179
Tomatensuppe mit Haferflocken 180
Überbackene Zucchini 181
Zucchinipflänzchen mit Haferflocken 182
Tomatenpizza 183
Zucchini-Pizza 184
Paprika gefüllt mit Hirse, in Tomatensoße 185
Zucchini gefüllt mit Hirse und Hackfleisch 186
Kartoffelkuchen salzig 187
Bunter Eisbergsalat 188
Gurkengemüse auf ungarische Art 189
Gurkengemüse mit Fisch 190
Auberginen mit Hackfleisch 191
Auberginen überbacken 192
Gestürzter Kräuterquark in kalter Tomatensoße 193
Apfelpfannkuchen 194
Aprikosenknödel 195
Leichter Apfelkuchen vom Blech 196
Hirsebrei mit Aprikosen 197
Obstsalat „Hochsommer“ 198


## September


Müsli „Herbstsinfonie“ 200
Kornellkirschenmüsli 201
Bunter Hirseteller 202
Gemüsecremesuppe 203
Champignonsuppe mit Tomaten 204
Zarte Waldmedaillons 205
Teufelshörnchen 206
Zucchini-Kartoffeleintopf 207
Fenchel überbacken 208
Fleischpflänzchen nach Gärtnerart 209
Tomatensalat mit Äpfeln und Haselnüssen 210
Spaghetti mit Champignonsoße 211
Brotzeitteller Straubinger Art 212
Roter Mojo – Tomatentunke 213
Salat mit Stangensellerie 214
Bunte Salatplatte mit Quark-Rahmsoße 215
Quark-Variationen 216
Mirabellenstrudel 217
Herbstlicher Apfeldatschi 218
Hirseauflauf mit Pfirsichen 219
Erfrischende Mischkompotte 220


## Oktober


Müsli mit Obstmus 222
Kohlrübensuppe 223
Stangensellerie mit Herbstgemüse 224
Kürbissuppe mit Meerrettich 225
Champignonsuppe mit Stangensellerie 226
Eier mit Tomaten und Kopfsalat 227
Kartoffel-Chinakohl-Püree mit Brathering 228
Brokkoli-Pfanne 229
Bunter Salatteller mit Brokkoli 230
Bohnenbrei mit Lammkotelett und Rosmarinkartoffeln 231
Herbstlicher Tomatensalat 232
Kartoffel-Rettich-Mus 233
Rettichblätter-Pürree 234
Kohlrabi-Bratlinge 235
Roher Kohlrabisalat 236
Gulasch nach Gärtnerart 237
Kartoffel-Kürbis-Püree 238
Überbackenes Gemüse mit Stangensellerie 239
Chinakohlsalat mit Fenchel 240
Quitten mit Joghurt 241
Biskuitroulade mit Zwetschgenmus 242
Zwetschgenknödel mit Vollkornbröseln, Walnüssen und Mohn 243
Zwetschgendatschi 244


## November


Kürbismüsli 246
Mispelmüsli 247
Reisbrei mit Quitten 248
Buchweizensuppe mit Gemüse 249
Kartoffelsuppe mit buntem Sauerkraut 250
Spinatsuppe mit Haferflocken 251
Gebackene „Kalbsschnitzel“ 252
Überbackener Chinakohl 253
Chinakohl-Rouladen mit Quinoa 254
Braten nach Gärtnerart 255
Blaukrautsalat 256
Überbackene Nudeln mit Weißkraut 257
Kürbissalat mit Apfel 258
Meerrettich mit Walnüssen und Weißwurst 259
Gebackene Kürbisstifte 260
Geschnetzeltes mit Quitten 261
Zarte Kürbistaler 262
Pfannkuchenstrudel mit Quitten 263
Apfel-Mohnkuchen 264
Äpfel mit Semmelbrösel-Keimsprossenmischung 265
Vollkornflammeri mit Kiwi garniert 266
Kletzenbrot 267
Apfelbrot 268
Vollkornlebkuchen 269
Walnusskrapferl 270


## Dezember


Trockenfrüchtekuchen 272
Grünkohlsuppe 273
Gemüsesuppe mit Kürbis 274
Grünkohl-Püree mit Grünkern-Frikadellen 275
Roher Grünkohlsalat mit Zuckerhut 276
Winterliches Gemüse mit Fisch 277
Zuckerhutsalat mit Äpfeln 278
Grünkohl-Gratin 279
Rosenkohl-Auflauf 280
Weihnachtliches Mostfleisch mit Trockenfrüchten und Böhmischen Mehlknödeln 281
Gulasch mit Kürbis 282
Fasan gebraten mit Currykartoffeln 283
Winterlicher Obstsalat mit Walnüssen 284
Quitten-Müsli 285
Haselnusscreme 286
Weihnachtliche Mohnnachspeise 287
Glarner Spitzbube 288
Kammerfenster 289
Quitten-Fruchtschnitten 290
Gesundheitsbällchen 291
Weihnachtsplätzchen für Kinder 292
Lebkuchen als Christbaumschmuck 293
Gefüllte Butterblumen 294
Innsbrucker Nussplätzchen 295

**Index** 296

# Gemüse, Kräuter, Obst

„Wer pflanzliche Kost bevorzugt, macht fast alles richtig", sagen die Fachleute. Mit einem Minimum an Kalorien können Gemüse, Kräuter und Obst ein Maximum an Vitaminen, Mineral- und Ballaststoffen und viele noch wenig erforschte gesundheitsfördernde Substanzen liefern. Besonders den so genannten sekundären Pflanzenstoffen misst man immer mehr Bedeutung zu.
Gemüse und viele farbige Früchte enthalten *Karotinoide*, die das Abwehrsystem stärken und krebsschützend wirken.
In Hülsenfrüchten finden wir vor allem *Saponine*, die Bakterien und Viren im Wachstum hemmen sowie den Cholesterinspiegel senken.
Ein sehr breites Wirkungsfeld haben die *schwefelhaltigen Pflanzenstoffe*, die im Knoblauch, Senf, Meerrettich, in der Kresse, den Zwiebelgewächsen und allen Kohlarten anzutreffen sind und antibakterielle, entgiftende, cholesterinsenkende, krebsvorbeugende und gerinnungshemmende Eigenschaften aufweisen.
Auch *Bitterstoffe* und *ätherische Öle*, die verdauungsfördernd wirken, haben einen hohen gesundheitlichen Wert, sind aber meistens hitzeempfindlich. Deshalb sollte täglich unerhitzte pflanzliche Frischkost (Ausnahme Bohnen, Kartoffeln) gegessen werden. Günstig sind Müsli mit frischem Obst und unerhitztem Getreide, gemischte Rohkostsalate (auch mit Obst), Keimsprossen, milchsaures Gemüse, Kräuter.
Da wichtige Inhaltsstoffe konzentriert in und unter der Schale liegen, spricht einiges gegen das Schälen von ungespritzten Früchten aus dem eigenen Garten.
Gekochtes kann durch etwas rohes Gemüse, Obst und Kräuter in zerkleinerter oder pürierter Form aufgewertet werden. Auch in der kalten Jahreszeit ist dies möglich. Es gibt winterfestes Gemüse und gute Lagermöglichkeiten.

*Gemüse ist im Rahmen einer ausgewogenen Ernährung wichtiger Lieferant von Vitaminen (C, E, B-Vitamine, Karotin), Mineralstoffen (v. a. Kalium, Phosphor, Magnesium, Eisen) und Ballaststoffen. Der Energiegehalt ist relativ niedrig. Positiv zu bewerten ist auch der niedrige Natriumgehalt (siehe Übersicht S. 8).*

*Zu einer gesunden Lebensführung gehört neben regelmäßiger Bewegung eine ausgewogene Ernährung in angemessener Menge. Obst gilt dabei als wichtige Quelle für die Versorgung des Körpers mit lebensnotwendigen Nährstoffen, insbesondere vielen Vitaminen, Mineralstoffen, Fruchtsäuren, Ballaststoffen, Gerbstoffen (und anderen sekundären Pflanzeninhaltsstoffen) sowie leicht aufnehmbaren Kohlenhydraten (siehe Übersicht S. 9).*

## Nitrat im Gemüse

Nitrat selbst ist kein gefährlicher Stoff. Es ist vielmehr ein lebensnotwendiger Pflanzennährstoff. Die gesundheitlichen Bedenken richten sich vor allem gegen das Nitrit, das aus Nitrat gebildet werden kann.
Auf einen geringen Gehalt kann eine gute landwirtschaftliche Praxis positiven Einfluss nehmen. Dazu zählen vor allem Faktoren wie bedarfsgerechte und sinnvolle Stickstoff-Düngung sowie saisongerechter Freilandanbau. Auch Blanchieren, Dämpfen, Kochen und Wässern senkt den Nitratgehalt, sowie das Entfernen von Stielen, Stängeln, Strünken, großen Rippen und den äußeren Blättern bei Blattgemüse.

## Getreide – eine ideale Ergänzung zu Gemüse

30–40 g Ballaststoffe täglich empfiehlt die Deutsche Gesellschaft für Ernährung. Mit Gemüse und Obst ist es schwierig, die erforderliche Menge aufzunehmen, deshalb sollte die Hälfte davon aus dem Getreide stammen. 100 g Weizenkorn enthalten etwa 10 g Ballaststoffe, das ausgesiebte Mehl (Typ 405) lediglich 2 g.

### Bedeutung der Randschichten und des Keimlings

Gerade die Randschichten und der Keimling, die bei der Herstellung von Mehl vom restlichen Korn abgetrennt werden, sind reich an lebenswichtigen Stoffen. So finden sich dort die Mineralstoffe Kalium, Kalzium, Phosphor, Eisen, die Vitamine A, B, E, die Ballaststoffe und die ungesättigten Fettsäuren in wesentlich größeren Mengen als im Weißmehl. Je heller das Mehl, desto größer ist der Vitamin- und Mineralstoffverlust.

Von großer Bedeutung sind die Vitamine der B-Gruppe, die Nerven, Augen, Schleimhäute schützen, Infektionen abwehren und am Stoffwechsel von Eiweiß, Fett und Kohlenhydraten beteiligt sind.

Für Zuckerkranke (Diabetiker) sind Vollkornprodukte unerlässlich. Sie haben eine längere Verweildauer im Magen, das Hungergefühl tritt nicht so rasch auf und der Blutzuckerspiegel steigt langsamer an als beim leicht löslichen Zucker.

Da die einzelnen Getreidesorten Unterschiede in der Zusammensetzung aufweisen, auch geschmacklich nicht gleich sind, ist Abwechslung durchaus empfehlenswert.

### Dinkel, Quinoa, Amaranth

**Dinkel** ist eine alte Kulturform des Weizens, die robust und anspruchslos wächst, aber seit langem von den ertragreicheren Weizensorten verdrängt ist. Für die Ernährung ist Dinkel deshalb so wichtig, weil er reich an Vitaminen, Ballast- und Mineralstoffen ist. Der Eiweißgehalt liegt bei etwa 11 %. Fett hat einen Anteil von 2–3 %. Aufgrund seines hohen Gehaltes an Klebereiweiß eignet sich Dinkel hervorragend zum Backen. Brot und Gebäck aus Dinkelmehl haben einen besonders herzhaften, nussartigen Geschmack. Unreif, also grün geerntet und gedarrt, erhält er ein kräftiges Aroma und wird als Grünkern bezeichnet. Grünkern ist für Suppen, Aufläufe und Füllungen bestens geeignet.

aid Ernährungspyramide (Quelle: „aid infodienst“, weitere Informationen unter www.aid.de)

*Die aid-Ernährungspyramide ist wissenschaftlich fundiert und beruht auf den Empfehlungen der Deutschen Gesellschaft für Ernährung. Im „grünen Bereich“ (auf der Pyramide die 3 untersten Stufen) liegen die Lebensmittel, die reichlich verwendet werden sollen: Getränke (6 Portionen am Tag), Obst und Gemüse (5 Portionen) sowie Brot, Getreide und Beilagen (4 Portionen). Dann folgen die Lebensmittel, die maßvoll gegessen werden können, wie Milch und Milchprodukte, Fleisch, Wurst, Fisch, Ei (3 Portionen). Am Ende (roter Bereich) stehen die Dinge zum Genießen und Verfeinern, wie Fette und Öle (2 Portionen), ganz zum Schluss Süßes, Snacks und Alkohol (1 Portion). Eine Portion entspricht dabei der Menge, die in eine, in Ausnahmefällen auch in zwei, Hände passt bzw. bei Getränken in einem Glas.*

**Quinoa** ist eigentlich gar kein Getreide, sondern ein einjähriges Reismeldengewächs, das 50–150 cm hoch wird. Es gibt etwa 60 Arten, die gelb, schwarz oder braun sein können und Ähnlichkeit mit Hirse- und Senfkörnern haben. Quinoa gedeiht noch unter schwierigsten Bedingungen (Hitze, Trockenheit, Kälte, magerer Boden) in den südamerikanischen Anden bis 4300 m Höhe. Die Inkas verehrten die Pflanze und schrieben ihr besondere Eigenschaften zu. Auch die spanischen Eroberer, die im 16. Jahrhundert die Ureinwohner von Peru vernichteten, hielten diese Frucht für ein Wunderkorn, aus dem die Indianer ihre Kraft schöpften.

Quinoa weist äußerst günstige Nährstoffe in einzigartiger Kombination auf. Dieser „Inkaweizen“ hat von allen Getreidesorten den höchsten Eiweißgehalt (durchschnittlich 15 %) und liegt damit

| **Nährwerttabelle Gemüse** (Die Angaben beziehen sich auf 100 g verzehrbarer Anteil) | **Energie** | | **Hauptnährstoffe** | | | **Gesamt-ballaststoffe** | **Mineralstoffe** | | | | | **Vitamine** | | | |
|---|---|---|---|---|---|---|---|---|---|---|---|---|---|---|---|
| | | | Eiweiß | Fett | Kohlen-hydrate | | Natrium | Kalium | Kalzium | Phosphor | Eisen | A | B1 | B2 | C |
| | kj | kcal | g | g | g | g | mg | mg | mg | mg | mg | µg | mg | mg | mg |
| Artischocken | 230 | 55 | 2,4 | 0,1 | 11,0 | – | 47 | 350 | 53 | 130 | 1,5 | 17 | 0,14 | 0,05 | 8 |
| Auberginen | 234 | 56 | 2,3 | 0,1 | 11,4 | 1,7 | 33 | 273 | 53 | 101 | 1,2 | 15 | 0,12 | 0,04 | 6 |
| Blaukraut | 126 | 30 | 1,7 | 0,2 | 5,3 | 2,4 | 4 | 267 | 38 | 32 | 0,5 | 5 | 0,07 | 0,05 | 50 |
| Blumenkohl | 113 | 27 | 2,4 | 0,2 | 4,0 | 2,3 | 16 | 311 | 22 | 72 | 1,1 | 21 | 0,10 | 0,11 | 69 |
| Bohnen, grün | 146 | 35 | 1,9 | 0,3 | 6,1 | 3,6 | 2 | 243 | 56 | 44 | 0,8 | 60 | 0,08 | 0,11 | 19 |
| Broccoli | 138 | 33 | 3,5 | 0,2 | 4,3 | 3,2 | 14 | 410 | 113 | 78 | 1,3 | 316 | 0,10 | 0,20 | 110 |
| Chicoree | 67 | 16 | 1,3 | 0,2 | 2,3 | 1,1 | 4,0 | 192 | 26 | 26 | 0,7 | 216 | 0,05 | 0,03 | 10 |
| Chinakohl | 67 | 16 | 1,2 | 0,3 | 2,0 | 0,9 | 7 | 202 | 40 | 30 | 0,6 | 13 | 0,03 | 0,04 | 36 |
| Erbsen, grün | 331 | 79 | 6,3 | 0,5 | 12,4 | 5,3 | 2 | 316 | 26 | 116 | 1,9 | 63 | 0,35 | 0,14 | 27 |
| Feldsalat | 88 | 21 | 1,8 | 0,3 | 2,7 | 1,6 | 4 | 420 | 32 | 49 | 2,0 | 650 | 0,07 | 0,08 | 26 |
| Fenchel | 209 | 50 | 2,1 | + | 8,5 | 1,3 | 86 | 492 | 107 | 54 | 2,7 | 781 | 0,22 | 0,11 | 93 |
| Gartenkresse | 192 | 46 | 4,2 | 1,4 | 4,1 | – | 5 | 550 | 214 | 38 | 2,9 | 365 | 0,15 | 0,19 | 60 |
| Gelbe Rüben, roh | 172 | 41 | 1,1 | 0,2 | 8,7 | 2,3 | 45,0 | 341 | 37 | 36 | 0,7 | 1100 | 0,06 | 0,05 | 8 |
| Grünkohl | 238 | 57 | 6,0 | 0,9 | 6,1 | 4,8 | 44 | 436 | 230 | 90 | 2,7 | 833 | 0,20 | 0,20 | 140 |
| Gurken | 54 | 13 | 0,8 | 0,2 | 2,0 | 0,7 | 8 | 141 | 15 | 23 | 0,5 | 28 | 0,02 | 0,03 | + |
| Knoblauch | 569 | 136 | 6,1 | 0,1 | 27,5 | – | – | – | 38 | 134 | 1,4 | – | 0,20 | 0,08 | 14 |
| Kohlrabi | 130 | 31 | 2,0 | 0,1 | 5,6 | 1,6 | 10 | 372 | 41 | 51 | 0,5 | 2 | 0,06 | 0,04 | 66 |
| Kopfsalat | 71 | 17 | 1,4 | 0,2 | 2,2 | 1,4 | 10 | 194 | 23 | 31 | 0,7 | 150 | 0,06 | 0,08 | 10 |
| Kürbis | 113 | 27 | 1,0 | 0,1 | 5,5 | – | 1 | 383 | 22 | 44 | 0,8 | 100 | 0,05 | 0,07 | 9 |
| Lauch | 113 | 27 | 1,8 | 0,4 | 4,0 | 2,8 | 5 | 260 | 120 | 34 | 2,0 | 333 | 0,12 | 0,06 | 25 |
| Mangold | 96 | 23 | 2,1 | 0,3 | 2,9 | – | 90 | 376 | 103 | 39 | 2,7 | 583 | 0,10 | 0,20 | 39 |
| Meerrettich | 314 | 75 | 2,8 | 0,3 | 15,3 | – | 9 | 554 | 105 | 65 | 1,4 | 4 | 0,14 | 0,11 | 114 |
| Paprika | 100 | 24 | 1,2 | 0,3 | 4,1 | 1,8 | 2 | 213 | 10 | 26 | 0,7 | 100 | 0,07 | 0,07 | 140 |
| Pastinaken | 285 | 68 | 1,3 | 0,4 | 14,9 | – | 8 | 468 | 51 | 73 | 0,6 | 4 | 0,08 | 0,13 | 18 |
| Petersilienblatt | 252 | 60 | 4,4 | 0,4 | 9,8 | – | 33 | 1000 | 245 | 128 | 8,0 | 1207 | 0,14 | 0,30 | 166 |
| Petersilienwurzel | 138 | 33 | 3,3 | 0,6 | 3,6 | – | 28 | 880 | 190 | 80 | 3,2 | 5 | 0,10 | 0,10 | 41 |
| Radieschen | 84 | 20 | 1,1 | 0,1 | 3,5 | 0,8 | 12 | 242 | 35 | 28 | 1,2 | 4 | 0,04 | 0,04 | 27 |
| Rettiche | 80 | 19 | 1,0 | 0,1 | 3,4 | 2,7 | 18 | 322 | 32 | 30 | 0,9 | + | 0,03 | 0,03 | 29 |
| Rhabarber | 75 | 18 | 0,6 | 0,1 | 3,7 | 0,8 | 2 | 270 | 52 | 24 | 0,5 | 12 | 0,02 | 0,03 | 10 |
| Rosenkohl | 218 | 52 | 4,9 | 0,6 | 6,7 | 2,5 | 7 | 390 | 36 | 80 | 1,5 | 55 | 0,10 | 0,16 | 102 |
| Rote Beete | 184 | 44 | 1,6 | 0,1 | 9,1 | 2,2 | 62 | 335 | 16 | 33 | 0,7 | 2 | 0,03 | 0,05 | 10 |
| Sauerkraut, roh | 103 | 25 | 1,5 | 0,3 | 4,0 | 2,2 | 355 | 228 | 48 | 43 | 0,6 | 20 | 0,03 | 0,05 | 20 |
| Schwarzwurzeln | [illegible] | 70 | 1,1 | 0,4 | [illegible] | – | 5 | 320 | 58 | 76 | 3,3 | 3 | 0,15 | 0,03 | 4 |
| Sellerie (Knolle) | 167 | 40 | 1,7 | [illegible] | [illegible] | | [illegible] | [illegible] | [illegible] | [illegible] | [illegible] | [illegible] | [illegible] | [illegible] | 10 |
| Spargel, in Dosen | 84 | 20 | 1,9 | 0,3 | 2,3 | – | 355 | 104 | 17 | 38 | 0,9 | 50 | 0,06 | 0,08 | 15 |
| Spargel, roh | 109 | 26 | 2,2 | 0,2 | 3,8 | 1,5 | 4 | 220 | 22 | 46 | 1,0 | 50 | 0,14 | 0,16 | 28 |
| Spinat | 126 | 30 | 3,2 | 0,3 | 3,7 | 1,7 | 54 | 470 | 93 | 51 | 3,1 | 816 | 0,10 | 0,20 | 51 |
| Tomaten, in Dosen | 88 | 21 | 1,1 | 0,2 | 3,6 | – | 5 | 204 | 10 | 22 | 0,5 | 117 | 0,05 | 0,04 | 18 |
| Tomaten, Mark | 209 | 50 | 2,3 | 0,5 | 9,0 | – | 580 | 1160 | 60 | 34 | – | 207 | 0,09 | 0,06 | 9 |
| Tomaten, roh | 88 | 21 | 1,1 | 0,2 | 3,7 | 1,4 | 6 | 270 | 13 | 27 | 0,5 | 133 | 0,06 | 0,04 | 24 |
| Wassermelonen | 100 | 24 | 0,6 | 0,2 | 5,0 | 0,4 | + | 158 | 11 | 11 | 0,4 | + | 0,05 | 0,05 | 6 |
| Weißkraut | 105 | 25 | 1,3 | 0,2 | 4,6 | 2,1 | 13 | 233 | 49 | 29 | 0,4 | 10 | 0,05 | 0,05 | 47 |
| Wirsing | 126 | 30 | 2,6 | 0,4 | 4,1 | 2,4 | 9 | 275 | 57 | 55 | 0,9 | 12 | 0,05 | 0,07 | 50 |
| Zucchini | 117 | 28 | 1,6 | 0,1 | 5,1 | 0,8 | – | 200 | 30 | 25 | 0,5 | 58 | 0,05 | 0,09 | 16 |
| Zwiebeln, roh | 167 | 40 | 1,5 | 0,2 | 8,1 | 1,6 | 9 | 157 | 27 | 36 | 0,5 | 33 | 0,03 | 0,04 | 10 |

Zeichenerklärung: + = Inhaltsstoff nur in Spuren vorhanden – = es liegen keine Daten vor

Quelle: aid (Agrarinformationsdienst, Bonn. www.aid.de)

| Nährwerttabelle Obst (Die Angaben beziehen sich auf 100 g verzehrbarer Anteil) | Energie | | Hauptnährstoffe | | | Gesamt-ballaststoffe | Mineralstoffe | | | | | Vitamine | | | |
|---|---|---|---|---|---|---|---|---|---|---|---|---|---|---|---|
| | | | Eiweiß | Fett | Kohlen-hydrate | | Natrium | Kalium | Kalzium | Phosphor | Eisen | A | B1 | B2 | C |
| | kj | kcal | g | g | g | g | mg | mg | mg | mg | mg | µg | mg | mg | mg |
| **Kern- und Steinobst** | | | | | | | | | | | | | | | |
| Apfel | 228 | 54 | 0,3 | 0,6 | 11,4 | 2,0 | 1 | 120 | 6 | 11 | 0,25 | 6 | 0,04 | 0,03 | 12 |
| Birne | 234 | 55 | 0,5 | 0,3 | 12,4 | 3,3 | 2 | 115 | 10 | 12 | 0,17 | 3 | 0,04 | 0,04 | 5 |
| Quitte | 161 | 38 | 0,4 | 0,5 | 7,3 | 5,9 | 2 | 185 | 10 | – | 0,60 | 6 | 0,03 | 0,03 | 13 |
| Aprikose | 182 | 43 | 0,9 | 0,1 | 8,5 | 1,5 | 2 | 280 | 16 | 20 | 0,65 | 280 | 0,04 | 0,06 | 9 |
| Kirsche, sauer | 226 | 53 | 0,9 | 0,5 | 9,9 | 1,0 | 2 | 115 | 8 | 19 | 0,60 | 40 | 0,05 | 0,06 | 12 |
| Kirsche, süß | 266 | 63 | 0,9 | 0,3 | 13,3 | 1,3 | 3 | 235 | 17 | 25 | 0,35 | 6 | 0,04 | 0,04 | 15 |
| Mirabelle | 269 | 63 | 0,7 | 0,2 | 14,0 | 1,3 | 0,4 | 230 | 12 | 35 | 0,50 | 40 | 0,06 | 0,04 | 7 |
| Pfirsich | 176 | 42 | 0,8 | 0,1 | 8,9 | 1,9 | 1 | 195 | 6 | 20 | 0,33 | 16 | 0,03 | 0,05 | 10 |
| Pflaume | 208 | 49 | 0,6 | 0,2 | 10,2 | 1,6 | 2 | 175 | 8 | 17 | 0,26 | 65 | 0,07 | 0,05 | 5 |
| Reneklode | 240 | 56 | 0,8 | – | 12,3 | 2,3 | 0,8 | 245 | 13 | 25 | 1,10 | 30 | – | | 6 |
| **Beerenobst** | | | | | | | | | | | | | | | |
| Brombeere | 185 | 44 | 1,2 | 1,0 | 6,2 | 3,2 | 2 | 190 | 45 | 30 | 0,90 | 45 | 0,03 | 0,04 | 17 |
| Erdbeere | 136 | 32 | 0,8 | 0,4 | 5,5 | 1,6 | 1 | 160 | 20 | 25 | 0,64 | 3 | 0,03 | 0,06 | 65 |
| Himbeere | 142 | 33 | 1,3 | 0,3 | 4,8 | 4,7 | 1 | 200 | 40 | 45 | 1,00 | 4 | 0,03 | 0,05 | 25 |
| Johannisbeere, rot | 139 | 33 | 1,1 | 0,2 | 4,8 | 3,5 | 2 | 255 | 30 | 25 | 0,91 | 4 | 0,04 | 0,03 | 35 |
| Johannisbeere, schwarz | 167 | 39 | 1,3 | 0,2 | 6,1 | 6,8 | 2 | 305 | 45 | 40 | 1,30 | 14 | 0,05 | 0,05 | 175 |
| Kultur-, Waldheidelbeere | 154 | 36 | 0,6 | 0,6 | 6,1 | 4,9 | 1 | 80 | 10 | 13 | 0,74 | 6 | 0,02 | 0,02 | 20 |
| Preiselbeere | 147 | 35 | 0,3 | 0,5 | 6,2 | 2,9 | 2 | 80 | 14 | 10 | 0,50 | 3 | 0,01 | 0,03 | 12 |
| Stachelbeere | 160 | 38 | 0,8 | 0,2 | 7,1 | 3,0 | 2 | 200 | 30 | 30 | 0,63 | 18 | 0,02 | 0,02 | 35 |
| Tafeltraube | 287 | 68 | 0,7 | 0,3 | 15,2 | 1,5 | 2 | 195 | 12 | 20 | 0,42 | 6 | 0,05 | 0,03 | 4 |
| **Wildobst** | | | | | | | | | | | | | | | |
| Eberesche | 363 | 85 | 1,5 | – | 18,0 | – | + | 235 | 40 | 33 | 1,50 | 410 | – | – | 100 |
| Hagebutte | 399 | 94 | 3,6 | 0,6 | 16,2 | 23,7 | 25 | 290 | 255 | 260 | 0,52 | 800 | 0,06 | 0,07 | 1250 |
| Holunder, schwarz | 228 | 54 | 2,5 | 1,7 | 6,5 | – | 0,5 | 305 | 35 | 55 | 1,60 | 60 | 0,07 | 0,08 | 18 |
| Sanddorn | 369 | 89 | 1,4 | 7,1 | 3,3 | – | 4 | 135 | 40 | 9 | 0,44 | 250 | 0,04 | 0,21 | 450 |
| **Exoten** | | | | | | | | | | | | | | | |
| Ananas | 236 | 56 | 0,5 | 0,2 | 12,4 | 1,0 | 2 | 175 | 16 | 9 | 0,40 | 10 | 0,08 | 0,03 | 19 |
| Avocado | 909 | 221 | 1,9 | 23,5 | 0,4 | 6,3 | 5 | 485 | 12 | 45 | 0,50 | 12 | 0,08 | 0,15 | 13 |
| Banane | 376 | 88 | 1,2 | 0,2 | 20,0 | 1,8 | 1 | 370 | 7 | 25 | 0,35 | 9 | 0,05 | 0,06 | 12 |
| Kiwi | 213 | 50 | 1,0 | 0,6 | 9,1 | 2,1 | 3 | 315 | 40 | 30 | 0,80 | 8 | 0,02 | 0,05 | 20–300 |
| Mango | 245 | 58 | 0,6 | 0,5 | 12,5 | 1,7 | 5 | 170 | 12 | 13 | 0,40 | 200 | 0,05 | 0,05 | 35 |
| **Zitrusfrüchte** | | | | | | | | | | | | | | | |
| Grapefruit | 163 | 38 | 0,6 | 0,2 | 7,4 | 1,6 | 1 | 150 | 25 | 16 | 0,17 | 2) | 0,05 | 0,03 | 45 |
| Mandarine | 195 | 46 | 0,7 | 0,3 | 10,1 | 1,7 | 1 | 150 | 35 | 20 | 0,30 | 140 | 0,06 | 0,03 | 30 |
| Orange | 180 | 42 | 1,0 | 0,2 | 8,3 | 1,6 | 1 | 165 | 40 | 20 | 0,19 | 13 | 0,08 | 0,04 | 50 |
| Zitrone | 152 | 36 | 0,7 | 0,6 | 3,2 | – | 2 | 170 | 11 | 16 | 0,45 | 0,57 | 0,05 | 0,02 | 50 |
| **Trockenobst** | | | | | | | | | | | | | | | |
| Apfel | 1053 | 248 | 1,4 | 1,6 | 55,4 | 11,2 | 10 | 620 | 30 | 50 | 1,20 | – | 0,100 | 0,10 | 12 |
| Aprikose | 1021 | 240 | 5,0 | 0,5 | 47,9 | 17,7 | 11 | 1370 | 80 | 115 | 4,40 | – | 0,007 | 0,11 | 11 |
| Feige | 1059 | 250 | 3,5 | 1,3 | 55,1 | 12,9 | 40 | 850 | 195 | 110 | 3,30 | 9 | 0,12 | 0,09 | 3 |
| Pflaume | 943 | 222 | 2,3 | 0,6 | 47,4 | 17,8 | 8 | 825 | 40 | 75 | 2,30 | 25 | 0,150 | 0,12 | 5 |
| Rosine | 1242 | 292 | 2,5 | 0,6 | 68,0 | 5,2 | 20 | 780 | 80 | 110 | | 5 | 0,120 | 0,06 | 1 |
| **Schalenobst** | | | | | | | | | | | | | | | |
| Erdnusskern | 2337 | 564 | 25,3 | 48,1 | 7,5 | 11,7 | 11 | 660 | 40 | 340 | 1,80 | 0,34 | 0,90 | 0,16 | 0 |
| Esskastanie | 813 | 192 | 2,5 | 1,9 | 41,2 | 8,4 | 2 | 705 | 35 | 85 | 1,30 | 4 | 0,20 | 0,21 | 25 |
| Haselnusskern | 2662 | 644 | 12,0 | 61,6 | 10,5 | 8,2 | 2 | 635 | 225 | 335 | 3,80 | 5 | 0,39 | 0,21 | 3 |

nahe am Fleisch. Sehr wertvoll sind seine essenziellen Aminosäuren (besonders Lysin), die teilweise um 100 % höher liegen als bei Getreidearten und biologisch so bedeutsam sind wie in der Kuhmilch. Der Fettgehalt ist relativ hoch (5–7 %) und entspricht in etwa dem Hafer. Die mehrfach ungesättigte essenzielle Fettsäure Linolsäure hat einen Anteil von über 50 %. Bei den Mineralstoffen sind Kalzium, Eisen und Magnesium besonders gut vertreten. Das Korn liefert das Provitamin A, Vitamine der B-Gruppe, E und sogar C, das im übrigen Getreide fehlt.

**Amaranth** hat mit Quinoa viele Gemeinsamkeiten und ist ähnlich zusammengesetzt. 100 g Amaranth enthält soviel Eiweiß wie 1/2 l Milch. Die Körner sind so fein wie Mohn und befinden sich in langen Blütenständen. Der Geschmack ist sehr intensiv.

Quinoa und Amaranth können geschrotet werden. Aus mahltechnischen Gründen wird empfohlen, die sehr feinen Körner mit anderem Getreide zu vermischen. Auch für die Zubereitung von Brot-, Nudeln-, Spätzle- und Kuchenteigen ist dies vorteilhaft, weil beide Sorten keinen Kleber, der auf die Backfähigkeit großen Einfluss hat, enthalten. Die Beigabe von Weizen (günstig 2/3) ist deshalb erforderlich. Für sich allein können also Quinoa und Amaranth nicht verbacken werden. Die anderen Getreidesorten gewinnen auch durch eine Mischung. Eine ideale Ergänzung findet statt, der Nährwert steigt.

## Milchsaures Gemüse – ein ausgezeichnetes Heilmittel

Natursaures Gemüse gehört zu den gesündesten Lebensmitteln. Auch bei den Ärzten und Ernährungswissenschaftlern steht dieses Produkt hoch im Kurs. Vitamine sind reichlich enthalten, vor allem Vitamin C und bestimmte B-Vitamine. Bei unseren Vorfahren war es oft das einzige Gemüse, das in der kalten Jahreszeit reichlich zur Verfügung stand. So versorgte man sich nicht nur mit Vitaminen, sondern auch mit Mineralstoffen wie Natrium, Kalium, Kalzium, Phosphor und Magnesium. Der Säuregehalt schützt das Vitamin C, außerdem bewirkt er, dass Eisen besser vom Körper aufgenommen wird.

Wertvoll sind auch die vielen Ballaststoffe, die wie ein Darmbesen wirken, Verstopfungen beseitigen, den Körper entschlacken, reinigen und entgiften. Außerdem geben sie dem Magen viele Füllstoffe. Das Hungergefühl tritt nicht so schnell auf. Da der Kaloriengehalt

*Lauch und Weißkraut können zusammen milchsauer eingemacht werden.*

zudem noch sehr niedrig liegt (100 g Sauerkraut haben nur 15 Kalorien), ist milchsaures Gemüse ein ausgezeichneter Schlankmacher und hervorragend geeignet für Abmagerungskuren. Die Milchsäure wirkt sehr günstig auf die Darmflora und ist Nährboden für die nützlichen Darmbakterien. Entzündungen werden gehemmt und geheilt, das Abwehrsystem gestärkt. So ist es nicht verwunderlich, dass milchsaure Produkte in der Krebstherapie eine große Rolle spielen. Auch für Diabetiker sind sie besonders gut geeignet, da Kohlenhydrate weitgehend vergoren werden.

### Herstellung von milchsaurem Gemüse in Einmachgläsern

Früher wurde das Kraut mit Salz in einem Holz- oder Steinbottich eingestampft. Den Abschluss bildete ein Holzbrett mit einem schweren Stein. So ein Sauerkrautfass war ideal für eine Großfamilie. Für unsere heutigen Haushalte sind kleinere Behälter zweckmäßiger.

Als Behälter verwendet man besser Einmachgläser mit Gummiringen und Klemmspangen oder mit einem Bügelverschluss. Abgedeckt wird das Gärgut mit Holzscheibchen (unbehandelt), die etwas kleiner als die Glasöffnungen sind. Damit das Holz nicht auf der Lake schwimmt, wird es mit einem Stiel (rund oder eckig) versehen, der im gefüllten, geschlossenen Glas gegen den Deckel drückt und als Steinersatz dient. Beide Holzteile lassen sich ohne Nagel (mit Zapfen und Loch) verbinden. Die Länge des Stiels liegt bei 0,7-l-Gläsern bei 5 cm, bei 1-l-Gläsern bei 6 cm. Dieser Abstand

ist notwendig, damit für die Gärung genügend Raum vorhanden ist. Geeignet sind nicht nur Weißkraut-Sorten (besonders Spitzkohl), sondern auch Blaukraut, Gelbe Rüben, Sellerie, Rettich, Wasserrüben, Pastinaken, Kürbis, Zucchini, Gurken, Tomaten, Paprikaschoten, Kohlrabi, Blumenkohl, Brokkoli, Zwiebeln, Knoblauch, Wirsing, Rote Rüben und Topinambur.
Günstig sind Mischungen, sie bringen nicht nur Farbe, sondern auch mehr Geschmack. Ideal ist immer eine Verbindung mit Weißkraut, besonders bei Tomaten, Zucchini, Gurken, Paprika, Zwiebeln und Knoblauch.
Kürbis, Gelbe Rüben, Rote Rüben sind zuckerreich, sie säuern stark. Auch hier wirkt Weißkraut ausgleichend.
Hartes Gemüse (Blumenkohl, Brokkoli) zieht oft zu wenig Wasser, die Zugabe von abgekochtem Salzwasser (25 g/l) ist dann notwendig.
Wasserrüben, Rettich, Sellerie, Kohlrabi können auch für sich allein verwendet werden. Bohnen sind im rohen Zustand giftig. Die Gärung baut zwar einiges ab, trotzdem ist Blanchieren oder bissfestes Vorkochen empfehlenswert.
Neben den verschiedenen Gewürzen (Kümmel, Wacholder, Senfkörner, Dillsamen, Koriander, Knoblauch, Zwiebel, Lauch, Pfefferoni, Kräuter) bringen auch die Verarbeitungsweisen wie Reiben oder Hobeln Abwechslung.

**Bewährte Mischung**

$^2/_3$ Weißkraut, $^1/_3$ Mischgemüse mit etwas Farbe (z. B. Gelbe Rüben, Kürbis, Paprikaschoten), 15–25 g Salz (1–2 Essl. gestrichen) auf 1 kg Gemüse, Gewürze (z. B. Kümmel, Meerrettich, Zwiebel oder Pfefferoni).

<u>Zubereitung</u>

Gläser heiß waschen. Gummiringe, besonders Holzteile auskochen. Kraut hobeln, Paprikaschoten schneiden, Kürbis, Gelbe Rüben, Sellerie mittelgrob reiben oder raspeln (wird besonders schön mit dem Juliennehobel), alles mit Salz und Gewürzen gut mischen. In Gläser einfüllen, zusammendrücken, es soll sich Flüssigkeit bilden.
Holzscheibe mit Abstandshalter auf das Gemüse legen, Glas mit Gummiring, Bügelverschluss oder Klemmspangen verschließen. Es darf nicht locker sein, eher straff, bei Bedarf noch Gemüse nachfüllen. Die Holzscheibe muss mit Lake bedeckt sein. Zuviel Flüssigkeit ist ungünstig (abschöpfen), weil der Saft bei der Gärung sonst austritt.
Die Gläser werden in einem Behälter an einen warmen Ort (um die 20 °C) gestellt und mit Zeitungspapier gegen Lichteinfall abgedeckt. Nach etwa 24 Stunden kann etwas gelüftet werden. Dadurch wird der restliche Sauerstoff vom entstehenden Kohlendioxidgas zum Entweichen gebracht.
Nach etwa 1 Woche ist die Hauptgärung abgeschlossen. Jetzt wird das natursaure Gemüse kühl und dunkel gelagert. Es ist zuerst mild, säuert aber nach.
Die Industrie unterbricht den Gärungsvorgang durch Erhitzen. Dabei gehen wertvolle Stoffe verloren.
Bei der beschriebenen Methode bleibt alles roh, das bedeutet keine Einbußen. Milchsaures Gemüse hat einen hohen gesundheitlichen Wert, die Haltbarmachung ist äußerst umweltfreundlich.

## Die Herstellung von Apfelessig

Damit Essig entstehen kann, sind Essigbakterien notwendig, die in der Natur ständig vorhanden sind. Diese Kleinlebewesen sind ausgesprochene Alkoholiker (Winzer sind davon nicht begeistert) und begierig auf diesen Stoff. Sie verarbeiten den Alkohol und scheiden Essigsäure aus. Dazu brauchen sie aber unbedingt Sauerstoff. Wenn diese Voraussetzungen vorhanden sind, vermehren sie sich ständig.

*Aus Äpfeln wird Apfelsaft gewonnen und zu Apfelwein vergoren. Daraus entsteht durch die in der Luft enthaltenen Essigbakterien der Apfelessig.*

Früher ließ man den Wein in offenen Behältern entstehen. Essigbakterien aus der Luft siedelten sich rasch an und vermehrten sich enorm. Ähnlich machen wir im Haushalt unseren Essig. Er muss ja nicht in einigen Stunden fertig sein, wir können den Bakterien Zeit geben.

## Essiggärung

Ein (selbst hergestellter) Obstwein, der sich in einer bauchigen Flasche befindet, die nur zur Hälfte voll ist (damit die Essigbakterien genügend Sauerstoff bekommen), wird an einen warmen Ort gestellt (Idealtemperatur 22–26 °C). Nach ein paar Tagen haben sich genügend Essigbakterien eingefunden. Während der Garzeit sollte das Gefäß, dessen Öffnung mit einem luftdurchlässigen Stoff oder Kaffeefilter abgedeckt wurde, einmal am Tag geschüttelt werden, damit ausreichend Sauerstoff an die Mikroorganismen kommt. Wie aromatisch der Essig wird, hängt auch von den Essigbakterien ab, die nicht alle gleich sind. Im Handel ist ein recht guter Stamm mit dem Namen *Acetobacter rancens* erhältlich.
Die Gärung kann 2–10 Wochen dauern (je nach Temperatur). Wenn kein Alkohol mehr vorhanden ist, hört die Produktion automatisch auf. Der fertige Essig kann mehr oder weniger stark sein (durchschnittlich 6–8 % Essigsäure). Dies hängt vom Alkoholgehalt des Weines ab, der wiederum vom Zuckergehalt des Obstsaftes bestimmt wird. Lassen Sie den fertigen Essig durch einen Kaffeefilter laufen. Wenn er nicht ganz klar ist, macht das nichts aus. In der Industrie wird er deswegen geschwefelt, er sieht dann schöner aus, allerdings auf Kosten der Gesundheit. Lassen Sie immer einen Essigrest zurück, er darf auch trüb sein. Mit dieser Starterkultur können Sie neuen Wein impfen.

Weitere Informationen zu diesen Themen finden Sie im Buch „Die Verwertung von Obst und Gemüse" von Hermine Hofbauer (152 Seiten, 9,20 €, siehe Seite 298 und in den Fachbättern „Fruchtsaft- und Fruchtweinbereitung für Gartenfreunde", „Sauerkonserven-Herstellung im Haushalt", „Wenig bekanntes Gemüse", „Grundlagen des Gemüseanbaues im Hausgarten", „Obst-Standardsorten für den Garten", „Obstbäume für den Garten", Anbau und Pflege von Beerenobst im Hausgarten" sowie „Wildobst" (herausgegeben vom Bayerischen Landesverband für Gartenbau und Landespflege in München, zu beziehen über den Obst- und Gartenbauverlag).

# Notizen

# *Rezepte Januar*

JAN

# Fischklößchen-suppe mit Walnuss

**Zutaten**

200 g gefrorenes Fischfilet
(z. B. Seelachs)
50 g geriebene Walnüsse
etwa 50 g Semmelbrösel
1 kleines Ei
2 Zehen Knoblauch
eine mittlere Zwiebel
Fisch- oder Leberwurstgewürz
(Majoran, Pfeffer, Thymian)
Kerbel
Petersilie
Salz
1 l Gemüsebrühe

## Zubereitung

*Fischfilet nur leicht antauen lassen, mit Zwiebel, Knoblauch in einem Blitzhackgerät (oder Fleischwolf) zerkleinern.*
*Gewürze, Ei, geriebene Nüsse und so viel Semmelbrösel zugeben, dass eine geschmeidige Masse entsteht.*
*Klößchen formen, 10 Minuten in der kochenden Gemüsebrühe ziehen lassen.*

## Hinweise

*Walnüsse sind in der Küche sehr brauchbar. Sie verbessern Kuchen, Kleingebäck, Cremespeisen, Müsli, Salate und salzige Teige.*
*Besonders wertvoll sind die Inhaltsstoffe (Eiweiß, ungesättigte Fettsäuren, Mineralstoffe, Vitamine).*
*Wer auf die eigene Walnussernte nicht verzichten will, der pflanzt am besten einen veredelten Nussbaum. Denn Sämlingsbäume wachsen zu weitaus höheren Exemplaren heran und fruchten erst nach 10 bis 15 Jahren.*

# Bohnensuppe



## Zubereitung

*Eingeweichte oder gekeimte Bohnen mit 0,5 l Wasser im Dampfdrucktopf garen. Weizenvollkornmehl trocken anrösten, klein geschnittene Zwiebel dazugeben, mit restlicher Flüssigkeit aufgießen, mit den gekochten Hülsenfrüchten vermischen und einige Minuten kochen lassen. Abschmecken, Kräuter, gemahlenen Kümmel beifügen, mit Sauerrahm verfeinern.*

## Hinweise

*Ein Teil der weichen Bohnenkerne kann im Mixer zerkleinert werden. Dadurch wird die Suppe noch sämiger und leichter verdaulich.*
*Bohnen gehören wie Erbsen und Linsen zur Familie der Schmetterlingsblütler, deren Früchte als Hülsen bezeichnet werden. Der ernährungsphysiologische Wert von Hülsenfrüchten liegt in ihrem hohen Gehalt an Eiweiß und Kohlenhydraten, Mineralstoffen und Vitaminen.*

**Zutaten**

200 g Bohnenkerne
50 g Vollkornmehl
1 Zwiebel
Kräuter (z. B. Bohnenkraut, Thymian)
Kümmel
Salz
Sauerrahm
1 l Flüssigkeit

# Bunte Gemüsesuppe mit Linsen

JAN

*Linsen enthalten hochwertiges Eiweiß (etwa 24 %) mit den lebenswichtigen Aminosäuren. Dieses pflanzliche Eiweiß kann sich durchaus mit tierischem messen. Reichlich vorhanden sind Kohlenhydrate (etwa 56 %), Ballaststoffe (etwa 14 %), Kalzium, Phosphor, Eisen, Vitamin $B_1$, $B_2$ und Lecithin. Der Fettanteil ist gering, er liegt bei 1,4 %. Linsen sind allgemein leichter verdaulich als die anderen Hülsenfrüchte.*

**Zutaten**

250–500 g gemischtes Gemüse
(z. B. Gelbe Rüben, Sellerie, Lauch, Pastinaken, Kohlrüben, Zwiebeln)
100 g Linsen
1 l Wasser
Salz
Kräuter

## Zubereitung

*Linsen mit ½ l Flüssigkeit etwas vorgaren, dann das zerkleinerte Gemüse zugeben (Lauchringe erst gegen Ende der Garzeit). Alles bissfest kochen. Mit restlicher Flüssigkeit auffüllen, abschmecken.*

**Variante**

200 g Linsen, 100 g Gelbe Rüben,
100 g Sellerie, 100 g Kartoffeln,
50–100 g Zwiebeln
1 l Wasser, Salz
getrocknetes Petersilien- oder Selleriegrün
ein paar Knoblauchzehen

## Zubereitung

*Die Linsen mit ½ l Flüssigkeit etwas vorkochen, dann das gewürfelte Gemüse beigeben, bissfest garen. Mit der restlichen Flüssigkeit auffüllen, abschmecken.*

# Kürbis-Sauerkrautgratin



## Zubereitung

*Kürbis und rohe Kartoffeln grob raspeln, Zwiebeln oder Lauch, eventuell auch Sauerkraut, fein schneiden. Käse reiben oder zerkleinern, Salz, Gewürze zugeben, alles vermischen. In eine feuerfeste Form geben. Mit Eier-Sahne-Mischung übergießen. Mit Semmelbröseln bestreuen. Bei Mittelhitze eine gute Stunde im Rohr garen.*
*Das Gemüse kann auch vorgekocht werden. Dadurch verringert sich die Backzeit um etwa die Hälfte.*

## Hinweise

*Sauerkraut und Säure ergänzen sich ideal.*
*Beliebt ist der orangefarbene Kleinkürbis, der einen mehr mehligen Charakter hat und von einer Familie leichter bewältigt werden kann.*

## Schlankheitstipp

*Wer abnehmen will, nimmt die geringeren Mengen bei Käse, Eier, Sahne, Semmelbrösel.*

**Zutaten**

400 g geschälter und entkernter Kürbis
400 g geschälte Kartoffeln
100 g Zwiebeln oder Lauch
200 g Sauerkraut
100–200 g Käse
1–2 Teel. Kräutersalz oder Kräuter Gewürze
1–2 Eier
100–200 ml Sahne
50–100 g Semmelbrösel

# Kartoffelknödel mit milchsaurem Gemüse

**Zutaten**

<u>Kartoffelknödel</u>
750 g Kartoffeln
bis 150 g Kartoffelstärkemehl
Salz
etwas milchsaures Gemüse

<u>Milchsaures Gemüse</u>
$^3/_4$–1 kg Sauerkraut
nach Belieben Gelbe Rüben,
Sellerie, Wasserrüben, Kartoffeln,
Äpfel, Wacholderbeeren, Kümmel,
Zwiebel, Knoblauch
500 g Geräuchertes

## Zubereitung

*Gekochte Kartoffeln heiß durchdrücken, alle Zutaten einarbeiten, Knödel formen, etwa 20 Minuten leise kochen lassen.*
*Übrige Kartoffelknödel schmecken ausgezeichnet, wenn sie erkaltet aufgeschnitten und in Fett leicht geröstet werden.*
*Dazu passt ein Rohkostsalat.*

## Zubereitung

*Wurzelgemüse putzen, grob raspeln, Äpfel und Kartoffeln klein schneiden, mit Sauerkraut und den Gewürzen zum Kochen bringen, Geräuchertes zugeben, garen.*

## Hinweise

*Durch Zugabe von etwas rohem Gemüse, Sauerkraut und Äpfeln wird das Kraut aufgewertet.*
*Vitamine, Mineralien und andere wichtige Inhaltsstoffe sind in der Kartoffel dicht unter der Schale angesiedelt. Sie bleiben am besten erhalten, wenn man die Knollen mit wenig Wasser dünstet oder sie in einem Topf mit Siebeinsatz im Wasserdampf gart.*
*Kartoffeln sind alles andere als „Dickmacher". Dazu tragen allenfalls üppige Beilagen und Zutaten wie Butter, Öl und Sahne bei.*

# Chicoréesalat mit Kürbis

JAN

## Zubereitung

*Den gewaschenen, halbierten Chicorée streifig schneiden. Äpfel und Birnen mit oder ohne Schale zerkleinern. Alle Zutaten sofort mit der Marinade vermischen.*

## Variante

*Kürbis durch Orangen ersetzen.*

## Hinweise

*Chicorée gehört zur Zichorienfamilie.*
*Im Sommer und Herbst speichert der Salat Nährstoffe in der Wurzel. Bei Bedarf wird der unterirdische Teil im Winter dunkel angetrieben. Die fest geschlossenen Blätter schmecken mild herb. Die Bitterstoffe wirken appetitanregend und verdauungsfördernd.*

**Zutaten**

250 g Chicorée
100 g süßsauer eingemachter Kürbis
100–200 g Äpfel
100–200 g Birnen

Für die Marinade
etwas Kürbissud oder Zitronensaft
1–2 Essl. Öl
nach Bedarf Salz
nach Belieben Walnusskerne

JAN

# Gebackene Schwarzwurzeln mit Mischgemüse

**Zutaten**

750 g Schwarzwurzeln
1–2 Eier
Semmelbrösel
Fett zum Ausbacken
500 g Mischgemüse (z. B. Sellerie, Kohlrüben, Gelbe Rüben)
25 g Kartoffeln
Pfeffer
Salz
Kräuter
nach Belieben etwas Butter

## Zubereitung

*Kartoffeln schälen, Gemüse putzen, alles in kleine Stücke schneiden, zusammen mit den geschabten Schwarzwurzeln bissfest garen. Gekochte Schwarzwurzeln durch die gewürzte Eimasse ziehen, in Semmelbröseln wälzen und in wenig Fett ausbacken. Gemüse nach Belieben in Butter schwenken, mit Kräutern vermischen. Dazu kann Feldsalat gereicht werden.*

## Hinweise

*Schwarzwurzel-Samen sind nicht lange keimfähig (1–2 Jahre). Auf einem ungestörten Platz können einige Pflanzen als Dauerkultur zur Samengewinnung stehen bleiben. Sie liefern im Laufe des Sommers den sehr großen länglichen Samen.*
*Schwarzwurzeln werden am besten nach Lauch und Sellerie angebaut, da beide Gemüsearten mit ihren Wurzeln den Boden besonders gut aufschließen. Sollen kräftige Wurzeln heranwachsen, sind Blütenstängel, die sich vereinzelt im Laufe des Sommers bilden und hübsch anzusehen sind, bald abzuschneiden.*

# Winterlicher Rohkostsalat



## Zubereitung

*Sauerkraut und Nüsse klein schneiden. Rettich, Gelbe Rüben und Äpfel nicht zu fein raspeln oder in feine Streifen hobeln (mit dem Juliennehobel). Alles mit der Sahne vermischen, schwach salzen.*

## Hinweise

*In diesem Salat sind die Biostoffe in konzentrierter Form enthalten. Sie stärken unsere innere „Streifenpolizei", den Erkennungsdienst für Bazillen, Viren und sonstige Eindringlinge. Durch die vielen Ballaststoffe und die Milchsäure des Krautes wird der Darm, der über das größte Abwehrsystem verfügt, besonders gut unterstützt. Durch Antibiotika werden nicht nur die Feinde unseres Hauses vernichtet, sondern auch die wertvolle Darmflora. Es kann zum Zusammenbruch der Darmabwehr kommen. Rohkost (vor allem Sauerkraut) hilft sehr, eine gesunde und vitale Darmflora wieder aufzubauen und die innere Harmonie herzustellen. Das rohe Gemüse ist besonders wirksam, wenn es vor dem Hauptessen verabreicht wird.*

**Zutaten**

100 g Winterrettich
100 g Gelbe Rüben
100 g Sauerkraut
100 g Äpfel
50–100 g Walnüsse
50–100 ml Sahne
Salz

JAN

# Erbsengemüse

*Erbsen zählen zu den nährstoffreichsten Gemüsearten: Eiweiße, Kohlenhydrate, Vitamine und Mineralstoffe sind ausreichend vorhanden. Lässt man Erbsensamen keimen, entstehen die sehr bekömmlichen Sprosse, da die Inhaltsstoffe in ihre leichter verdaulichen Bestandteile umgewandelt werden. Unbehandelter Samen, speziell zur Sprossenkultur, ist im guten Samenfachhandel erhältlich.*

**Zutaten**

250 g Erbsen
250 g Sellerie
250 g Gelbe Rüben
250 g Kartoffeln
¼ l Wasser
Thymian, Liebstöckel, Curry,
Meerrettich, etwas Sahne
nach Belieben Würstchen

## Zubereitung

*Erbsen etwa 3–4 Tage keimen lassen, mit ¼ l Wasser im Dampfdrucktopf vorkochen. Sellerie, Gelbe Rüben, Kartoffeln putzen, würfeln, zu den Erbsen geben und fertig garen. Salzen, würzen, mit Sahne und Meerrettich abrunden. Nach Belieben Würstchen dazugeben.*
*Eine Schüssel roher Salat und Vollkorngebäck können dazu gereicht werden.*

**Variante**

200 g Erbsen
200 g Pastinaken
200 g Gelbe Rüben
200 g Lauch
200 g Kartoffeln
Pastinaken können auch durch Steckrüben ersetzt werden.

## Zubereitung

*Das Gemüse kann auch in Streifen geschnitten werden. Lauch erst zum Schluss beifügen, damit er seine schöne grüne Farbe behält und nicht matschig wird.*

# Sauerkrautsalat mit Kürbis

JAN

## Zubereitung

*Sauerkraut kurz schneiden, Kürbis schälen, fein reiben, Ölkürbiskerne oder Nüsse zerkleinern, Öl zugeben, alles vermischen.*

## Tipp zum Abnehmen

*Dieser Rohkostsalat enthält eine Menge Ballaststoffe, die sättigen und sich günstig auf den Darm auswirken. Er kann als Zwischen- oder Vorspeise verzehrt werden.*

## Hinweise

*Trocken, kühl, aber frostfrei gelagerte, gut ausgereifte Kürbisse halten einige Monate. Trotzdem sollen sie öfters kontrolliert werden, denn meist beginnt die Fäule beim Stängel. Kürbis bringt Farbe ins Sauerkraut.*

*Beim Ölkürbis haben die Kerne keine harte Schale, sie können mitgegessen werden. Der Gesundheitswert ist hoch.*

**Zutaten**

500 g Sauerkraut
250–500 g Kürbis (ersatzweise Gelbe Rüben)
2 Essl. kaltgepresstes Öl
2 Essl. Ölkürbiskerne oder Nüsse

# Bunte Gemüsepfanne

**Zutaten**

750 g frisches, eingefrorenes oder eingewecktes Gemüse
(z. B. Gelbe Rüben, Bohnen, Erbsen, Paprika, Sellerie, Pastinaken, Lauch, Kürbis, Kohlrüben)
500–750 g Kartoffeln
100–200 g Süß- oder Sauerrahm
Salz, Pfeffer, Kräuter
100–200 g Käse

## Zubereitung

*Das zerkleinerte, gegarte Gemüse mit dem abgeschmeckten Rahm vermischen, den geriebenen oder geschnittenen Käse zufügen.*

# Überbackenes Gemüse mit Fisch



## Zubereitung

*Gemüse und Kartoffeln in Scheiben schneiden (schön sieht es mit einem Spezialhobel aus), kurz vorgaren. Fisch dünn schneiden, mit Zitronensaft oder Essig beträufeln, durchziehen lassen, mit Kräutersalz oder Fischgewürz schwach bestreuen.*
*Das bissfeste Gemüse, die Kartoffeln, die Fischscheiben, den zerbröckelten Käse und die zerkleinerten Zwiebeln schichtweise in eine Auflaufform geben, mit dem Fisch abdecken, damit er leicht bräunt und etwas mehr Geschmack bekommt.*
*Sahne, Hefeflocken, Eier verrühren, über die Masse geben. 30 Minuten bei guter Mittelhitze überbacken.*

## Gesundheitstipps

*Kochwasser von Gemüse nicht wegschütten. Dieser Gemüsetee eignet sich gut zum Trinken.*
*Das Gericht schmeckt auch ohne zusätzliches Salz, denn der Käse und die Hefeflocken sind recht würzig.*

**Zutaten**

750 g Gemüse
(z. B. Sellerie, Gelbe Rüben, Pastinaken)
750 g Kartoffeln
250–500 g Seefischfilet (frisch oder gefroren)
etwas Zitronensaft oder Apfelessig
Kräutersalz oder Fischgewürz
Hefeflocken
1 Zwiebel (50–100 g)
100–200 ml Sahne
1–2 Eier
100 g Edelpilzkäse

# Schwarzwurzel-Rohkost

**Zutaten**

250 g geputzte Schwarzwurzeln
250–500 g Gelbe Rüben
250 bis 500 g Äpfel
Saft von ½–1 Zitrone
2–4 Essl. Öl oder 4–8 Essl. Rahm (süß oder sauer)
Salz
nach Belieben ein paar Walnuss-, Haselnuss- oder Sonnenblumenkerne

## Zubereitung

*Die schwarze Außenschicht der Schwarzwurzeln abschaben, dann reiben (geht gut mit Elektro- oder Handküchenmaschine). Sofort mit Zitronensaft vermischen, um das Braunwerden zu vermeiden.*
*Die geputzten Gelben Rüben und die entkernten Äpfel nicht zu fein reiben und mit allen anderen Zutaten vermischen. Nach Belieben gehackte Walnuss-, Haselnuss- oder Sonnenblumenkerne beifügen. Die Rohkost abschmecken, sofort servieren.*

## Hinweise

*Ein Rohkostsalat ist die ideale Ergänzung zu gekochtem Gemüse. Schwarzwurzeln sind kalorienarm. Hervorzuheben sind besonders Vitamin E, die Mineralstoffe Eisen und Kupfer (Förderung der Blutbildung) sowie Mangan (notwendig für die Entgiftungsarbeit der Leber).*
*Das braunschwarze Gemüse mit dem weißen Fleisch enthält einen milchigen Saft, der die Hände leicht verfärbt.*

# Quarkaufstrich mit gekeimten Bockshornklee-samen

## Zubereitung

*Quark gut verrühren, mit klein geschnittener Zwiebel und Paprikapulver verrühren. Brot damit bestreichen. Mit gekeimten, gut gespülten Bockshornkleesamen bestreuen.*

## Hinweise

*Bockshornklee ist vielfach Bestandteil von Currymischungen. Das würzige, herbe, eigenartige Aroma mit einem etwas bitteren Nachgeschmack wird zum Würzen von Suppen, Soßen, Gemüse und Käse verwendet.*
*Die mit dem Schabzigerklee verwandte Leguminose ist kaum einmal in unseren Gärten anzutreffen, obwohl sich Pfarrer Kneipp sehr für den Anbau einsetzte.*

## Vitale Keimlinge

*Der Bockshornklee lässt sich leicht zum Keimen bringen, er gewinnt dadurch. Die Samen verlieren dabei ihre Härte und werden leichter verdaulich. Die wertvollen Stoffe (z. B. reichlich Eiweiß, relativ viel Eisen, Vitamin A und C) bleiben voll erhalten, sie werden teilweise noch besser aufgeschlossen.*
*Der Samen wird 6–8 Stunden eingeweicht und dann wie die Weizen- und Senfkörner weiterbehandelt. Die Keimlinge haben einen pikanten, würzigen Geschmack, passen gut auf ein Butter-, Quark- oder Erdäpfelkasbrot, aber auch in Rohkostsalate.*

**Zutaten**

250 g Quark
1 Zwiebel
Paprikapulver
Salz
nach Bedarf etwas Rahm
Keimlinge

# Rote-Rüben-Rettich-Salat

**Zutaten**

250 g Rote Rüben
250–500 g scharfer Rettich
100 ml Sahne
Salz

## Zubereitung

*Geputztes Gemüse fein reiben, mit Sahne und Salz abschmecken.*

## Tipp

*Verwenden Sie größere Rote-Rüben-Knollen. Sie sind für Rohkost besser geeignet als zum Dämpfen.*

## Hinweise

*Diese Mischung ist nicht nur gesund, sondern auch pikant. Zur Milde der Roten Rüben gesellt sich die Schärfe des Rettichs. Wird beides vermischt, entsteht ein einladender Salat.*
*Sauerrahm kann durch Joghurt ersetzt werden.*

# Vollkorn-Quark-Brötchen



## Zubereitung

*Alle Zutaten zusammenarbeiten, dann 20–25 Brötchen formen, auf ein gefettetes Backblech setzen (oder Backtrennpapier verwenden). Zur Verschönerung mit Eigelb (mit etwas Milch verrührt) bestreichen, bei 200 Grad 30 Minuten backen.*
*Da es Unterschiede bei den einzelnen Herdtypen gibt, ist es empfehlenswert, die eigene Erfahrung mit einzubeziehen. Besonders beim Holzofenfeuer, das für eine schöne Kruste sorgt, sind Temperatur- und Zeitangaben äußerst schwierig.*

## Hinweise

*Selbst gemahlenes Vollkornmehl ist am frischesten und Wertvollsten. Gute Dienste leistet eine elektrische Getreidemühle. Das Material kann Stein, Stahl oder Keramik sein.*
*Stahlmahlwerke, die meist mit der Kegeltechnik kombiniert sind, liefern kein so flockiges Mehl wie das Steinmahlwerk, werden aber problemloser mit den Ölsaaten fertig. Bei leistungsfähigen Küchenmaschinen gibt es die Getreidemühle als Zusatzgerät. Dies ist meist preisgünstiger.*

**Zutaten**

500 g Magerquark
500 g Weizenvollkornmehl
3 Eier
1 Backpulver
Salz

**Variante**

500 g Magerquark
250 g Weizenvollkornmehl
250 g Dinkelvollkornmehl
3 Eier
1 Backpulver
Salz
50 g gehackte Nüsse
50 g Rosinen

JAN

# Apfel-Mohnstrudel mit Hefeteig

**Zutaten**

Hefeteig:
500 g Weizenvollkornmehl
300–375 ml Milch
5–20 g Hefe
1 Essl. Honig
50 g weiche Butter
½ Teel. Salz

Füllung:
250 g Mohn
250 ml Wasser
250 g geraspelte Äpfel
50 g Honig
1 Teel. Zimt
1 Eigelb und 1 Essl. Milch zum Bestreichen
1 Essl. Fett fürs Blech

## Zubereitung

*Hefe mit Honig verrühren, mit lauwarmer Milch und etwas Mehl einen weichen Vorteig machen. Stehen lassen, bis die Masse Bläschen bildet. Dann alle Zutaten zu einem mittelfesten Hefeteig verarbeiten, nochmals gehen lassen.*
*Für die Fülle den Mohn mahlen (Mohnmühle, Universalzerkleinerer, Mixer), mit kochendem Wasser überbrühen, quellen lassen. Die Äpfel mit allen Zutaten vermischen. Hefeteig in 2 Stücke teilen, auswalken, die Fülle darauf verteilen, zusammenrollen. Auf ein gefettetes Blech geben, bestreichen. Ins kalte Rohr schieben, bei 200 Grad etwa 45–60 Minuten backen.*

## Hinweise

*Je länger der Teig Zeit zum Gehen hat, desto weniger Hefe ist erforderlich.*
*Hefe besteht aus Kleinstpilzen, die in Verbindung mit Flüssigkeit und Wärme wachsen. Die dabei entstehende Kohlensäure lockert den Teig.*
*Mohn stammt ursprünglich aus Asien, wird heute auch in Europa angebaut. Die schwarzblauen, reifen Samen sind reich an Eiweiß und Fettsäuren. Gemahlener Mohn wird schnell ranzig.*

# Apfelkuchen mit Quark



## Zubereitung

*Hefeteig herstellen, gehen lassen, auswalken, auf ein gefettetes Blech geben und nochmals gehen lassen.*
*In der Zwischenzeit den Belag vorbereiten. Eier mit Zucker/Honig schaumig rühren. Quark und Zitronensaft dazugeben. Äpfel schälen, Kernhaus ausstechen, zentimeterdick schneiden, Quarkmasse auf den Teig streichen, mit Apfelscheiben belegen, im nicht vorgeheizten Ofen bei 200 Grad etwa eine Dreiviertelstunde backen.*
*In die Kernhausöffnungen Konfitüre geben, mit Kokosflocken überstreuen.*

## Hinweise

*Äpfel weisen nicht nur Unterschiede im Geschmack auf, auch ihre Inhaltsstoffe variieren.*
*Besonders der Vitamin-C-Gehalt schwankt beträchtlich. Er liegt beim 'Golden Delicious' besonders niedrig, während der 'Berlepsch' gute Werte aufweist.*
*Äpfel aus südlichen Ländern haben in der Regel weniger Vitamin C als einheimische Ware.*
*Auch die Kocheigenschaften sind nicht einheitlich. Während die einen gut die Form behalten, zerfallen andere sehr schnell. Für einen Kuchen mit Quark eignen sich mittelfeste bis mürbe Sorten.*

**Zutaten**

Hefeteig
400 g Mehl (z. B. 200 g Dinkel, 100 g Quinoa, 100 g Weizenmehl Type 405)
5–10 g Hefe
1 Essl. Zucker/Honig
40 g Butter
etwa 200 ml Milch
Gewürze (z. B. Fenchel, Anis oder Galgant)

Belag
500 g Magerquark
50–75 g Zucker/Honig
2 Eier, ½ Zitrone
1 kg Äpfel
Kokosflocken, Johannisbeerkonfitüre

# Apfelschalentee

**Zutaten**

Schalen von 1 kg Äpfel
1 l Wasser
Honig nach Belieben

## Zubereitung

*Unbehandelte Äpfel schälen, die Schalen sofort mit Wasser aufsetzen, einige Minuten kochen lassen, abseihen.*
*Ungesüßt wirkt der Tee recht aromatisch und erfrischend, mit Honig gesüßt mehr stärkend.*
*Rote Äpfel liefern eine besonders schöne Farbe. Dieses Getränk kann Malventee ersetzen.*

## Hinweise

*Die wertvollen Stoffe des Apfels sind in und unter der Schale konzentriert ([illegible], Pektine, Vitamin C).*
*Bei der Handelsware, die viele chemische Behandlungen hinter sich hat, wird oft vom Verzehr der Schale abgeraten.*
*Anders sieht es bei den Früchten aus dem eigenen Garten aus, wenn wir sie natürlich reifen lassen. Da können wir die Schale genießen.*
*Bei manchen Gerichten braucht man geschälte Äpfel. Die Schalen ergeben dann dieses erfrischende Getränk, das kräftigend und beruhigend wirkt.*
*In der Volksheilkunde wurde der Apfelschalentee bei Gicht, Rheuma, Leber- und Nierenerkrankung, Hautausschlägen und zur Herzstärkung empfohlen.*

# Bratäpfel

JAN

## Zubereitung

*Äpfel schälen (Schalen für Tee), Kernhaus ausstechen, mit zerlassener Butter bestreichen, in eine feuerfeste Form geben. 30–45 Minuten (hängt von der Apfelgröße und Sorte ab) bei Mittelhitze im Rohr braten. 1–2 Essl. Butter schmelzen. 4 Essl. geriebene Semmelbrösel oder Nüsse dazugeben, leicht rösten, mit Zimt abschmecken. Die Bratäpfel darin wälzen. Anschließend mit Marmelade (gut sind Preiselbeeren) füllen. Mit Puderzucker bestäuben.*

## Variante

*Äpfel nicht schälen, nur Kernhaus ausstechen, mit gehackten Nüssen und Trockenfrüchten füllen, braten.*

## Hinweise

*Es gibt wenig Gerichte, bei denen die Volksseele so ins Schwärmen gerät wie bei Bratäpfeln. Es ist der Zauber, der die Herstellung umgibt. Das Knistern des Holzfeuers, die behagliche Holzstube, das Zischen des Apfels im Rohr, die Ruhe und Stille eines kalten Wintertages, das gedämpfte Licht – das alles ist mit Großmutters Bratapfel verbunden. Dabei erwacht die Sehnsucht nach der „guten alten Zeit" mit ihrer Einfachheit und Harmonie. Wenn dies auch eine Verklärung ist, bleiben wir ruhig bei diesen Träumen. Es tut unserer gestressten Seele gut.*

**Zutaten**

4 mittlere Äpfel
Butter
Semmelbrösel
Nüsse
Zimt
Marmelade
Puderzucker

# Korbiniantorte mit Most

**Zutaten**

Biskuitteig
5 Eier, 100 g Honig/Zucker, 200 g Weizenvollkornmehl, 5 Essl. Wasser

Mostcreme
½ l Most, 50–100 g Honig/Zucker (hängt vom Most und eigenem Geschmack ab), 1 g Johannisbrotkernmehl oder 2 Essl. Stärkemehl, Obstler oder Rum, Zitronensaft, Geliermittel für ½ l Flüssigkeit (Agar-Agar oder Gelatine), rote Marmelade, 200 ml Sahne

Zum Tränken
Most, Obstler oder Rum, Honig/Zucker

Garnierung
Sahne, japanischer Zierapfel oder rote Apfelstücke, Eiklar, Zucker

## Zubereitung

*Biskuitteig herstellen, etwa 30 Minuten bei Mittelhitze backen. Nach dem Erkalten zweimal durchschneiden.*
*Für die Creme den Most erhitzen. Johannisbrotkernmehl oder Stärkemehl mit etwas Flüssigkeit verrühren, in die kochende Flüssigkeit geben, ebenso Agar-Agar, kurz aufkochen (wird Gelatine als Geliermittel verwendet, lässt man sie quellen und gibt sie dann in die heiße Flüssigkeit). Etwas abkühlen lassen, dann süßen. Mit Zitronensaft, Obstler oder Rum abschmecken und mit Marmelade rosa färben.*
*Beginnt die Masse zu steifen, geschlagene Sahne (etwas für die Garnierung zurücklassen) unterheben. Tortenböden mit abgeschmecktem Most tränken, Mostcreme draufstreichen, die ganze Torte damit überziehen. Sahne spritzen, kühlstellen.*
*Kurz vor dem Servieren die gefrorenen Zieräpfel mit Eiklar bestreichen, in Zucker tauchen. Auch rote Apfelstücke, die mit Zitronensaft beträufelt wurden, sind brauchbar.*

## Hinweise

*Die Tortenplatte bleibt beim Auftragen der Creme sauber, wenn Streifen von Backfolie leicht unter das Gebäck geschoben werden und die Restfläche bedecken. Dies ist besser als Pergamentpapier, das oft feucht wird und beim Herausziehen reißt. Außerdem lässt sich die Folie gut waschen und somit wieder verwenden.*

# *Rezepte Februar*

# Quark-Müsli mit Apfel

*Als Zwischenmahlzeit oder um den großen Hunger vor einer Mahlzeit zu bremsen, bietet sich ein Apfel an. Auch eine alte Weisheit: „Ein Apfel gegessen kurz vor Nacht, hat manchen Arzt zum Bettler gemacht." Die Schale sollte bei einem ungespritzten Apfel mitgegessen werden. Die meisten bioaktiven Stoffe sind in der äußeren Hülle konzentriert, denn sie muss auch viele Angriffe abwehren. Wir sind Nutznießer dieser pflanzeneigenen Abwehrstoffe.*

**Zutaten**

2 Essl. Haferflocken
2–4 Essl. Fruchtsaft
2 Essl. Magerquark
1 Teel. Honig
1 mittlerer Apfel (etwa 100 g)
1 Essl. Zitronensaft

## Zubereitung

*Haferflocken mit Saft, Quark und Honig vermischen. Apfel reiben, sofort mit Zitronensaft vermischen, zum Müsli geben.*

## Hinweise

*Äpfel enthalten Vitamine, Mineralstoffe, Pektine, Fruchtsäuren, Gerb- und Ballaststoffe, ätherische Öle – insgesamt über 300 wertvolle Substanzen. Sie sind positiv für Herz, Cholesterinspiegel, Blutdruck, Blutzucker, Immunsystem, Leber, Gehirn, Nerven und stellen deshalb schon eine Mini-Apotheke dar. Naturkosmetiker empfehlen, das Gesicht mit der Schnittfläche eines Apfels zu massieren oder 5 Minuten einen rohen Apfelbrei aufzulegen.*

*Gelobt wird von den Ernährungsfachleuten der hohe Ballaststoffgehalt, der einen sehr guten Einfluss auf den Darm ausübt und einer Verstopfung vorbeugt. Bei Naturvölkern mit viel Rohkost ist der Darmkrebs kaum bekannt, während er in den hoch entwickelten Ländern ständig zunimmt.*

*In der Küche anfallende Schalen ergeben einen erfrischenden, entspannenden, schlaffördernden Tee.*

# Steinpilz-Kartoffelsuppe



## Zubereitung

*Geschälte Kartoffeln mit den Pilzen, der Zwiebel und der halben Flüssigkeitsmenge im Dampfdrucktopf garen, anschließend mixen (einen Teil der Schwammerln ganz lassen), abschmecken, fein geschnittenen Knoblauch und Kräuter dazugeben, mit der restlichen Flüssigkeitsmenge aufgießen. Mit Rahm verfeinern.*

## Hinweise

*Pilze enthalten außer pflanzlichem Eiweiß auch Vitamine und jede Menge Mineralstoffe wie Kalium, Phosphor, Magnesium und Eisen. Aufgrund ihres Aromas wirken Pilze appetit- und verdauungsanregend. Wer seinen Fleischverzehr reduzieren möchte, sollte öfter mal eine Pilzmahlzeit mit einplanen, um den Eiweißbedarf zu decken.*
*Wildpilze allerdings nur gelegentlich essen, denn sie speichern sehr viel Cadmium, Quecksilber und auch das radioaktive Cäsium.*

**Zutaten**

500 g Kartoffeln
1 l Wasser
4 Essl. getrocknete Pilze (50 g)
1 Zwiebel
Knoblauch
Kräuter
Salz
nach Belieben etwas Rahm

Steinpilzersatz:
150–250 g frische Zuchtpilze

# *Geriebene Teigsuppe mit Gelbe-Rüben-Einlage*

FEB

**Zutaten**

100 g Dreikornmehl
(Weizen, Hafer, Roggen)
1 Ei
250 g Gelbe Rüben
1–1½ l Gemüsebrühe
Kräuter

## Zubereitung

*Aus Vollkornmehl und Ei einen festen Teig herstellen, nach Bedarf Mehl oder Wasser zugeben (hängt von der Eigröße ab), gut durchkneten. Mit einem feinen Reibeisen Brösel machen.*
*Geputzte Gelbe Rüben klein schneiden, in ¼ l Brühe etwas vorgaren, Flüssigkeit zugeben, das Geriebene in die kochende Suppe einstreuen. Einige Minuten kochen lassen, mit restlicher Brühe auffüllen. Kräuter vor dem Servieren zufügen.*
*Die fertige Suppe gewinnt noch durch eine roh geriebene Gelbe Rübe.*

## Hinweise

*Für Gelbe Rüben liegt die Hauptsaatzeit zwischen Ende März und Anfang April für frühe Sorten sowie Mitte April und Anfang Mai für Züchtungen zum Einlagern.*
*Wer im Frühjahr besonders zeitig an die Aussaat denkt, sollte es einmal mit vorgekeimtem Samen probieren: Das Saatgut in einen Folienbeutel geben und 3 Tage bei Raumtemperatur in feuchtem Sand ankeimen lassen. Dieser kleine Aufwand bringt eine frühere Ernte.*

# Lauchcreme-suppe



## Zubereitung

*Lauch in Ringe schneiden, in ½ l Wasser weich kochen, dann pürieren. So viel Flüssigkeit zugeben, dass eine sämige Suppe entsteht. Dann würzen, mit Sahne verfeinern.*

### Zutaten

Lauchcremesuppe
750 g Lauch
¾–1 l Wasser
Salz, Muskat, Cayennepfeffer
100 ml Sahne
nach Belieben Brotwürfel

## Zubereitung

*Hackfleisch, geschnittene Zwiebeln und Lauchringe in heißem Fett leicht anbräunen, dann mit etwas Wasser aufgießen. 15–20 Minuten kochen lassen. Zum Schluss Käse und Rahm zugeben, abschmecken.*

## Hinweis

*Lauch schmeckt nicht nur in Verbindung mit anderem Gemüse, sondern auch pur.*

### Variante

Kräftige Lauchsuppe mit Hackfleisch
500 g Lauch
250 g Hackfleisch
50–100 g Zwiebeln
2 Essl. Fett
¾–1 l Wasser
50–100 ml Rahm
100 g Edelpilzkäse
Kräutersalz

# Brotsuppe

FEB

*Hart gewordenes Brot eignet sich recht gut für diese Suppe.*

**Zutaten**

Aufgebrühte Brotsuppe
100–150 g Schwarzbrot, 1 l Brühe, nach Belieben Majoran oder Kümmel, Schnittlauch oder Bärlauch

## Zubereitung

*Brot dünnblättrig schneiden, auf Teller verteilen, Gewürze dazugeben, mit heißer Brühe übergießen, Schnittlauch oder Bärlauch zerkleinern, die Suppe damit garnieren. Soll die Suppe sättigender sein (Hauptgericht), Leberwürste erwärmen und zur Suppe servieren.*

Geröstete Brotsuppe
1–2 Zwiebeln oder Lauchstangen (50–100 g), 2 Essl. Fett, 100–150 g Schwarzbrot, 1 l Brühe, Gewürze (z. B. gemahlener Kümmel, Fenchel, Koriander), Kräuter (z. B. Schnittlauch, Bärlauch, Kerbel, Winterheckezwiebeln)

## Zubereitung

*Zwiebeln (oder Lauch) fein schneiden, in Fett anschwitzen. Das zerkleinerte Brot zugeben und etwas rösten, dann Brühe zugießen. Mit Gewürzen abschmecken und servieren. Dazu frische Kräuter reichen.*

Cremige Brotsuppe
150 g Schwarzbrot, 1–2 Zwiebeln (50–100 g), 1 l Brühe, Gewürze, 2–4 Essl. Sauerrahm, Kräuter

## Zubereitung

*Hartes Brot in kalter Brühe einweichen (evtl. mehrere Stunden oder über Nacht). Mit den zerkleinerten Zwiebeln weich kochen, evtl. pürieren, würzen. Zum Schluss mit Sauerrahm und Kräutern verbessern.*

# Heringstopf



## Zubereitung

*Bismarckheringe in Stücke schneiden, Äpfel, Paprika würfeln, Zwiebeln fein schneiden, alle Zutaten vermischen und einige Stunden durchziehen lassen. Nach Bedarf noch mit Essig abschmecken.*
*Auch eingemachter Kürbis oder Sellerie passen gut in diesen Heringstopf, der mit Pellkartoffeln, Brot oder Vollkornsemmeln serviert werden kann.*

## Hinweise

*Fisch ist leicht verdaulich. Somit ist er besonders für kranke oder ältere Menschen geeignet. Der gesundheitliche Wert liegt vor allem in seinem hohen Eiweißgehalt. Bei der Zubereitung wird gerne Zitronensaft eingesetzt. Die Säure macht das bindegewebsarme Fleisch fester und aromatischer. Außerdem wird dadurch der Fischgeruch etwas gebunden.*

**Zutaten**

250 g Bismarckheringe
250 g saure Äpfel (z. B. 'Ontario')
100 g Zwiebeln
250 ml Sahne
1 Lorbeerblatt
2 Nelken
etwas Pfeffer
nach Belieben 1–2 Essiggurken
eingelegte Paprikaschoten
2–3 Essl. Essig

# Weizenbrötchen mit Sprossen

FEB

*Lässt man der Hefe mehr Zeit zur Vermehrung, sei es beim Ansatz oder Teig, ist weniger Hefe notwendig. Wer sich erst an Vollkorn gewöhnen muss, kann einen Teil des Mehls durch eine hellere Type ersetzen.*

**Zutaten**

500 g Weizen- oder Dinkelvollkornmehl,
5–20 g Hefe
Honig
etwa 350 ml Milch
50 g Butter
50 g Getreide in gekeimter Form

## Zubereitung

*Mit Hefe, 1 Teel. Honig, etwas Wasser und Mehl einen Vorteig ansetzen. Nach dem Gehen alle Zutaten zu einem mittelfesten Hefeteig verarbeiten. Das gekeimte Getreide zum Schluss beifügen. Teig ruhen lassen. Bei Wärme geht dies schneller, bei kühleren Temperaturen langsamer, dafür wird der Teig feinporiger.*
*Aus dem Teig Semmeln formen, aufs gefettete oder mit Kleie bestreute Backblech geben, nochmals kurz gehen lassen. Ins vorgeheizte Rohr (225 Grad) geben und 25 Minuten backen.*

## Hinweise

*Wer schon einmal Getreidekörner gekocht hat, weiß Bescheid über die lange Garzeit. Wird Getreide gekeimt, ist Kochen nicht notwendig. Neben Weizen können auch Roggen, Gerste, Hafer und Dinkel verwendet werden. Sie brauchen allerdings etwas länger zum Keimen (4–6 Tage).*
*Roggensprossen schmecken ebenfalls leicht süßlich, aber etwas kräftiger, würziger. Noch süßer im Geschmack ist Gerste oder auch Hafer, der sich besonders durch seine Weichheit auszeichnet. Dinkel keimt recht gut, wenn die Spelzen behutsam entfernt wurden. Gekeimt schmeckt er recht aromatisch.*

# Grünkernbrei mit Mischsalat und Quarksoße

FEB

## Zubereitung

*Streifig oder klein würfelig geschnittenes Gemüse in Fett leicht anrösten, dann den grob gemahlenen Grünkern beifügen, leicht andünsten. Mit Flüssigkeit aufgießen, kurz kochen, dann ausquellen lassen. Das Gemüse sollte noch bissfest sein. Zum Schluss abschmecken.*

**Zutaten**

250 g Grünkern
250 g Gelbe Rüben
250 g Sellerie
30 g Fett
3/4 l Wasser, Salz, Kräuter
nach Belieben Hefeflocken oder etwas geriebenen Käse

## Zubereitung

*Quark mit Rahm (Süß- oder Sauerrahm) gut vermischen, zerkleinerten Knoblauch und wenig Salz zugeben. Alle Zutaten können auch gemixt werden.*

Quarksoße
250 g Quark
100–200 ml Rahm
Salz, einige Zehen Knoblauch

## Zubereitung

*Zuckerhutsalat zerkleinern, Sellerie, Gelbe Rüben, Äpfel in feine Streifen hobeln, sofort mit Marinade anmachen, damit keine Verfärbung eintritt.*

Mischsalat
Zuckerhutsalat
Gelbe Rüben
Sellerie
Äpfel
Marinade

FEB

# Kartoffelpuffer mit milchsauerem Kraut und Leberkäse

**Zutaten für eine Person**

300 g rohe Kartoffeln
100 g milchsaures Kraut
Gewürze (z. B. Majoran, Pfefferoni Paprika)
eine sehr dünne Scheibe Leberkäse
Fett zum Ausbacken

## Zubereitung

*Sauerkraut in eine Schüssel geben, Kartoffeln hineinreiben, sofort vermischen, einen Teil in die heiße, gefettete Teflonpfanne geben. Leberkäse drauflegen, mit geriebener Kartoffelmasse abdecken, goldbraun backen, dann wenden. Mehrere kleine Puffer können hergestellt werden. Sie lassen sich leichter wenden.*
*Als Beilage eignet sich recht gut Feldsalat. Er schmeckt nicht nur, sondern ist auch ein guter Kontrast zum Kartoffelpuffer. Gut schmeckt zum „Vogerlsalat" geriebener Rettich.*

## Variante

*Anstelle von Sauerkraut kann etwas Quark oder Sauerrahm zugegeben werden. Durch die Säure bleibt das Geriebene hell.*

## Hinweise

*Selbst angebaute Kartoffeln machen wenig Arbeit. Ideal für die Anzucht sind vorgekeimte Kartoffeln. Werden sie frühzeitig gesetzt und mit einer Folie vor Frösten geschützt, kann schon bald im Frühsommer geerntet werden. Kartoffeln hinterlassen einen garen Boden, der hervorragend für eine Nachkultur geeignet ist.*

# *Pellkartoffeln mit Linsenbrei und Quark. Zuckerhutsalat mit Gelben Rüben*

FEB

## Zubereitung

*Gesäuberte Kartoffeln am besten im Einsatz des Schnellkochtopfes dämpfen. Eingeweichte oder vorgekeimte Linsen mit der klein geschnittenen Zwiebel und der Gelben Rübe in ¼ l Wasser weichkochen. Durch ein Sieb streichen oder mit einem Passierstab zerkleinern (nicht zu fein mixen), Butter darunter rühren, mit Gewürzen abschmecken. Erkaltet ergibt dies auch einen Brotaufstrich.*
*Meerrettich und Gelbe Rübe reiben, unter den Quark geben und abschmecken. Gewaschenen Zuckerhutsalat nudelig schneiden oder grob rupfen. Geputzte Gelbe Rüben raspeln. Alles mit Marinade vermischen.*

## Hinweise

*Hülsenfrüchte verlieren durch das Keimen etwa 80 % der blähenden Stoffe. Außerdem findet beim Keimprozess ein Ab- und Umbau der Nährstoffe statt. Dadurch werden Hülsenfrüchte leichter verdaulich. Zudem vermehren sich einige Vitamine beträchtlich. Gekeimte Linsen schmecken besonders aromatisch. Sie können roh oder kurz blanchiert auch über den Zuckerhutsalat gestreut werden.*

**Zutaten**

Pellkartoffeln
1 kg Kartoffeln

Linsenbrei
100 g Linsen, ¼ l Wasser
1 Gelbe Rübe, 1 Zwiebel
20–50 g Butter
Gewürze (z. B. Senf, Koriander, Majoran, Essig), Salz

Quark mit Meerrettich
250–500 g Quark
1 Gelbe Rübe
Stück Meerrettich, Salz

Zuckerhutsalat mit Gelben Rüben
Zuckerhutsalat
2–4 Gelbe Rüben
Marinade

# *Überbackene Pastinaken*

FEB

**Zutaten**

500 g Kartoffeln
500 g Pastinaken
250 g Lauch
250 g Sauerkraut
200 ml Sahne
200 g geriebener Käse
2 Eier
gemahlener Koriander oder Kümmel
Kräutersalz

## Zubereitung

*Kartoffeln und Pastinaken schälen, in Scheiben oder Stifte schneiden, zusammen mit dem Sauerkraut und den Lauchringen bissfest vorgaren. Mit Sahne, Eier, geriebenem Käse und Gewürzen vermischen. In eine Auflaufform geben. Etwa eine halbe Stunde bei guter Mittelhitze im Rohr überbacken.*

## Hinweise

*Die wohlschmeckenden, etwas süßlichen Wurzeln heißen im Volksmund auch Hammelmöhren. Sie erinnern äußerlich an Petersilie, sind aber wesentlich größer. Inhaltsstoffe wurden entdeckt, die positiv bei Herzinfarkt und schwachem Haarwuchs wirken. Pastinaken enthalten wertvolle Kohlenhydrate, besonders die verdauungsfördernden Pektine, viele Mineralstoffe und ätherische Öle.*

# Speckknödel mit Sauerkraut

FEB

*Früher waren Speckknödel ein Sonntagsessen. Übriggebliebene Knödel werden wie bei uns mit Zwiebeln, Pfeffer, Schnittlauch, Salz, Essig, Öl sauer angemacht oder geröstet. Der Speck lässt sich bei den Knödeln auch durch Steinpilze ersetzen, die früher noch reichlich wuchsen.*

## Zubereitung

*Aus den Zutaten einen Hefeteig herstellen. Lässt man ihn über Nacht gehen, ist wenig Treibmittel notwendig. Der Teig wird feinporiger, die Mineralstoffe werden besser vom Körper aufgenommen. Aus der gegangenen Masse kleine Fladen formen.*

## Zubereitung

*Fladenbrot fein schneiden (beliebt sind auch Würfel), mit Milch übergießen. Zwiebel und Petersilie anschwitzen, Geräuchertes sehr klein schneiden. Alle Zutaten vermischen, Knödel formen, etwa 20 Minuten kochen.*

## Hinweise

*Beliebt sind auch Spinatknödel. In jedem kleinsten Gärtchen trifft man Spinat zusammen mit Mangold an. Es gibt Kartoffel-Spinatrouladen, Spinatspätzle, Schlupfkrapfen, Spinatkrapfen in Fett ausgebacken, Spinatstrudel, Spinatnockerln und noch viele andere Köstlichkeiten.*

**Zutaten**

Fladenbrot

1 kg Weizenmehl, ½–¾ l Wasser
Milch oder Molke (Käsewasser)
5–40 g Hefe, 1 Teel. Honig
1½ Essl. Salz, 2 Essl. Schabzigerklee
1 Essl. Anis, 1 Essl. Fenchel

Speckknödel

300 g altbackenes Fladenbrot
⅛–¼ l Milch
100 g Geräuchertes
20 g Butter, 1 Zwiebel
Petersilie oder Kerbel
2 Eier
nach Bedarf Semmelbrösel oder Mehl

# Salat mit Gelben Rüben, Sellerie

FEB

**Zutaten**

Zuckerhut, Chinakohl oder Chicorée
Gelbe Rüben, Sellerie, Zwiebel oder Knoblauch
Marinade

## Zubereitung

*Gelbe Rüben, Sellerie putzen, klein schneiden, ganz kurz dämpfen, zum zerkleinerten Salat geben, mit Marinade durchmischen.*

## Hinweise

*Dieser überwiegend rohe Salat ist eine gute Ergänzung.*

# Roggenbrot mit Edelpilzkäse-Butter, Alfalfa- und Senfsprossen



*Wer Butterbrot scharfwürzig liebt, liegt mit Senf richtig. Er ist ein natürliches Antibiotikum, wirkt außerdem stoffwechselanregend und verdauungsfördernd.*
*Senfkorn keimt leicht. Die Einweichzeit liegt bei 4–6 Stunden. Geerntet werden kann bereits nach 2–3 Tagen. Nur kleine Mengen verwenden, sonst kann es zu Reizungen kommen.*

## Zubereitung

*Weiche Butter mit dem Käse gut vermischen. Brote damit bestreichen, Alfalfa- oder Senfsprossen drüberstreuen.*

**Zutaten Brotaufstrich**

100 g Butter
50 g Edelpilzkäse

## Hinweise

*Senfkörner sind in der Küche nichts Unbekanntes. Anders sieht es bei Alfalfa aus. Diese englische Bezeichnung für Luzerne stammt aus dem Arabischen und heißt so viel wie „gute Nahrung". Dem kann nur zugestimmt werden.*
*Die Hülsenfrucht ist reich an Eiweiß, enthält alle lebenswichtigen Aminosäuren, ist außerdem ein hervorragender Lieferant für Eisen, Kalzium, Phosphor, Kalium, Magnesium. Überdurchschnittlich sind auch die Vitamine der B-Gruppe, Provitamin A, ferner die Vitamine C, D, E und K vertreten. So nimmt Alfalfa eine Spitzenstellung bei den Sprossen ein.*
*Fachleuchte sind voll des Lobes. Man schätzt die entgiftenden, reinigenden, abwehrenden, stärkenden und aufbauenden Eigenschaften, für Kranke und Genesende hervorragend geeignet.*
*Das gute Kalzium-Phosphor-Verhältnis wirkt sich günstig auf Knochen und Zähne aus. Naturärzte haben gute Erfahrungen bei Arthritis und Rheuma gemacht.*

**So keimt Alfalfa** *(Medicago sativa)*
*Den feinen Samen braucht man nur 4–6 Stunden einweichen. Im Dunkeln ankeimen lassen, nach dem 2. Tag ans Licht stellen. Die Ernte erfolgt nach etwa 5 Tagen, wenn bereits zwei grüne Keimblätter sichtbar sind.*
*Beim Keimen nimmt das Volumen um das 8- bis 12-fache zu. Deshalb nicht zu viel Samen ins Gefäß geben. Alfalfasprossen schmecken mild, nussartig, erfrischend. Die grünen Winzlinge sind sehr beliebt und schmecken auch den Kindern.*

# Zuckerhutsalat mit Weizensprossen

FEB

**Zutaten**

Zuckerhutsalat
1 Zwiebel
1–2 Äpfel
2–3 Essl. Weizensprossen
(entspricht 1 Essl. Körner)
Marinade

## Zubereitung

*Zuckerhutsalat zerkleinern, Äpfel schnitzeln oder grob raspeln, Zwiebel in kleine Würfel schneiden, alles mit Marinade vermischen. Die gut gespülten Sprossen darüber streuen.*
*Zu diesem Salat passen sehr gut Vollkornsemmeln.*

## Hinweise

*Mit den gekeimten Körnern erhält der Salat eine starke Aufwertung, außerdem sieht er interessanter aus.*

# Sellerieschnitzel

FEB

## Zubereitung

*Geputzten Sellerie in Scheiben (1 cm) schneiden, bissfest garen. Selleriescheiben durch die gewürzte Eimasse ziehen, dann in Semmelbrösel wälzen, in das erhitzte Fett geben, goldgelb backen.*
*Mit verschiedenen Salaten ist dies ein preiswertes Essen.*

## Tipp

*Das Kochwasser vom Sellerie ist eine ausgezeichnete Brühe und auch ein guter Trinktee.*

## Hinweis

*Sellerieschnitzel sind zart, leicht bekömmlich, schnell zubereitet.*

**Zutaten**

2 Sellerieknollen
2 Eier
Kräutersalz
Semmelbrösel
Fett zum Ausbacken

# Feldsalat mit Winterrettich

FEB

**Zutaten**

150–200 g Feldsalat
250 g Winterrettich
50 g Nüsse (ohne Schale)
Marinade

## Zubereitung

*Feldsalat putzen, waschen. Winterrettich schälen, grob raspeln oder in feine Streifen hobeln, Nüsse zerkleinern. Alles mit einer Marinade vermischen. Sofort servieren.*

## Hinweise

*Wenn die Tage wärmer werden, dann geht es auch mit der Qualität des Feldsalates abwärts. Er wird immer länger und rauer.*
*Gut schmeckt Rettich dazu, er bringt eine angenehme Schärfe.*

# Haferflocken-auflauf mit Äpfeln



## Zubereitung

*Haferflocken mit der Milch zu einem Brei kochen, Äpfel, eingeweichte Trockenfrüchte, Nüsse klein schneiden, zum Haferbrei geben, mit Gewürzen abschmecken. Eier mit Honig schaumig schlagen, unter die Masse heben und in eine Auflaufform geben. Bei Mittelhitze etwa eine ¾ Stunde backen.*
*Dazu können Johannisbeer- oder ungekochtes Trockenfrüchtekompott gereicht werden.*

## Hinweise

*Hafer hat von allen Getreidearten den höchsten Gehalt an wertvollem Eiweiß und Fett mit der lebenswichtigen Linolsäure. Der Gehalt an B-Vitaminen ist ebenfalls beachtlich. Die stark quellenden Ballaststoffe fördern die Verdauung, wirken aber auch dem Durchfall entgegen. Sie können Schadstoffe, unerwünschte Bakterien binden und mithelfen, den Cholesterinspiegel zu senken.*
*Hafer regt die Wasserausscheidung an, kann Blutzucker senkend wirken und Hilfe bei manchen Hautentzündungen bringen.*

**Zutaten**

¾ l Milch
250 g Haferflocken
500 g Äpfel
2 Eier
1–3 Essl. Honig
Zimt
nach Belieben Nüsse (Wal-, Haselnüsse)
Trockenfrüchte (z. B. Zwetschgen Quitten, Birnen)
etwas Sahne nach Belieben

# Apfelkuchen mit Marmelade

FEB

**Zutaten**

5 Eier
150 g Zucker oder Honig
3 Essl. heißes Wasser
250 g Weizenvollkornmehl
Gewürze (z. B. Anis, Zimt, Piment)
500 g Äpfel (netto)
Marmelade

## Zubereitung

*Eiweiß schaumig rühren, mit 75 g Zucker oder Honig fertig schlagen. Aus Eigelb, restlichem Zucker/Honig und heißem Wasser Schaummasse herstellen, zum Eischnee geben, vorsichtig miteinander verbinden.*
*Vollkornmehl und grob geraspelte oder fein geschnittene Äpfel unterheben, in Kuchenform geben und 60 Minuten bei Mittelhitze (konventioneller Herd z. B. 200 Grad) backen.*
*Den ausgekühlten Kuchen 1–2mal durchschneiden, mit Marmelade füllen.*

## Hinweise

*Der Kuchen löst sich sehr gut aus der Form, wenn der Boden mit Backpapier belegt wird.*
*Kuchen gewinnen sehr durch Gewürze. Sie sind nicht nur ein Gaumenschmeichler, sondern regen auch die Verdauung an und steigern die Leistungsfähigkeit der Organe. Manche wirken antibiotisch, hemmen also das Wachstum von Bakterien, Viren und Pilzen. Außerdem liefern sie viele lebenswichtige Spurenelemente.*
*Besonders für ältere Menschen, bei denen die Körperfunktionen nachlassen, sind Gewürze wichtig.*

# Walnusswaffeln



## Zubereitung

*Weizenmehl und Milch vermischen, etwa 30 Minuten quellen lassen, dann mit den übrigen Zutaten vermischen. In einem beschichteten Waffeleisen goldgelb backen. Walnüsse können durch Sonnenblumenkerne ersetzt werden.*

## Hinweise

*Walnüsse enthalten B-Vitamine, Vitamin E, Kalzium, Magnesium, Kalium, Eisen und in bemerkenswerter Menge auch Eiweiß (15 %). Allerdings ist die biologische Wertigkeit nicht so hoch. In Verbindung mit Getreide, Ei und Milch wird aber eine sehr gute Proteinqualität erreicht.*

**Zutaten**

150 g fein gemahlenes Weizenvollkornmehl
100 g geriebene Walnüsse
2 Eier
1 Teel. Zimt
1–2 Essl. flüssiger Honig
etwa ¼ l Milch

# Pastinakentorte

FEB

**Zutaten**

5 Eier
4 Essl. heißes Wasser
150 g Honig/Zucker
250 g geriebene Nüsse
250 g geriebene Pastinaken
50 g Vollkornmehl
1 Teel. Zimt
100–200 ml Sahne
Konfitüre
geröstete Haferflocken

## Zubereitung

*Eier trennen. Eiweiß schaumig schlagen, zum Schluss 50 g Süßungsmittel mitrühren. Aus Eigelb, heißem Wasser und 100 g Honig/Zucker eine gute Schaummasse schlagen, mit dem Eischnee verbinden. Nüsse, Vollkornmehl, Zimt und fein geriebene Pastinaken vorsichtig unterrühren. Den Teig in eine mit Backfolie oder mit Pergamentpapier ausgelegte Tortenform füllen.*
*Auf der untersten Stufe bei schwacher Mittelhitze etwa 50–60 Minuten backen. Kurz abkühlen lassen, dann vorsichtig stürzen.*
*Erkaltet mit Sahne bestreichen, nach Belieben mit gerösteten Haferflocken und mit Konfitüre garnieren.*

## Hinweis

*Genauso wie Pastinaken sind auch Gelbe Rüben für eine Torte geeignet.*

# *Rezepte März*

MÄR

# Pastinakenmüsli

MÄR

**Zutaten**

100 g Dinkel
200 g Fruchtsaft
200 g Äpfel
100 g Pastinaken
½–1 Zitrone
50 g Nüsse
nach Belieben Honig oder Konfitüre

## Zubereitung

*Dinkel in einer Edelstahlpfanne leicht rösten, etwas auskühlen lassen, dann in der Getreidemühle grob schroten.*
*Fruchtsaft zugeben, mehrere Stunden oder über Nacht kühl quellen lassen.*
*Pastinaken fein reiben, Äpfel raspeln oder schneiden, sofort mit Zitronensaft vermischen, um das Braunwerden zu vermeiden.*
*Nüsse zerkleinert zugeben. Mit Honig oder Konfitüre abschmecken.*

## Hinweise

*Mit dem süßlichen Geschmack eignet sich dieses Wurzelgemüse recht gut für ein Müsli. Abwechslung bringt auch das trockene Rösten von Getreide. Dabei entstehen angenehme Aromastoffe.*

# Rote-Rüben-Suppe

MÄR

## Zubereitung

*Geschälte Rote Rüben und Kartoffeln sehr klein schneiden, mit etwas Brühe im Dampfdrucktopf garen, dann mixen und so viel Flüssigkeit zugeben, dass eine sämige Suppe entsteht. Mit Gewürzen und Rahm abschmecken.*
*In Stücke geschnittener Meerrettich kann auch mitgemixt werden (besonders empfehlenswert für dünne Stangen).*
*Kümmel kann auch gemahlen zugegeben werden. Er stört dann weniger beim Essen.*

## Hinweise

*Das Gemüse aus der Gänsefußfamilie hat einen günstigen Einfluss auf das Immunsystem. Die antibakterielle Wirkung schätzt man besonders im Winter.*
*Einige Forscher sehen in der Roten Rübe ein wertvolles Mittel gegen Röntgen- und radioaktive Strahlungsschäden.*
*Man schreibt ihr auch einen günstigen Einfluss auf die Nerven- und Gehirntätigkeit zu, setzt sie bei Grippe und Malariaerkrankung ein.*

**Zutaten**

100 g Rote Rüben
500 g Kartoffeln
1 l Brühe
Gewürze (z. B. Koriander, Kümmel, Meerrettich)
saurer Rahm

**Variante**

250 g eingemachte oder milchsauer eingelegte Rote Rüben
250 g Kartoffeln
1 l Brühe
Gewürze
100–200 ml Sahne

# Selleriesuppe

MÄR

**Zutaten**

200 g Gelbe Rüben
200 g Sellerie
100 g Kartoffeln
1 Zwiebel (50–100 g)
1 l Wasser
Kräutersalz
gemahlener Koriander
Schnittlauch
Kerbel oder Gänseblümchenblätter
nach Belieben etwas Sahne, Joghurt oder Kefir

## Zubereitung

*Das geputzte Gemüse grob schneiden, in ½ l Wasser garen, anschließend mixen. Dabei die restliche Flüssigkeit zugeben, abschmecken, geschnittene Kräuter zufügen.*

## Tipp

*Besonders wertvoll wird die Suppe, wenn ein Stück rohes Gemüse (Sellerie, Gelbe Rübe) mitgemixt wird.*

## Hinweise

*Noch brauchen wir etwas Warmes. Diese sämige Suppe ist kalorienarm aber trotzdem sättigend. Es geht auch ohne Einbrenne.*

# Kartoffel-Gelbe-Rüben-Suppe mit Topinambur



## Zubereitung

*Gewaschene, geschälte oder geputzte Kartoffeln, Gelbe Rüben und Topinamburknollen zerkleinern, mit der halben Flüssigkeit weichkochen, mixen oder durch ein Sieb streichen. Restliche Flüssigkeit zugeben, würzen. Vor dem Servieren fein geschnittenes Sauerkraut oder zerkleinerte Kresse und etwas Sahne beifügen.*

## Variante

*Topinambur nicht kochen, sondern fein reiben, stehen lassen, erst zum Schluss zur Suppe geben. Dadurch wird die Wirksamkeit erhöht.*

## Hinweise

*Als die Kartoffel noch nicht populär war, galt Topinambur als Grundnahrungsmittel. In dieser Suppe sind die Erdäpfel dominierend, die knollige Sonnenblume untergeordnet. Das gekochte Gemüse wird durch Brunnenkresse und Sauerkraut aufgewertet.*
*Auch frischer Kerbel oder Wildkräuter würden zu dieser Suppe passen. Kümmel oder Koriander sorgen für eine bessere Verdauung. Fein gemahlen stören sie nicht.*
*Etwas Farbe bringt die Gelbe Rübe mit.*

**Zutaten**

400 g Kartoffeln
100 g Gelbe Rüben
100 g Topinambur
1 l Wasser oder Gemüsebrühe
Salz
gemahlener Kümmel oder Koriander
2–4 Essl. Sauerkraut
Brunnen- oder Gartenkresse
Sahne

# Lauchpfanne mit geröstetem Brot

MÄR

**Zutaten**

200 g Lauch
2–4 Knoblauchzehen
2 Essl. Fett
100–200 g altes Brot
2 Eier
200 ml Milch
Gewürze (z. B. Majoran, gemahlener Kümmel, Koriander, Pfeffer)
Salz

## Zubereitung

*Lauch halbieren, waschen, in dünne Ringe schneiden, Knoblauch schälen und zerkleinern. Alles in Fett anschwitzen. Brot in kleine Stifte schneiden, in etwas Fett anrösten.*
*Gemüse und Brot vermischen, in eine beschichtete, mit Fett leicht ausgepinselte Pfanne geben. Eier, Milch und Gewürze verrühren, über die Masse gießen und bei mittlerer Temperatur stocken lassen. Dazu Salat reichen.*

## Variante

*Lauch durch Bärlauchblätter, Giersch, Brennnesseln oder Spinat ersetzen*

# Winterliches Gemüse mit Brandteigklößchen

MÄR

## Zubereitung

*Geputztes Gemüse zerkleinern, Erbsen in der Flüssigkeit eventuell vorgaren. Restliches Gemüse zugeben, bissfest kochen.*

**Brandteig herstellen:**
*Wasser und Butter zum Kochen bringen, kurz von der Kochstelle nehmen, Mehl auf einmal dazuschütten, abrühren, bis sich am Boden eine weiße Schicht (Haut) bildet. Etwas abkühlen lassen, dann die Eier langsam zugeben, unterrühren, zum Schluss die Gewürze zugeben. Aus dem glänzenden Teig Klößchen formen, in die kochende Brühe einlegen, 10 Minuten bei schwacher Hitze gar ziehen lassen.*
*Gemüse abschmecken, mit den Bällchen servieren.*

## Hinweise

*Die Brandteigmasse und Brühe können auch verdoppelt werden. Dann bietet sich als Vorspeise eine Suppe an. So machen es die Tiroler mit ihren Speckknödeln.*
*Möchten Sie das Gemüse etwas sämiger, dann nehmen Sie vom Brandteig etwa 2 Essl. ab und geben es zur Gemüsemasse.*

**Zutaten**

Gemüse
500 g Gelbe Rüben
250 g Sellerie
250 g Schwarzwurzeln
100 g eingeweichte oder vorgekeimte Erbsen
1/4 l Wasser, Curry, Salz
Petersilien- oder Selleriegrün

Brandteig
1/4 l Wasser
150 g Vollkornmehl (Weizen oder Dinkel)
50 g Butter, 2 Eier
Gewürze (z. B. geriebener Meerrettich, Parmesan, Edelpilzkäse, Muskat, Majoran, Basilikum)
1/2 l Brühe

# Roher Lauchsalat

MÄR

**Zutaten**

150–250 g Lauch
250 g Äpfel
100–200 g Sellerie
4 Essl. Joghurt oder Sauerrahm
Salz
nach Belieben geriebener Meerrettich
gehackte Haselnüsse

## Zubereitung

*Lauch sehr fein schneiden, Sellerie und Äpfel raspeln, sofort mit Joghurt oder Sauerrahm vermischen, nach Belieben Meerrettich und Haselnüsse zugeben, mit wenig Salz abrunden.*

## Hinweise

*Die dunkelgrünen Blätter vom Lauch z. B. für Fleischpflänzchen verwenden. Die helleren, milden Teile sind idealer für den Salat.*

# Hackfleisch mit Hirse und Gemüse, Curryäpfel

MÄR

*Curry ist eine Gewürzmischung aus Indien. Fast immer enthält sie Gewürznelken, Koriander, Kurkuma, Kardamom, Pfeffer, Ingwer, Paprika, Kümmel, Muskat und Zimt. Man verwendet es sparsam, da Speisen sonst leicht einfallslos schmecken können. Fette Speisen werden durch Curry bekömmlicher.*

## Zubereitung

*Hirse mit der Flüssigkeit und dem gewürfelten Gemüse nicht zu weich garen. Zwiebeln fein schneiden, mit Hackfleisch, Gewürzen, Eiern und der abgekühlten Hirse-Gemüsemasse vermischen. Ist der Teig zu weich, Haferflocken zugeben. Hackbraten oder Frikadellen formen, im Rohr (3/4–1 Stunde) oder in der Pfanne backen.*
*Warm kann das Gericht mit Kartoffelbrei serviert werden. Zum kalten Hackbraten passen Vollkornbrot oder Vollkornsemmeln.*

## Zubereitung

*Äpfel schälen, Kernhaus ausstechen, gleichmäßige Ringe (etwa 1 cm) schneiden, flüssige Butter mit Curry vermischen. Die Apfelscheiben damit bestreichen. Auf ein Emailblech legen, 20–30 Minuten in den Backofen geben.*

*Apfelscheiben lassen sich auch im Grill garen (5–10 Minuten für jede Seite in der obersten Etage). Hervorragend schmeckt auch eine Currybanane.*

**Zutaten**

Hackfleisch mit Hirse
50 g Hirse
150 ml Wasser
100 g Sellerie, 100 g Gelbe Rüben
375 g Hackfleisch
1 Zwiebel, 1–2 Eier, Salz
Gewürze (z. B. Petersilie, Giersch, Kerbel, Majoran, Basilikum)
evtl. Haferflocken

Curryäpfel
2–4 Äpfel
2 Essl. flüssige Butter
2 Teel. Curry

# Kartoffelbrei mit Gartenkresse

**Zutaten**

1 kg Kartoffeln
etwas Milch oder Sahne
Kresse

**Variante**n

Kartoffeln mit Meerrettich
Kartoffeln mit Kerbel
Kartoffeln mit Löwenzahnblättern
Kartoffeln mit Winterheckenzwiebeln

## Zubereitung

*Kartoffeln schälen, zerkleinern, im Dampf garen, durchdrücken oder mit dem Knethaken des Handrührgerätes musig rühren, etwas heiße Milch oder Sahne beifügen, zerkleinerte Kresse zugeben.*

## Hinweise

*Kresse keimt und wächst schnell. Da sie im Hochsommer rasch blüht und kaum Blätter bildet, wird sie im Garten möglichst in den Halbschatten ausgesät. Auch im Winter lässt sie sich bequem an der Fensterbank heranziehen, in einem flachen Teller auf feuchtem Küchenpapier, in einer feuchten Tonschale oder in einem speziellen Keimgerät. Kressekraut kann man dann nach 6–8 Tagen ernten.*
*Besonders scharfe Kräuter werden mit Kartoffeln hervorragend vertragen. In dieser Form werden Magen, Nieren und Blase kaum gereizt.*
*Die Menge der Kräuter richtet sich nach dem eigenen Geschmack.*

# Schwarzwurzel-Gratin

MÄR

## Zubereitung

*Geputztes Gemüse und geschälte Kartoffeln in Scheiben schneiden, bissfest garen, mit den Verbesserungszutaten in eine Auflaufform geben. Mit gewürzter Eier-Rahmmasse übergießen und bei 250 Grad etwa 30 Minuten überbacken. Vor dem Servieren geriebenen Meerrettich und Käse drüberstreuen.*

## Hinweise

*Die Schwarzwurzel wird gerne wegen ihrer Milde und Zartheit als „Spargel des Winters" bezeichnet.*
*Die Kohlenhydrate liegen in der besonders für Diabetiker günstigen Insulinform vor. Sie belastet den Zuckerkranken nicht, sättigt aber trotzdem.*
*Auch für Magen-, Darm- und Nierenkranke kann dieses leicht verdauliche Gemüse empfohlen werden. Da der Nitratgehalt niedrig ist, eignet es sich gut für die Ernährung von Kleinkindern.*
*Die reichlich enthaltenen Ballaststoffe wirken sich günstig auf den Darm aus.*
*Die vielen Mineralstoffe unterstützen die Körperfunktionen. Gicht, Hautunreinheiten und Rheumatismus werden positiv beeinflusst.*

**Zutaten**

500 g Schwarzwurzeln
250 g Gelbe Rüben
750 g Kartoffeln
200 ml Schlagsahne/Sauerrahm oder Crème fraîche
2 Eier
Curry, Kräuter, Salz
nach Belieben 100 g Käse
Champignons oder Schinken
zum Bestreuen 50 g geriebener Käse und Meerrettich

# Chicoréesalat mit Grünkohl

MÄR

**Zutaten**

1–2 Chicorée
ein paar Grünkohlblätter
1 Zwiebel (50–100 g)
Marinade
für die Garnierung eingemachte Paprikaschoten, Gelbe Rüben oder Kürbisstücke

## Zubereitung

*Chicorée etwa ½–1 cm breit schneiden. Grünkohlblätter von den groben Rippen befreien, in sehr feine Streifen schneiden. Alles zusammen mit der gewürfelten Zwiebel und der Marinade vermischen. Mit Paprika, Gelben Rüben oder Kürbis garnieren.*

# Kressekartoffeln, Rohkostsalat, Fisch in Currysoße



## Zubereitung

*Kartoffeln dämpfen, in der Zwischenzeit Kresse waschen, schneiden, mit Öl vermischen. Die Kresse zu den gedämpften Kartoffeln geben.*

## Zubereitung

*Gelbe Rüben, Sellerie und Äpfel raspeln oder mit dem Juliennehobel zu feinen Streifen verarbeiten. Mit Zitronensaft und Öl vermischen.*

## Zubereitung

*Vollkornmehl in einer Edelstahlpfanne trocken rösten, mit Flüssigkeit langsam aufgießen. Fischfilet und Gewürze dazugeben, garen, Eigelb unterziehen, nicht mehr kochen lassen. Zum Schluss mit Sahne und Zitronensaft abschmecken.*

**Zutaten**

Kressekartoffeln
1 kg Kartoffeln
50–100 g Brunnen- oder Gartenkresse
2 Essl. Öl, wenig Salz

Rohkostsalat
250 g Gelbe Rüben
250 g Sellerie
250–500 g Äpfel
Zitronensaft, 2 Essl. Öl

Fisch in Currysoße
50 g Vollkornmehl
3/8–1/2 l Flüssigkeit
400 g Fischfilet
Curry, 1 Eigelb, etwas Sahne
Zitronensaft, Salz

# Feldsalat mit Pastinaken und Hirse

**Zutaten**

100 g Hirse
200–250 ml Wasser
150–200 g Feldsalat
1 Pastinake (etwa 100 g)
1 Zwiebel
1 Stück Meerrettich
Marinade

## Zubereitung

*Hirse waschen, heiß spülen, in der kochenden Flüssigkeit garen, anschließend auskühlen lassen.*
*Feldsalat putzen, waschen, Pastinaken säubern, grob reiben oder sehr fein stifteln (geht sehr schnell mit dem Juliennehobel), Zwiebel klein schneiden. Alle Zutaten mit einer Marinade vermischen.*
*Dazu passt Roggenbrot mit einem Quarkbelag, der mit geriebenen Gelben Rüben garniert wird. Das schmeckt nicht nur, es sieht auch einladend aus.*

## Hinweise

*Februar oder März – je nach Witterungsverlauf – ist die Saison des Feldsalates.*
*Dieser herzhafte, robuste Salat lässt sich gut kombinieren. Wer Gänseblümchen in der Wiese hat, kann auch die Rosetten darunter mischen. Sie sehen wie Feldsalat aus und schmecken auch so.*
*Die Pastinaken bringen Milde in den Salat, während der Meerrettich für Schärfe sorgt. Die Hirse trägt zur Sättigung bei. 10 % des feinen Kornes bestehen aus Eiweiß. Besonders erwähnenswert ist der extrem hohe Eisengehalt (3-mal mehr als im Weizen).*

# Panierte Pastinaken



## Zubereitung

*Gesäuberte Pastinaken der Länge nach in etwa 1 cm dicke Scheiben schneiden.*
*Im Dampf oder Wasser bissfest garen. Die Kochzeit ist sehr kurz.*
*Etwas auskühlen lassen, dann panieren, in heißem Fett goldgelb backen.*
*Als Beilage eignen sich rohe Salate und Kartoffeln (z. B. Püree mit durchgedrückten Pastinaken).*
*Ein Glas Sauermilch rundet dieses Gericht ab.*

## Hinweise

*Gebackene Pastinaken können ein Schnitzel ersetzen. Sie zeichnen sich durch ihre Zartheit aus.*

**Zutaten**

500 g Pastinaken
1 Ei
Salz
Pfeffer
Semmelbrösel
Ausbackfett

# Zuckerhutsalat mit Grünkohl und Wasserrüben

MÄR

**Zutaten**

Zuckerhutsalat
Grünkohlblätter
Wasserrübe
Marinade

## Zubereitung

*Zuckerhut und Grünkohl (dicke Rippen entfernen) in feine Streifen schneiden, Wasserrüben raspeln. Alles mit Marinade vermischen.*

## Hinweise

*Zu einem Gemüseauflauf passen verschiedene Salate (z.B. Feldsalat mit Rettich, Gelbe-Rüben-Salat). Abwechslung bringen auch der kalziumreiche Grünkohl und die Wasserrüben (Steckrüben).*

# Kartoffel-Haferknödel mit Linsensoße



## Zubereitung

*Am Vortag gekochte Kartoffeln fein reiben, 200 g für die Linsensoße aufheben. Hafer grob mahlen, mit Ei, Gewürzen und Kartoffeln zu einem Teig zusammenarbeiten. Knödel formen, ins kochende Wasser geben, 15–20 Minuten ziehen lassen.*
*In der Zwischenzeit Soße zubereiten. Linsen, die fein geschnittene Zwiebel und das Lorbeerblatt mit der Flüssigkeit weichkochen. Geriebene Kartoffeln, zerkleinerten Apfel beifügen, kurz durchkochen, mit Gewürzen abschmecken.*

## Hinweise

*Hafer, Linsen, Kartoffeln und Ei sind von der Proteinzusammensetzung eine sehr gute Kombination, die Fleisch übertrifft. Reichlich Ballaststoffe, Vitamine und Mineralien erhalten wir nicht nur mit dem Salat, sondern auch mit Hülsenfrüchten, Kartoffeln, Getreide. Hafer liefert zudem wertvolle Fettsäuren, die der Körper zum Teil nicht selbst herstellen kann.*

**Zutaten**

750 g Kartoffeln
150 g Haferschrot
1–2 Eier
Gewürze (Majoran, Kümmel, Knoblauch, Salz)
200 g Linsen
1 Apfel
1 Zwiebel
2 Zehen Knoblauch
Senf, Paprika, Kümmel
Bohnenkraut, Lorbeerblatt
Obstessig oder saurer Rahm

# Feldsalat mit Wasserrüben und Keimsprossen

MÄR

*Der mit dem Baldrian verwandte Feldsalat enthält 2–3-mal mehr Provitamin A und Vitamin C als Kopfsalat, Endivie oder Chicorée. In den Blättern findet sich das Nerven beruhigende Baldrianöl.*
*„Vogerlsalat" aus dem Freiland bevorzugen. Die Nitratwerte liegen dann durchschnittlich 3–4-mal niedriger als im Glashausanbau.*
*Wasserrüben (weiße Rüben) sind milder und nicht so geschmacksintensiv wie Rettiche. Sie haben genauso viel Vitamin C wie der Feldsalat. Das enthaltene Senföl wirkt Bakterien tötend.*
*Da Wasserrüben reichlich Wasser (90 %) und Ballaststoffe besitzen, sind sie ausgezeichnete Schlankmacher.*

**Zutaten**

200 g Feldsalat
200 g Wasserrüben
20 g Weizen- oder Senfkörner
Marinade

**Variante**

Wasserrüben durch Rettiche ersetzen.

## Zubereitung

*Feldsalat waschen. Geputzte Wasserrüben raspeln oder in feine Streifen (Julienne) hobeln. Keimlinge dazugeben, mit Marinade anmachen.*

## Keimlinge vorbereiten

*Weizen 12 Stunden, Senfkörner 30 Minuten in kaltem Wasser einweichen, dann abseihen. Körner gründlich spülen, gut abtropfen lassen. Samen entweder auf dem Sieb lassen, abdecken oder in ein Glas mit gelochtem Deckel geben. Auch eine Abdeckung mit Mull und Gummiring ist möglich.*
*Den Samen bei warmer Zimmertemperatur (nicht auf den Heizkörper stellen) keimen lassen. Anfangs besser dunkel halten. Täglich mindestens zweimal gründlich spülen, gut abtropfen lassen. Einweichen während der ganzen Keimzeit ist nicht mehr notwendig, sonst kommt es zu Fäulnis. Die einmal aufgenommene Flüssigkeit reicht vollkommen aus. Je nach Wärme erscheinen nach 2–3 Tagen die ersten Keime.*
*Jetzt hell stellen, aber starke Sonneneinstrahlung vermeiden. Wenn die Keime ein paar Millimeter lang sind, steht dem Verzehr nichts mehr im Wege.*

*Es lohnt sich, etwas mehr Samen zum Keimen zu bringen. Die Keimlinge werten auch Suppen, Gemüse und Aufstriche auf.*

# Schwarzwurzelomelett mit Gelbe-Rüben-Schwarzwurzel-Salat

MÄR

## Zubereitung

*Geputzte Schwarzwurzeln garen (oder erst kochen, dann die Haut abziehen). Eier mit den Gewürzen verrühren und in die gefettete, heiße Teflonpfanne geben. Mit einer Plastikschaufel zusammenschieben, sodass Falten entstehen. Dadurch bleibt das Omelett saftiger. Wenn die Masse zu stocken beginnt, Schwarzwurzeln und Käse auflegen, die Pfanne mit Deckel abschließen. Nach kurzer Zeit zusammenklappen, auf den Teller gleiten lassen.*

## Zubereitung

*Geputztes Gemüse fein reiben oder in feine Streifen hobeln. Sofort mit Zitronensaft anmachen, damit keine Verfärbung eintritt. Öl dazugeben, durchmischen.*

**Zutaten**

Schwarzwurzelomelett

3 Eier
Paprika
Salz
Kerbel
2–3 Scheiben Käse
3–5 Stangen Schwarzwurzeln
(je nach Größe)
Fett für die Pfanne

Gelbe-Rüben-Schwarzwurzel-Salat

250 g Schwarzwurzeln
250 g Gelbe Rüben
Zitronensaft
Öl

# Linsenauflauf

*Linsen werden in unserer Ernährung sehr stark vernachlässigt, obwohl es sich um eine alte Kulturpflanze handelt. Dabei sind sie ein hervorragendes Nahrungsmittel mit beachtenswerten Ballast- und Mineralstoffen.*
*Beim Kochen sollte kein Salz zugegeben werden, das Weichwerden wird dadurch erschwert.*

MÄR

## Zutaten

100 g Linsen
600 g Kartoffeln
300 g Sellerie
300 g Gelbe Rüben
200 ml Sahne
2 Eier
100–200 g Edelpilzkäse
Kräutersalz
Gewürze (z. B. Koriander, Kümmel)

## Zubereitung

*Eingeweichte Linsen und würfelig geschnittenes Gemüse ohne Salz bissfest kochen, dann in eine gefettete Auflaufform geben. Sahne, Eier, zerkleinerten Käse, Salz und Gewürze verrühren, über das Gemüse gießen. Etwa 30 Minuten bei guter Mittelhitze goldgelb backen.*
*Dazu passt Zuckerhutsalat, der mit geraspelten Rettichen, Äpfeln und Marinade vermischt wird.*

## Hinweise

*Ein Viertel der Linsen (etwa 24 %) besteht aus Eiweiß, das ähnlich hochwertig ist wie das Eiweiß im Fleisch. Es enthält lebenswichtige Aminosäuren (Eiweißbausteine). Von allen Hülsenfrüchten werden die Linsen am besten vertragen. Sie blähen kaum. Im Handel gibt es verschiedene Größen und Farben. Ins Auge stechen die orangeroten Linsen, die überwiegend aus der Türkei stammen. Sie sind geschält und haben deshalb eine kurze Garzeit. Die einladende Farbe verschwindet aber beim Kochen. Greifen Sie lieber zu den kleinen Linsen, denn sie haben mehr Schalenoberfläche (dort sitzt der typische Geschmack). Außerdem sind sie wesentlich reicher an Ballaststoffen als die geschälte Ware. Der Koch sagt: „Je kleiner, desto feiner."*

# Warmes Salatgemüse mit Topinambur



## Zubereitung

*Kartoffeln, Gelbe Rüben, Schwarzwurzeln waschen, putzen, in Würfel oder Scheiben schneiden, bissfest dämpfen.*
*In der Zwischenzeit Marinade herstellen. Rettich, Topinambur, Meerrettich reiben, Zuckerhut, Zwiebeln, Kräuter zerkleinern, alles vermischen, kräftig abschmecken. Das gegarte warme Gemüse und die Sahne zugeben, nochmals mischen, abschmecken.*

## Hinweise

*Ein Drittel, besser noch die Hälfte unserer Nahrung, sollte roh sein. Diese Kombination entspricht dem Ratschlag der Ernährungswissenschaftler.*
*Die warme Mischung wird in der kälteren Jahreszeit als angenehm empfunden.*
*Mit einem Stück Vollkornbrot ist dies eine vollständige Mahlzeit.*

**Zutaten**

750 g fest kochende Kartoffeln
250 g Gelbe Rüben
250 g Schwarzwurzeln
100 g Winterrettich
100 g Topinambur
1 Zwiebel
1 Meerrettich
½–1 Zuckerhut je nach Größe
Marinade
100 ml Sahne
Kerbel

**Variante**

Schwarzwurzeln durch Sellerie oder Pastinaken ersetzen.

# Pikante Apfel-creme mit Senf

MÄR

**Zutaten**

2–4 entkernte, säuerliche Äpfel (etwa 300 g)
2–4 Essl. Senf
Salz
1 kleine Zwiebel (etwa 50 g)
100 ml Sahne

## Zubereitung

*Äpfel fein reiben, sofort mit Senf vermischen. Die klein geschnittene Zwiebel und die geschlagene Sahne dazugeben und abschmecken.*

## Hinweise

*Die Creme passt zu einem kalten Braten, zu Würstchen, aber auch zu Reiberdatschi, Getreide- oder Fleischpflänzchen. Sie kann auch Brotaufstrich sein.*

# Waldorfsalat auf leichtere Art

MÄR

## Zubereitung

*Walnusskerne hacken, Sellerie grob raspeln. Äpfel in kleine Würfel schneiden, sofort mit Zitronensaft vermischen. Sahne würzen, mit allen Zutaten vermischen, abschmecken, an einem kalten Ort durchziehen lassen. Nach Belieben garnieren (z. B. eingelegter Kürbis oder Orange).*

## Hinweise

*Dies ist ein internationaler Salat, der in dem berühmten Waldorf Astoria-Hotel in New York zum ersten Mal serviert wurde. Der Besitzer Jakob Astor (1763–1848) stammte aus Walldorf bei Heidelberg.*
*In der Zwischenzeit gibt es viele Variationen von diesem Salat. 3 Zutaten sind aber typisch: Sellerie, Äpfel, Walnüsse. Meistens werden die Zutaten mit Mayonnaise und geschlagener Sahne vermischt. Der Waldorfsalat schmeckt aber trotzdem noch gut, wenn er nur mit Sahne angemacht wird. Dies ist galle- und figurfreundlicher.*

**Zutaten**

50–100 g Walnusskerne
1 Sellerieknolle (300–400 g)
300–400 g mürbe Äpfel
Saft von ½ Zitrone
100 ml Sahne
Salz
nach Belieben eine Spur weißer Pfeffer, Ingwer, Zucker

**Variante**

Der Waldorfsalat kann auch mit 100 ml Joghurt angemacht werden. Zum Schluss wird dann 50–100 ml geschlagene Sahne untergehoben. Etwas fruchtiger wird der Salat noch mit 1–2 geschnittenen Bananen.

# Kartoffeltorte

**Zutaten**

250 g Kartoffeln
2 Essl. Kakao
Gewürze (z. B. Zimt, Piment, Anis, Engelwurz)
50 g Zitronat oder Orangeat
Rum zum Tränken
6 Eier
150 g Honig
200 g gemahlene Mandeln oder Hasel-/Walnüsse

## Zubereitung

*Die Kartoffeln kochen, durchdrücken, auskühlen lassen, dann mit den Gewürzen und mit dem in Rum getränkten Zitronat (Orangeat) vermischen. Eier trennen, Eischnee mit der Hälfte Honig schaumig rühren, dann Eigelb mit dem restlichen Honig schlagen. Anschließend zur Eischneemasse geben und vorsichtig unterrühren, geriebene Nüsse unterheben.*
*Den Teig in eine mit Backpapier ausgelegte Form geben, im vorgeheizten Rohr 45 Minuten bei 200 Grad (konventioneller Herd) backen, etwas auskühlen lassen stürzen, das Papier vom Boden abziehen. Erkaltet kann die Torte mithilfe einer [illegible] Schablone verziert werden.*

## Hinweise

*Anstelle von Backpapier kann auch Backfolie verwendet werden. Sie ist recht stabil, lässt sich gut reinigen und wiederholt einsetzen.*
*Gewürze sollten Sie immer ungemahlen kaufen und nach Bedarf zerkleinern. Zum Mahlen eignet sich eine spezielle Reibe oder eine Kaffeemühle, die ausschließlich für Gewürze verwendet wird.*

# *Rezepte April*

APR

# Müsli „Chinaapfel“

APR

**Zutaten für 1 Person**

50 g Haferflocken
etwa 100 ml Saft (Orangen- oder Apfelsaft)
1 Orange
1 Apfel
Wal- oder Haselnüsse

**Variante**

50 g geschrotenes Getreide
25 g Dörrzwetschgen
100 ml Joghurt
1 Orange

## Zubereitung

*Hafer quetschen, frisch gepressten Saft dazugeben, etwas quellen lassen, Obst und Nüsse zerkleinern, mit den übrigen Zutaten vermischen, sofort servieren.*

## Zubereitung

*Getreideschrot mit Dörrzwetschgen und Joghurt einige Stunden quellen lassen. Orange schälen, in kleine Stücke schneiden, zum Müsli geben.*

## Hinweise

*Nüsse werden durch lange Lagerung ranzig. Hasel- und Walnusskerne können eingefroren werden und sind so länger haltbar.*
*Die Orange enthält 10–13 % Zucker, zusätzliches Süßen ist kaum notwendig. Übermäßiger Zuckerverzehr fördert Karies, Fettsucht, Diabetes, Herz-/Kreislauferkrankungen und Darmentzündungen.*

# Kräuter-pfannkuchen-Suppe

APR

## Zubereitung

*Mit Mehl, Flüssigkeit und Eiern einen Pfannkuchenteig herstellen, quellen lassen, zum Schluss geschnittene Kräuter beifügen. Portionsweise Pfannkuchen backen. Erkaltet in dünne Streifen schneiden, kurz vor dem Servieren in die Brühe geben, mit frischen Kräutern garnieren.*
*Eine Mischung verschiedener Kräuter schmeckt interessanter. 2–4 Sorten genügen. Wer den Eigengeschmack kennen lernen möchte, bleibt bei einem Kraut.*

## Hinweise

*Kräuter aus dem eigenen Garten sind in der Regel zu bevorzugen. Überdüngte Wiesen, Überschwemmungsland der Flüsse, stark befahrene Straßen sind zum Sammeln ungünstig.*
*Viele Kräuter lassen sich nach der Ernte gut für eine spätere Verwendung konservieren. Trocknen an einem warmen luftigen Platz im Freien oder im Herd, Tiefkühlen im Gefrierbeutel oder in Form von Eiswürfeln, Konservieren in Essig oder Salz sowie Einlegen in Öl sind dabei die gängigsten Methoden.*

**Zutaten**

200 g Roggenvollkornmehl
¼ l Milch
etwa ¼ l Wasser
2 Eier
jodiertes Salz
Fett zum Ausbacken
1 l Gemüsebrühe
Kräuter

**Kräuterangebot im April**

Gartenkerbel, Winterheckezwiebel, Schnittlauch, Petersilie, Brennnessel, Giersch, Gundelrebe, Bärlauch, Spitzwegerich, Gänseblümchen, Sauerampfer, Schafgarbe, Löwenzahn, Brunnen- und Gartenkresse.

# Grüne Kartoffelsuppe

APR

**Zutaten**

500 g Kartoffeln
100 g Lauch
100 g geputzter Spinat
1 l Wasser oder Gemüsebrühe
frische Kräuter (z. B. Kerbel
Bärlauch, Schafgarbe, Kresse
Schnittlauch)
Kräutersalz
50–100 ml Sahne

## Zubereitung

*Kartoffeln würfelig schneiden, mit ½ l Flüssigkeit kochen. Gegen Ende der Garzeit geschnittenen Lauch und Spinat zugeben und kurz kochen. Dann mit der restlichen Flüssigkeit mixen.*
*Zum Schluss Kräuter zufügen, würzen, mit Sahne verfeinern.*

## Hinweise

*Die schwefelhaltigen ätherischen Öle des Lauches regen die Nierentätigkeit an und sind ein Schutz gegen Infektionen.*
*Spinat ist besonders für ältere Menschen wertvoll. Er enthält einen Stoff, der die Bluterneuerung fördert und ist mit hohen Mengen von Chlorophyll gesegnet.*

# Nudelsuppe mit Gemüse

APR

## Zubereitung

*Aus Mehl, Ei (evtl. Wasser) einen festen Teig herstellen, gut durchkneten, zu dünnen Flecken auswellen, an der Luft antrocknen lassen. Teigplatten aufrollen, sehr fein schneiden und auseinander legen, damit nichts zusammenklebt.*
*Geputztes Gemüse zerkleinern, in wenig Flüssigkeit vorgaren, restliche Brühe zugeben, zum Kochen bringen, Suppennudeln bissfest kochen. Vor dem Servieren Kräuter beifügen.*

## Hinweise

*Mehl aus Dinkel ist eiweißreich und weist einen hohen Klebergehalt auf. Lange Zeit bildete es die Grundlage für schwäbische Mehlspeisen. Nudeln lassen sich aus Dinkelmehl besonders gut herstellen, da es das Wasser hervorragend binden kann. Nudeln können auch auf Vorrat gemacht werden. Gutes Trocknen ist Voraussetzung für die Haltbarkeit. Nudelmaschinen erleichtern die Arbeit und ermöglichen verschiedene Arten. Vollkornnudeln sind mit ihren Ballaststoffen besonders wertvoll.*

**Zutaten**

100 g fein gemahlener Dinkel
1 Ei
nach Bedarf 1–2 Essl. Wasser
1–1,5 l Gemüsebrühe
250 g Gemüse
(z. B. Sellerie, Gelbe Rüben, Schwarzwurzeln, Lauch, Kürbis)
Kräuter

# *Klare Gemüsesuppe mit Dinkelklößchen*

APR

**Zutaten**

<u>Brandteig</u>
¼ l Wasser
50 g Butter
150 g Dinkelmehl
2 Eier
Jodsalz
Kräuter
Gewürze (z. B. Koriander)

<u>Gemüse</u>
100 g Gelbe Rüben
100 g Sellerie
1 l Gemüsebrühe

## Zubereitung

*Wasser und Fett zum Kochen bringen, fein gemahlenes Dinkelmehl hineingeben, rühren, bis sich ein weißer Belag am Boden bildet. Etwas auskühlen lassen, Eier, Salz, Kräuter, Gewürze beifügen, alles gut vermischen.*
*Geputztes Gemüse zerkleinern, in die kochende Brühe geben, dann Klößchen formen und einlegen, etwa 10 Minuten leise kochen.*

## Tipp

*Die Suppe wird noch wertvoller, wenn fein geschnittenes oder gemixtes Rohgemüse vor dem Anrichten zugegeben wird.*

## Hinweise

*Diese sättigende Suppe kann durchaus eine Zwischenmahlzeit oder ein leichtes Abendessen sein. Die Kombination von Gemüse und Getreide ist geschmacklich hervorragend.*

# Giersch-Omelett mit gemischtem Salat



*Gierschblätter entwässern und wurden früher gegen Gicht und Arthrose verwendet.*
*Kenner bevorzugen leicht geöffnete Champignons, sie sind im Aroma intensiver.*

## Zubereitung

*Pilze waschen, Haut nicht abziehen, blättrig schneiden. Mit der zerkleinerten Zwiebel und dem Giersch in Öl andünsten, mit etwas Sahne aufgießen und garen. Abschmecken mit Salz und Paprika.*
*Eier mit den Gewürzen verrühren, in eine gefettete, heiße Teflonpfanne geben, mit einer Plastikschaufel etwas zusammenschieben, sodass Falten entstehen. Dadurch bleibt das Omelett saftig.*
*Wenn die Masse zu stocken beginnt, auf die Hälfte des Eierkuchens die Fülle geben und Deckel auflegen. Nach kurzer Zeit zusammenklappen, auf den Teller gleiten lassen.*

## Zubereitung

*Blattsalate putzen, waschen, zerkleinern. Rettich entweder raspeln, in feine Streifen schneiden oder hobeln, mit Marinade anmachen.*

**Zutaten (pro Person)**

Gefülltes Giersch-Omelett
2–3 Eier
Salz
1 Essl. Öl für die Teflonpfanne

Füllung
2–3 Essl. Öl
100 g Champignons
1 Zwiebel
Giersch
Salz, Paprika
etwas Sahne

Gemischter Salat
Radicchio
Feldsalat
schwarzer Rettich
Marinade

# Kohlrüben-auflauf mit Buchweizen

APR

**Zutaten**

50 g Buchweizen
150 ml Wasser
750 g Kohlrüben
250 g Kartoffeln
250 g Gelbe Rüben
250 g Schwarzwurzeln
1 Zwiebel
Knoblauch
Majoran
Curry
Salz
2 Eier
200 ml Sahne
100 g Käse

## Zubereitung

*Buchweizen mit Wasser bissfest garen, ebenso das in Scheiben geschnittene Gemüse. Das Gemüse in eine Auflaufform schichten, Käse, Gewürze und Buchweizen dazwischenstreuen, mit Eier-Sahnegemisch übergießen. Bei 250 Grad 30 Minuten überbacken.*

## Variante

*Das Gemüse kann auch in Würfel oder Stifte geschnitten werden. Es lässt sich (je nach Vorrat) beliebig variieren.*

## Hinweise

*Buchweizen gehört zu den Knöterichgewächsen und ist damit eng verwandt mit Rhabarber und Sauerampfer. Buchweizenkörner sind in der Zusammensetzung und Verwendung dem Getreide sehr ähnlich. Ihre Bezeichnung verdankt sie dem Aussehen der Früchte, die mit ihrer dreikantigen Form und in Farbe an Bucheckern erinnern. Buchweizen wird bis zu 60 cm hoch, bildet schmale, herzförmige Blätter und weiß- bis rosafarbene Blüten. Nach der Ernte wird er geschält. Die harte, braune Fruchtschale wird entfernt und der grünliche Kern freigelegt.*

# Gemüseauflauf mit Bohnen

APR

## Zubereitung

*Die geputzten Gelben Rüben und die Kartoffeln in Würfel schneiden, bissfest vorgaren, Lauch in Ringe schneiden, zum Schluss kurz mit dem Gemüse mitkochen oder dämpfen. Alles gut abtropfen lassen und zusammen mit den Bohnen aus dem Glas in eine gefettete Auflaufform geben.*
*Sahne, Eier, geriebenen Käse, Kräutersalz vermischen, über die Masse geben.*
*Etwa 30 Minuten bei Mittelhitze goldgelb überbacken.*

**Zutaten**

350 g eingeweckte, gut abgetropfte Bohnen aus dem Glas
350 g Gelbe Rüben aus dem Winterlager
750 g Kartoffeln
100 g Lauch
100–200 g Sahne
1–2 Eier
100–200 g geriebener Hartkäse (z. B. Emmentaler)
Kräutersalz

# Gemüseeintopf

APR

**Zutaten**

250 g Gelbe Rüben
250 g Steckrüben oder Sellerie
500 g Kartoffeln
100 g Maiskörner
100 g Bohnenkerne
250 g Rindfleisch
1 Zwiebel
1 Apfel
Kräuter (z. B. Bohnenkraut)
Gewürze (z. B. Kümmel, Paprika, Senf)
Jodsalz
Meerrettich
½ l Flüssigkeit

## Zubereitung

*Bohnen und Mais über Nacht einweichen, besser noch ein paar Tage vorkeimen lassen, weil dadurch die Garzeit wesentlich verkürzt wird. Bei den Hülsenfrüchten werden durch den Keimvorgang 80 % der blähenden Kohlenhydrate abgebaut. Bohnen, Mais und das Rindfleisch werden am besten im Dampfdrucktopf gegart. Am Ende der Kochzeit zerkleinerte Gelbe Rüben, Steckrüben, Kartoffeln und Zwiebel zugeben, würzen, bissfest kochen.*
*Beim Anrichten frisch geriebenen Meerrettich, Kräuter oder zerkleinerte rohe Gelbe Rüben oder Äpfel beifügen.*

## Tipp

*Hülsenfrüchte immer ohne Salz kochen, weil sonst das Weichwerden erschwert oder sogar verhindert wird.*

## Hinweise

*Dieser Eintopf kann ganz nach den eigenen Vorräten zusammengestellt werden. Zugabe von Fleisch ist nicht unbedingt erforderlich, da Bohnenkerne genügend Eiweiß liefern.*

# Quarkspätzle mit Spinat

*Ideal ist es, den Quark selbst herzustellen. Im Handel gibt es Lab, das süße Milch zum Gerinnen bringt. Der selbst hergestellte Quark ist von einer festeren Qualität und schmeckt recht mild.*
*Dinkel ist für Teigwaren besonders gut geeignet, weil er mehr Kleber enthält. Dadurch bleibt die Masse stabiler und kocht weniger ab.*
*Die Menge reicht für 4 Portionen, wenn es eine Vor- und Nachspeise gibt und reichlich Salat zu den Spätzle gegessen wird.*

APR

## Zubereitung

*Quark, Mehl, Salz, Eier zu einem Teig verarbeiten. Den Teig etwa 30 Minuten quellen lassen. Bei Bedarf noch etwas Mehl oder Flüssigkeit zugeben. Lieber die Masse etwas fester halten, die Spätzle kochen dann weniger ab.*
*In der Zwischenzeit Spinat putzen, waschen, schneiden, die Zwiebeln zerkleinern, alles in Fett anschwitzen.*
*Spätzle portionsweise ins kochende Wasser geben, kurz kochen (1–2 Minuten). Sie müssen an der Oberfläche schwimmen. Die Teigwaren abseihen, überbrausen, abtropfen lassen, zum Spinat geben, würzen. Zerkleinerte Nüsse beim Anrichten darüber streuen.*
*Dazu passt ein Rohkostsalat.*

## Tipp

*Spätzlebrühe eignet sich gut für eine Suppe (z. B. Spinatsuppe).*

**Zutaten**

200 g Quark
200 g Dinkelvollkornmehl
½ Teel. Kräutersalz
1–2 Eier
2 Essl. Fett
2 Zwiebeln (etwa 200 g)
200 g Spinat
Gewürze (z. B. Muskat, Paprika, Kräutersalz)
ein paar Walnüsse

# Selleriesalat mit Gelben Rüben und Äpfeln

APR

**Zutaten**

200 g Sellerie
200 g Gelbe Rüben
200 g Äpfel
50 g Wal- oder Haselnusskerne
Marinade mit Zitronensaft

## Zubereitung

*Nüsse reiben oder hacken. Gemüse und Äpfel raspeln. Sehr schön sieht es mit dem Julienne-Hobel aus, der feine Streifen macht. Sofort alles vermischen, servieren.*

## Tipp

*Anstelle von Öl kann auch Sahne verwendet werden. Wer auf die schlanke Linie achten muss, nimmt Joghurt.*
*Eine pikante Schärfe in den Salat bringt ein Stück frisch geriebener Meerrettich.*

## Hinweise

*Leider wird Sellerie meistens nur in gekochter Form angeboten. Dabei schmeckt er roh in Verbindung mit anderem Gemüse wirklich pikant. Die Zubereitung nimmt nur wenig Zeit in Anspruch.*

# Forelle mit Kerbel-Kartoffeln und Gelbe-Rüben-Apfelsalat

APR

*Frisch gefangene Fische erst am nächsten Tag verarbeiten, sie reißen sonst zu sehr beim Backen.*

## Zubereitung

*Kleinere Kartoffeln mit der Schale im Einsatz des Dampfdrucktopfes garen. Reichlich Kräuter fein schneiden, mit Öl vermischen. Die abgeschälten Kartoffeln mit der Kräutermischung vereinigen.*

## Zubereitung

*Gelbe Rüben und Äpfel vorbereiten, grob raspeln oder ganz fein schneiden. Das Zerkleinerte sofort mit Zitronensaft vermischen, weil sich die Äpfel sehr schnell verfärben. Von den großen Äpfeln Deckel abschneiden und mit einem kleinen Löffel auskratzen. Diese Reste zerkleinert zum Salat geben. Nun kann eingefüllt werden.*

## Zubereitung

*Küchenfertige Forellen mit Zitronensaft beträufeln, würzen und mit Mehl bestäuben. Anschließend im heißen Fett beidseitig braten. Mit Zitronenscheiben (ungespritzt) oder Petersilie garnieren.*

**Zutaten**

Kerbel-Kartoffeln
1 kg Kartoffeln
Kerbel
2–3 Essl. Öl

Gelbe-Rüben-Apfelsalat
500 g Gelbe Rüben
500 g Äpfel (säuerlich)
Zitronensaft
4 große Äpfel zum Füllen

Forelle gebacken
4 Forellen
Zitronensaft, Salz, Pfeffer
Mehl
Fett zum Braten

# Kartoffelsalat mit Pastinaken

APR

**Zutaten**

750 g Kartoffeln
250 g Pastinaken
100 g Gelbe Rüben
100 g Zwiebeln (1–2 Stück)
Marinade (Essig, Salz, Senf, Kräuter)
1/8–1/4 l heiße Gemüsebrühe
3–4 Essl. Öl oder etwas Sahne
Brunnen- oder Gartenkresse

## Zubereitung

*Kartoffeln, Pastinaken und Gelbe Rüben garen, klein schneiden, Zwiebel zerkleinern, mit Marinade und Gemüsebrühe zum Gemüse geben, Öl oder Sahne zufügen, abschmecken. Kresse untermischen oder damit garnieren.*

## Hinweise

*Zu panierten Pastinaken (siehe Seite 67) passt auch gut Kartoffelsalat mit Wurzelgemüse.*

# Morcheln mit Lauch und Kartoffeln

APR

## Zubereitung

*Morcheln sorgfältig putzen, wenn nötig mit einem Pinsel die Kammern reinigen, durchschneiden (im Inneren sitzen oft Schnecken). Vorsichtig waschen, denn der Hut ist im Gegensatz zum Stiel zart und brüchig.*
*Geputzte Pilze mit kochendem Wasser übergießen, 5 Minuten ziehen lassen, dann abgießen. Geschälte Kartoffeln in dünne Scheiben oder Würfel schneiden, in Fett leicht anrösten, zerkleinerte Morcheln zugeben, später den in Streifen geschnittenen Lauch und einen Teil der Kräuter und Gewürze. Bei schwacher Hitze garen. Mit fein gehackten Kräutern bestreuen.*

## Hinweise

*Diese Frühlingspilze leben gern in Gemeinschaft mit Eschen. Manche Morchelarten (vor allem die Rundmorcheln) sollten vor der Zubereitung überbrüht werden, sonst kann es unter Umständen zu Schwindelanfällen durch Kreislaufstörungen kommen. Für ungeübte Sammler besteht Verwechslungsgefahr mit der giftigen Frühjahrsmorchel, die um die gleiche Zeit zu finden ist. Daher besser einen Pilzberater aufsuchen! Morcheln sollte man dosiert genießen, sie können sonst für den Magen zu einer Belastung werden.*

**Zutaten**

2–3 Essl. Öl
500 g Kartoffeln
500 g Morcheln
500 g Lauch
jodiertes Salz
Curry
Kräuter (z. B. Petersilie, Kerbel, Bärlauch, Giersch)

Morchelersatz:
Shiitake, Champignon oder andere Zuchtpilze

# Erfrischender Spinatsalat

APR

**Zutaten**

300 g Spinat
100 g Käsewürfel
(sehr gut ist in Öl eingelegter Schafs- oder Ziegenkäse)
1 Frühlingszwiebel oder Schnittlauch
einige Radieschen
Marinade (mit Zitronensaft,
evtl. Öl vom Käse)
getoastete oder geröstete Brotwürfel

## Zubereitung

*Vom Spinat die dicken Stiele entfernen, in mundgerechte Stücke teilen oder in Streifen schneiden. Alle Zutaten zusammen geben und mit Marinade anrichten.*

## Hinweise

*Junger Spinat, als Salat zubereitet, ist eine Delikatesse. Die wertvollen Stoffe bleiben so am besten erhalten.*

# *Eieraufstrich mit Vollkornsemmeln*

APR

## Zubereitung

*Gekochte Eier schälen, das Eigelb mit der Gabel zerdrücken, mit saurem Rahm vermischen. Bärlauch, Zwiebel (oder Schnittlauch) fein schneiden, Eiweiß fein hacken, beifügen, abschmecken.*
*Die Masse auf die Vollkornsemmeln streichen. Gemischter Salat (z. B. Feldsalat, Winterrettich) ist eine gute Ergänzung dazu.*

## Hinweise

*Bärlauch bildet in feuchten Laubwäldern oft große Bestände und verbreitet dort seine knoblauchartigen Düfte. Dieses Zwiebelgewächs lässt sich leicht im Garten, an einem schattigen Plätzchen unter lichten Laubgehölzen ansiedeln, wo es gerne verwildert. Bärlauchblätter schmecken wie Knoblauch und werden wie dieser zum Würzen verwendet. Ab März werden sie geerntet und sind ein herzhaftes Frühlingsgewürz für Salate und Käse oder als Brotbelag.*
*Auch Schnittlauch ist ein Zwiebelgewächs, dessen Würzkraft durch ätherische Öle bedingt ist. Er lässt sich nur frisch verwenden und ist zu keiner Form der Konservierung geeignet. Dennoch ist er ganzjährig aus eigenem Anbau verfügbar, wenn man die Wurzelstöcke im Dezember oder noch später ins Haus holt, sie in nährstoffreiche Erde pflanzt und anschließend mit warmem Gießwasser die Winterruhe bricht.*

**Zutaten**

4 hart gekochte Eier
etwa 4 Essl. Sauerrahm
Bärlauch
Schnittlauch oder eine Zwiebel
Jodsalz
Pfeffer
nach Belieben etwas Senf

# Niedergerner Bärlauch-aufstrich

APR

**Zutaten**

500 g Kartoffeln
200 ml Sauerrahm
100–200 ml Sahne
Salz
Pfeffer
Bärlauchblätter
nach Bedarf etwas Essig

## Zubereitung

*Geschälte und gekochte Kartoffeln mit der Gabel oder einem Stampfer zerdrücken oder durchpressen. Etwas auskühlen lassen.*
*Bärlauch fein schneiden. Sauerrahm mit Salz, Pfeffer und Bärlauch vermischen. Zu den Kartoffeln geben. Sahne nach Bedarf zufügen, evtl. noch mit etwas Essig abschmecken. Dazu schmecken Vollkornbrot und Buttermilch.*

## Variante

*Bärlauch durch Kerbel, Schnittlauch, Kresse ersetzen. Statt süßer Sahne kann auch Joghurt genommen werden.*

## Hinweise

*Im März, spätestens im April, erscheinen die Blätter des Bärlauchs, der auch wilder Knoblauch genannt wird. Bei nicht ausreichenden Kenntnissen sind Verwechslungen mit den Blättern der hochgiftigen Herbstzeitlose, später auch mit dem giftigen Maiglöckchen möglich. Deshalb ist es am besten den robusten und anspruchslosen Bärlauch im Garten zu kultivieren.*

# Apfelquark

APR

## Zubereitung

*250 g Äpfel grob raspeln, mit Zitronensaft beträufeln und alles mit dem Quark vermischen. Mit Honig oder Marmelade süßen. Nach Belieben gehackte Nüsse und Korinthen zugeben.*
*Von 4 Äpfeln den Deckel abschneiden, das Innere mit einem kleinen Löffel aushöhlen, Fruchtfleisch zur Quarkmasse geben, alles in die Äpfel füllen.*

## Hinweise

*Dies ist eine leichte Nach- oder Zwischenspeise, die in umweltfreundlicher Verpackung serviert wird.*

**Zutaten**

250 g Äpfel
250 g Quark
Zitronensaft
Honig oder Marmelade
nach Belieben Nüsse, Korinthen
für die Garnierung 4 mittlere Äpfel

# Apfelkuchen

APR

**Zutaten**

3 Eier
3 Essl. heißes Wasser
50 g Honig/Zucker
100 g Vollkornmehl
(z. B. Weizen, Dinkel)
250 g Äpfel
etwas Zitronensaft

## Zubereitung

*Äpfel schälen, in kleine Würfel schneiden, mit etwas Zitronensaft vermischen. Eier trennen, Eiklar zu Eischnee schlagen, Eigelb mit Honig oder Zucker vermischen. Heißes Wasser zugeben, schaumig rühren, zum Eischnee geben und locker unterheben. Zum Schluss das Mehl und die Äpfel zugeben, vermischen. Die Masse unbedingt in eine mit Backfolie ausgelegte runde Kuchenform geben. 20–30 Minuten bei Mittelhitze backen.*

# Wickeltorte

APR

## Zubereitung

*Eiweiß etwas schlagen, dann mit der Hälfte des Zuckers/Honigs fertig schlagen. Eigelb mit dem restlichen Zucker/Honig und dem heißen Wasser schaumig rühren, zur Schneemasse geben, vorsichtig vermischen. Mehl übersieben und unterheben.*
*Den Teig auf ein mit Backpapier ausgelegtes Kuchenblech streichen und bei 220 Grad etwa 12 Minuten (konventioneller Herd) backen.*
*Danach auf ein feuchtes Tuch stürzen, Papier abziehen, mit einer Schablone 5–6 cm breite Streifen schneiden, einrollen, damit sie sich gut wickeln lassen. Den zweiten Teig genauso herstellen.*
*Nach dem Auskühlen Sahne steif schlagen, die Biskuitstreifen ausrollen, mit Saft gut tränken, mit nicht zu süßen eingemachten Johannis- oder Preiselbeeren belegen. Sahne drüberstreichen, einrollen. Mit den nächsten Streifen genauso verfahren, aber bestrichenen Biskuit nicht mehr einrollen, sondern um die kleine Rolle legen und so weitermachen, bis alle getränkten und bestrichenen Teile zu einer Art Schnecke gewickelt sind. Nun wird diese eigenwillige Torte mit der restlichen Sahne bestrichen und verziert.*
*Die Wickeltorte kann noch am selben Tag gegessen werden. Allerdings zieht sie besser durch, wenn sie am Vorabend hergestellt wird. Auch ohne Sahnefestiger hält sie sich gut.*

**Zutaten**

Biskuitteig (2×)
4 Eier
4 Essl. heißes Wasser
40 g Zucker oder 4 Essl. Honig
100 g Weizenvollkornmehl

Füllung und Garnierung
Eingemachte Johannis- oder Preiselbeeren
Saft zum Tränken
½ l Sahne

# Schwarzer Tee mit Fruchtsaft

**Zutaten**

1 l Wasser
6–8 Teel. schwarzer Tee
Fruchtsaft (z. B. Zitronen-, Orangen-, Johannisbeer-, Sauerkirsch- oder Apfelsaft)

## Zubereitung

*Tee mit kochendem Wasser übergießen, 3–5 Minuten ziehen lassen, abseihen. Frisch gepressten Saft etwas später zufügen, damit die Vitamine besser erhalten bleiben.*

## Hinweise

*Schwarzer Tee belebt und beruhigt. Diese auf den ersten Blick verwirrende Wirkungsweise ist zwei Inhaltsstoffen (Koffein und Tannin) zuzuschreiben. Wenn schwarzer Tee 2–3 Minuten gezogen hat, ist das gesamte Koffein gelöst. Dann wirkt er anregend. Nach 4–5 Minuten lösen sich mehr und mehr die Gerbstoffe (Tannin) mit ihrer beruhigenden Wirkung. Sie binden das Koffein.*
*Fürs Herz ist Tee besser als Kaffee, weil die aufputschenden Stoffe langsamer ins Blut übergehen und nicht zur Beschleunigung der Herztätigkeit führen.*
*Der Fluoridgehalt härtet den Zahnschmelz. Grüner Tee soll sogar Karieserreger abtöten.*

# *Rezepte Mai*

MAI

# *Rhabarbermüsli mit Trockenfrüchten*

MAI

**Zutaten für 2 Portionen**

250 g Rhabarber
100 ml Birnensaft
100 g Haferflocken
1 Banane
nach Belieben Mandeln, Rosinen
oder eigene Trockenfrüchte

## Zubereitung

*Rhabarber putzen, in Stücke schneiden, in den kochenden Birnensud geben, leise kochen lassen. Kompott etwas abkühlen, Haferflocken in den Sud geben. Banane zerkleinern, Mandeln und Trockenobst zerkleinern, alles vermischen.*

## Hinweise

*Besonders wertvoll sind unerhitzte Haferflocken. Handelsware ist in der Regel erhitzt. Aber es gibt recht brauchbare Flockenpressen, die keinen großen Kraftaufwand erfordern.*

# Vollkorn-semmeln mit Trockenfrüchten

MAI

## Zubereitung

*Aus den Zutaten einen mittelfesten Hefeteig herstellen (eventuell über Nacht gehen lassen). Bei Zeitmangel mehr Hefe verwenden. Gewürze können mit dem Getreide mitgemahlen werden, sie tragen zur besseren Verträglichkeit bei.*
*Gegangenen Hefeteig in Stücke teilen, zu Semmeln formen, nach Belieben einschneiden. Auf ein mit Backpapier versehenes Blech geben, nochmals gehen lassen. Vor dem Backen mit Wasser bestreichen, 20–25 Minuten bei 250 Grad (konventioneller Herd) backen, dann nochmals mit Wasser bepinseln.*

## Hinweise

*Vollkorn und Trockenfrüchte (z. B. Dörrzwetschgen) enthalten reichlich Ballaststoffe. Ein längeres und intensiveres Kauen ist notwendig. Dadurch scheuern sich auch die Bakterienbeläge der Zähne mehr ab. Es kommt zu verstärkter Speichelbildung, die der Karies entgegenwirkt und die Verdauung einleitet.*
*Im Magen und Darm wirken die Faserstoffe füllend und sättigend. Sie beschleunigen den Stuhlgang, nehmen dabei Unerwünschtes (z. B. krebsauslösende Stoffe, Schwermetalle) mit.*
*Für die nützlichen Darmbakterien sind die Ballaststoffe Nahrung.*

**Zutaten**

1 kg fein gemahlenes Weizen- oder Dinkelmehl
5–20 g Hefe
600–700 ml Milch
50–100 g Fett
100 g Trockenfrüchte, eingeweicht und zerkleinert
100 g geschnittene Nüsse
Salz
Fenchel
Anis

# Löwenzahnblütentee

MAI

Manche Gärtner stufen den Löwenzahn als lästiges Unkraut ein, weil er ein äußerst starkes Durchsetzungsvermögen besitzt. Wenn er einmal sesshaft geworden ist, verankert er sich fest. Beim Versuch, ihn herauszuziehen, gibt er oft lieber seinen Schopf als seine Wurzel her. Löwenzahn ist genügsam, pflegeleicht, anpassungsfähig, ausdauernd, verträgt manchen Schnitt und ist nicht krankheitsanfällig.
Er ist mit hervorragenden Heil- und Aufbaustoffen ausgestattet. Deshalb gehört er weltweit zu den wichtigsten Arzneipflanzen.
Der Löwenzahn unterstützt besonders Leber und Bauchspeicheldrüse, stärkt den Magen, wirkt harntreibend, mildert Rheuma, Arthritis, Gicht, bringt den Gallenfluss in Gang und hat einen günstigen Einfluss auf den Cholesterinspiegel. Gerade die Bitterstoffe, die beim Kulturgemüse gerne weggezüchtet werden, stärken die Abwehrkräfte.

## Zubereitung

*Wurzeln und Blätter werden vor der Blüte gesammelt. Im Mai sind die Blüten aktuell. Manche erhitzen sie im Wasser, seihen sie dann ab, geben viel Zucker dazu und kochen die Flüssigkeit so lange ein, bis eine sirupartige Masse entsteht, die im Volksmund als „Löwenzahnhonig" bezeichnet wird.*
*Viel wirkungsvoller ist der Löwenzahntee. Die Blüten werden mit kochendem Wasser übergossen. Nur kurz ziehen lassen, damit die empfindlichen Stoffe erhalten bleiben. Für den Körper ist ungesüßter, lauwarmer Tee auf nüchternen Magen am verträglichsten. Empfehlenswert ist eine mehrwöchige Löwenzahnblüten-Teekur.*

# Shiitake-Rahmsuppe

MAI

## Zubereitung

*Die geputzten Shiitake in feine Streifen schneiden, mit der zerkleinerten Zwiebel in Fett leicht rösten. Mit Mehl stauben (oder zum Schluss als Mehlteiglein beifügen), mit Brühe aufgießen, 5–10 Minuten garen. In die heiße, nicht mehr kochende Suppe verquirltes Eigelb und Sahne einrühren, würzen. Nach Belieben Brotwürfel und Kräuter zufügen.*

## Tipp

*Zum Aufgießen ist Spargelbrühe sehr gut geeignet.*

## Hinweise

*Diese Pilzsuppe ist schnell zubereitet. Beim Putzen entsteht nicht viel Abfall, denn die Pilze sind ziemlich wurmfrei.*

**Zutaten**

20–30 g Fett
1 Zwiebel (50–100 g),
200 g geputzter Shiitake
20–30 g Mehl (1–2 Essl.)
1 l Gemüsebrühe
Salz
Gewürze
(z. B. Cayennepfeffer,
Muskat, Zitronensaft, Sojasoße)
Kräuter
(z. B. Petersilie, Liebstöckel, Kerbel)
1–2 Eigelb
100 ml Sahne
nach Belieben getoastete oder
geröstete Brotwürfel

# Schafgarben-suppe

**Zutaten**

100 g Gerstenschrot
1 l Wasser
jodiertes Salz
Schafgarbenblätter
nach Belieben etwas Rahm

**Variante**

100 g Haferflocken
½ l Wasser
½ l Milch
Salz
Schafgarbenblätter

## Zubereitung

*Gerste gröber mahlen, trocken (ohne Fett) in einer Pfanne (ideal Edelstahl) leicht darren (rösten), mit der Hälfte der Flüssigkeit aufgießen und zum Kochen bringen. Danach etwa 5 Minuten ausquellen lassen. Beim Elektroherd ist dies auf der ausgeschalteten Platte möglich, sonst die Wärmezufuhr ganz gering halten. Restliches Wasser zugeben. Zum Schluss abschmecken, vor dem Servieren fein gehackte Schafgarbenblätter zur Suppe geben.*

## Hinweise

*Gerste ist ein gehaltvolles Nahrungsmittel. Der Gerstenschleim ist für Hals- und Magenkranke ein Heilmittel.*
*Die wichtigsten Inhaltsstoffe der Schafgarbe sind das bittere Achillerin, ein ätherisches Öl, Gerbstoffe, Harze, das Provitamin A sowie die Mineralstoffe Kalium und Magnesium. Roh verzehrte, klein geschnittene Schafgarbenblättchen sind wertvoll für die Frühjahrskur. In der Medizin wird die Pflanze aufgrund der Fähigkeit geschätzt, die Durchblutung des Kleinen Beckens anzuregen. Ein Tee aus Blüten und Blättern ist daher bei vielen Frauenleiden hilfreich.*

# Haferflocken-Lauchsuppe

*Lauch bildet sehr viele Wurzeln und ist daher mit die beste Vorfrucht für alle anderen Gemüse. Der gesundheitliche Wert ist dem der Zwiebeln sehr ähnlich. Schwefelhaltige ätherische Öle verleihen die Würzkraft. Beachtlich ist der Gehalt an Vitaminen und Mineralstoffen, vor allem Kalium.*

MAI

## Zubereitung

*Lauch gründlich waschen, in dünne Streifen schneiden. Zusammen mit Haferflocken in ½ l Wasser aufsetzen, kurz kochen. Am Ende der Garzeit das restliche Wasser zugeben, abschmecken.*

**Zutaten**

100 g Haferflocken
200 g Lauch (netto)
Salz
1 l Flüssigkeit

## Zubereitung

*Pilze vorbereiten (Morcheln halbieren, kurz überbrühen), fein schneiden, mit Haferflocken und Wasser etwa 10 Minuten kochen. Den zerkleinerten Lauch beifügen, nicht zu weich garen.*

**Variante**

100 g Haferflocken
100 g Lauch
100 g Pilze
(Morcheln, Shiitake oder Champignon)
Salz
1 l Wasser

## Hinweise

*Lauch lässt sich gründlich reinigen, wenn man ihn halbiert. Nur so ist es möglich, aus den Zwischenräumen allen Schmutz herauszuholen.*

# Kerbelsuppe

**Zutaten**

1–2 Essl. Fett
1 Zwiebel
100 g Haferflocken
1 l Wasser oder Gemüsebrühe (kann auch ½ l Milch, ½ l Wasser sein)
ein Büschel Kerbel
Salz
nach Belieben etwas Sahne

## Zubereitung

*Zwiebel fein schneiden, in Fett anschwitzen, ebenso die Haferflocken.*
*Mit ½ l Flüssigkeit aufgießen, 5–10 Minuten leise kochen lassen.*
*Kerbel schneiden, zur Suppe geben, kurz mixen, sodass die Kräuter noch leicht erkennbar sind. Mit restlicher Flüssigkeit aufgießen, abschmecken.*
*Nach Belieben mit etwas Sahne verfeinern.*

## Hinweise

*Hafer ist eine der wertvollsten Getreidearten. Er ist besonders für Herz-, Zucker- und Darmkranke zu empfehlen. Pfarrer Kneipp setzte sich besonders für die Haferkost ein. Manche Ernährungsfachleute nennen den Hafer auch Volksmedizin. Gelobt werden das hochwertige Eiweiß, die ungesättigten Fettsäuren, die vielen wasserlöslichen Ballaststoffe. Dazu kommen noch der Mineralstoff- und Vitaminreichtum sowie weitere gesundheitsfördernde Stoffe.*
*Hafer hilft auch der Psyche. Er ist ein Muntermacher. „Dich sticht der Hafer" sagt der Volksmund, wenn man besonders übermütig ist. Auch zur Steigerung der Leistungs- und Lernfähigkeit trägt er bei. Das Korn ist also nicht nur für Kranke und Alte, auch Heranwachsende profitieren. Nicht immer wird der Hafer geliebt. Er muss ja nicht immer als Haferbrei angeboten werden. Fantasiereiche Köche finden immer eine Möglichkeit, ihn in die Speisen zu schmuggeln (z. B. Hackfleischteig, Auflauf, Pfannkuchenteigknödel, Kuchen). Besonders das Hafermehl kann sich gut verstecken.*

# Lauch-Kartoffel-Gratin

MAI

## Zubereitung

*Geschälte Kartoffeln in Scheiben oder Stifte schneiden, im Einsatz des Dampfdrucktopfes bissfest garen. Geputzten Lauch in etwa 1 cm breite Ringe schneiden, kurz mit den Kartoffeln mitdämpfen.*
*Die vorbereiteten Kartoffeln und den Lauch in eine gefettete Auflaufform geben, Rahm mit geriebenem Käse, Gewürzen, Kräutern und Eiern vermischen, über das Gemüse gießen. Etwa 30 Minuten bei 250 Grad überbacken.*
*Fein geschnittene frische Kräuter dazu reichen.*

## Hinweise

*Bei ansteigenden Temperaturen beginnt Lauch in die Blüte zu gehen. Wer zuvor abernten will, kann den Überschuss gut einfrieren oder trocknen.*
*Naturfreunde lassen aber einige Pflanzen zur Blüte kommen. Sie sind dann ein Magnet für Insekten.*
*Der Lauch enthält viele gesundheitsfördernde Stoffe, die besonders den trägen Darm und die Harnorgane aktivieren. Die ätherischen Öle wirken in der Lunge schleimlösend.*

**Zutaten**

750 g Lauch
750 g Kartoffeln
100–200 g geriebener Käse
2 Eier
200 ml Rahm (süß oder sauer)
Salz
Muskat
Curry
Kräuter

# Bandnudeln mit Spinatsoße

*Selbst gemachte Nudeln sind aus der Mode gekommen, doch sie schmecken herrlich. Die Zubereitung macht weniger Arbeit als ein Kuchen. Außerdem weiß man, was drin ist. Die Industrie bevorzugt Hartweizen, weil er mehr Kleber enthält. Dann kann der Teig auch ohne Eier hergestellt werden. Dinkel kommt dem Hartweizen näher, trotzdem gelingen die Nudeln mit Ei besser.*
*Wer gerne Teigwaren isst, für den lohnt sich die Anschaffung einer Nudelmaschine mit verschiedenen Walzen.*

**Zutaten**

Bandnudeln
250 g fein gemahlenes Dinkelvollkornmehl
2 Eier
Salz
nach Bedarf etwas Wasser (hängt von der Eigröße ab)
nach Belieben etwas Butter zum Schwenken

## Zubereitung

*Alle Zutaten auf einem Backbrett (oder mit der Küchenmaschine) zu einem festen, aber geschmeidigen Teig verarbeiten, die Masse gut durchkneten. Den Teig zu einer Kugel formen, etwa 30 Minuten (oder auch länger) unter einer Schüssel ruhen lassen. Dies ist besonders für den Vollkornteig wichtig, damit die Randschichten des Getreides (Kleie) quellen können.*
*Teig portionsweise zu dünnen Flecken auswalken, auf einem Tuch etwas antrocknen lassen (aber nicht zu lange, sonst bricht der Teig). Flecke aufrollen, eventuell vorher teilen, damit die Nudeln nicht zu lang werden. Bandnudeln in etwa 1 cm breite Streifen schneiden und lockern. 5 Minuten in kochendem Wasser garen (bei getrockneter Ware ist die Kochzeit doppelt so lang). Nudeln abseihen, abtropfen lassen, nach Belieben in etwas Butter schwenken. Dazu passt eine Spinatsoße.*

Spinatsoße
200 g Joghurt
200 g Sauerrahm
100–200 g Spinat
Salz
Knoblauch oder Bärlauchblätter

## Zubereitung

*Spinat putzen, waschen, eventuell dicke Stängel entfernen, etwas zerkleinern. Joghurt und Sauerrahm mixen, Spinat, Knoblauch oder Bärlauchblätter und Salz dazu geben, kurz mixen, abschmecken.*
*Da der Spinat nicht gekocht wird, enthält er noch alle Vitalstoffe.*

# Japanisches „Baumschnitzel" mit Kartoffel-Gelbe-Rüben-Brei

*Der junge Shiitake ist zart wie Fisch. Das panierte „Pilzschnitzel" ist ein guter Fleischersatz und mit verschiedenen Beilagen ein Festtagsmenü.*

MAI

## Zubereitung

*Geputzte Pilze in etwa 1 cm dicke Scheiben schneiden, würzen, panieren und in heißem Fett goldgelb backen.*

## Zubereitung

*Gelbe Rüben und Kartoffeln zerkleinern, sehr weich garen, durchdrücken oder stampfen. Heiße Milch oder Sahne zugeben, salzen, mit Schneebesen cremig schlagen.*

**Zutaten**

Japanisches „Baumschnitzel"
2–4 Pilze je nach Größe
Salz
Pfeffer
Mehl, Ei, Semmelbrösel
Ausbackbett

Kartoffel-Gelbe-Rüben-Brei
750 g Kartoffeln
250 g Gelbe Rüben
etwa 100 ml Sahne oder Milch
Salz

# Spinat mit Winterrettich und Radieschen

MAI

**Zutaten**

200–300 g Spinatblätter
100–200 g Winterrettich
einige Radieschen
Marinade

## Zubereitung

*Spinat in Streifen schneiden, Rettich raspeln, Radieschen in Scheiben schneiden. Alles mit einer Marinade vermischen.*

# Spaghetti mit Schnittlauchsoße

MAI

## Zubereitung

*Spaghetti in reichlich Wasser 10–15 Minuten kochen. In der Zwischenzeit Sauerrahm mit zerkleinertem Edelpilzkäse und Quark mixen oder mit dem Schneidestab pürieren, sparsam salzen.*
*Zum Schluss den Schnittlauch zufügen. Zusammen mit den abgeseihten Spaghetti und dem marinierten Salat servieren.*

**Zutaten**

250 g Vollkornspaghetti
200 ml Sauerrahm
100–200 g Magerquark
50–100 g Edelpilzkäse
Salz
Schnittlauch
Kopf- oder Pflücksalat
Marinade

# Eingelegtes Fischfilet

MAI

**Zutaten**

4 flache Frischfischfilets (nicht gefroren) mit wenig Gräten
½ Zitrone oder etwas Essig
Salz, Pfeffer oder Fischgewürz
etwa 4 Essl. Mehl zum Bestäuben
2–4 Essl. Ausbackfett

**Essigsud**

¼ l Wasser, ⅛ l Apfelessig
50–100 g Zwiebeln (besonders geeignet sind Schalotten)
1 Teel. Pfefferkörner
1 Essl. Senfkörner
ein kleines Stück getrocknete Chilischote
1 Teel. Salz
1 Teel. Honig oder Zucker
etwas frischer Estragon

## Zubereitung

*Zwiebeln schälen, halbieren, vierteln oder in Scheiben schneiden. Zusammen mit den Gewürzen im Wasser-Essigsud aufkochen.*
*Fisch mit Zitronensaft oder Essig beträufeln, etwas durchziehen lassen. Dann würzen, in Mehl wenden. In Fett goldgelb backen. In einen Behälter geben. Mit dem etwas abgekühlten Sud übergießen. Frischen Estragon dazu geben, kühl stellen.*
*12–24 Stunden durchziehen lassen.*
*Dazu passt Vollkornbrot.*

# Spinat-Omelett

MAI

## Zubereitung

*Zwiebel zerkleinern, in Fett leicht anschwitzen. Den in Streifen geschnittenen Spinat zugeben, ein paar Minuten dünsten.*
*Eier mit Milch und Gewürzen verrühren, über den Spinat gießen, etwas vermischen, dann stocken lassen. Das Omelett vorsichtig auf den Teller geben.*

## Hinweis

*Spinat, der im Herbst gesät wurde, steht jetzt zur Verfügung.*
*Das Omelett gelingt am besten in der Teflonpfanne, sie klebt kaum an.*

**Zutaten für 1–2 Portionen**

1 kleine Zwiebel (etwa 50 g)
1 Essl. Fett
200 g Spinat
1–2 Eier (je nach Größe)
1–2 Essl. Milch
Salz
Pfeffer
Muskat
Knoblauch

**Variante**

Spinat durch Bärlauch, Brennnessel oder Giersch ersetzen.
Beigabe von Käse (z. B. Edelpilzkäse) macht das Gericht noch würziger.

# Gelbe-Rüben-Sellerie-Gemüse

**Zutaten**

1 mittlere Sellerieknolle (300–400 g)
300–400 g Gelbe Rüben
100–200 g Kartoffeln
1 Zwiebel (50–100 g)
etwa ¼ l Wasser oder Gemüsebrühe
Salz
Kräuter (z. B. Kerbel, Sauerampfer)
nach Belieben 2–4 Essl. Sahne

## Zubereitung

*Sellerie, Gelbe Rüben und Kartoffeln in kleine Würfel und Stifte schneiden. Zwiebel zerkleinern. Mit wenig Wasser bissfest garen. Zum Schluss mit Salz, Sahne und Kräutern abschmecken.*

## Variante

*Einen fein geschnittenen Apfel (100–200 g) zum Schluss beifügen.*

## Hinweise

*Das leicht verdauliche Gericht ist eine gute Ergänzung für Gemüse- oder Hackfleischfrikadellen.*

# Spinat-Gratin

MAI

## Zubereitung

*Kartoffeln schälen, in Scheiben schneiden, bissfest dämpfen. In eine feuerfeste Form abwechselnd die gegarten Kartoffeln, die fein geschnittene Zwiebel und den etwas zerkleinerten Spinat einfüllen.*
*Sahne mit geriebenem Käse, Eiern und Gewürzen verrühren, über das Kartoffel-Spinatgemisch geben.*
*Bei guter Mittelhitze etwa 30 Minuten im Rohr überbacken. Eine Schüssel mit Kopfsalat rundet dieses Gericht ab.*

## Hinweise

*Bei diesem Gericht kann etwas Spinat durch Brennnesseln ersetzt werden. Giersch, die hartnäckigste Gartenbegleitpflanze, zeigt sich im Garten schon in ihrer vollen Stärke. Sie kann gezupft und untergemischt werden. Beide Wildpflanzen blanchieren (kurz ins kochende Wasser geben), denn sie sind etwas fester in der Struktur.*

**Zutaten**

800 g Kartoffeln
400 g Spinat
200 g Sahne
100 g geriebener Käse
2 Eier
1 Zwiebel
gemahlener Pfeffer
Koriander
Salz
Knoblauch

# Hefepfannkuchen mit Holler

MAI

**Zutaten**

300–400 g Vollkornmehl (Dinkel, Weizen oder ein Gemisch verschiedener Getreidesorten)
3/8–1/2 l Milch (die Hälfte lässt sich durch Wasser ersetzen)
3–4 Eier
5–20 g Hefe
10 g Zucker
Hollerblüten
nach Belieben etwas Pfeffer
Salz
Fett zum Ausbacken

Wenn der Hefeteig frühzeitig (2–3 Std. zuvor) hergestellt wird und an einen warmen Ort kommt, genügen 5 g Hefe.

## Zubereitung

*Hefe mit Zucker verrühren, etwas Milch und Mehl dazugeben, gehen lassen, dann die restliche Flüssigkeit und die Eier beifügen.*
*Alles zu einem dickflüssigen Teig verrühren (bei Bedarf Flüssigkeit oder Mehl dazugeben) und nochmals gehen lassen. Zum Schluss die abgeschnittenen einzelnen Hollerblüten (nicht Dolden) darunter heben, in einer Teflonpfanne kleine Pfannkuchen backen.*

## Hinweise

*Holunderblüten erntet man bei trockener Witterung, indem man die ganze Dolde knapp über dem Ansatz mit der Gartenschere abschneidet. Beschädigte Blüten werden ausgelesen. Eine Vorratshaltung ist durch Trocknen der Blüten an einem schattigen, luftigen Ort, wie Dachboden oder Gartenhäuschen, möglich:*
*Ganze Dolden werden als Sträußchen aufgehängt, gezupfte Blüten auf ein weißes Tuch oder Papier ausgebreitet. Das Trocknen ist beendet, wenn sich die Blüten bei leichtem Reiben von den Stielen lösen.*

# Rhabarber-auflauf mit Quark-Fruchtsoße

MAI

## Zubereitung

*Haferflocken mit der Milch zu einem Brei kochen. Rhabarber in 1 cm große Stücke schneiden, mit den Verbesserungszutaten zum Haferbrei geben. Eier und Süßungsmittel zu einer Schaummasse schlagen, unter die Masse heben und in eine Auflaufform füllen. Bei Mittelhitze etwa eine ¾ Stunde backen. Dazu kann man eine Quark-Fruchtsoße reichen.*

*Rhabarber hat einen günstigen Einfluss auf Leber, Galle und Darm, denn er enthält viele Mineralstoffe, reichlich Zitronen- und Apfelsäure, Gerbstoffe, ätherische Öle und Pektin. Rhabarber enthält aber auch Oxalsäure, die sich im Organismus mit Kalzium verbindet. Wer zu Nierensteinen neigt, sollte auf dieses Gemüse verzichten. Die Oxalsäure kann durch Schälen und Blanchieren verringert werden. Rotstielige Sorten sind milder im Geschmack.*

## Zubereitung

*Quark mit Marmelade verrühren, Flüssigkeit zugeben, dass eine sämige Soße entsteht.*

## Hinweis

*Rhabarber nie in Aluminiumtöpfen kochen.*

**Zutaten**

Rhabarberauflauf

¾ l Milch
250 g Haferflocken
500 g Rhabarber
Zimt
nach Belieben Nüsse, Sonnenblumenkerne, Rosinen und etwas Sahne
2 Eier
50 g Zucker/Honig

Quark-Fruchtsoße

250 g Quark
Marmelade (z. B. Erdbeer-, Süßkirsch-, Hagebutten-Marmelade)
Wasser, Saft oder Milch zum Verdünnen

# Rhabarberkompott

MAI

**Zutaten**

½ l Birnen- oder Apfelsaft
500 g Rhabarber
1–2 Bananen
⅜ l roter Fruchtsaft (z. B. Johannis-, Kirsch-, Himbeersaft)
Honig nach eigenem Geschmack

**Variante**

Dörrzwetschgen statt Bananen oder eine Mischung aus Zwetschgen- und Rhabarberkompott.

## Zubereitung

*Häute des Rhabarbers abziehen. Stängel in Stücke schneiden, in den heißen Obstsud geben. Kurz schwach kochen, damit der Rhabarber nicht zerfällt. Etwas abkühlen lassen, nach Belieben Honig und roten Saft zugeben. Bananen schneiden, einige Zeit im Kompott durchziehen lassen.*

## Zubereitung

*Trockenzwetschgen einweichen oder in das nicht mehr heiße Rhabarberkompott geben, ein paar Stunden quellen lassen. Dörrzwetschgen haben reichlich Fruchtzucker. Süßen ist meistens nicht mehr erforderlich.*

## Hinweise

*Im Rhabarber befinden sich besondere Wirkstoffe, die eine gewisse Reizwirkung auf Leber, Galle und Darmschleimhaut ausüben und dadurch abführend wirken. Deshalb wird er zur Reinigung, zum „inneren Hausputz“ im Frühjahr empfohlen.*

# *Zimtnudeln mit Johannisbeer-Preiselbeer-kompott*

MAI

## Zubereitung

*Bandnudeln in reichlich Wasser bissfest kochen.*
*Semmelbrösel in Butterschmalz leicht rösten. Etwas Zucker und Zimt und die gekochten, gut abgetropften Nudeln dazugeben, durchmischen. Dazu Kompott reichen. Ein Teil der Semmelbrösel kann auch durch geriebene Nüsse ersetzt werden.*

## Hinweise

*Kompott hält sich gut in Gläsern mit Schraubverschluss (Twist-Off-Deckel), die im Handel überwiegend anzutreffen sind.*
*Kochend heiß und randvoll gefüllt, hält sich das Kompott monatelang.*
*Die Zugabe von Zucker spielt bei dieser luftdichten Verschließung keine Rolle.*
*Kompott kann auch erst vor dem Verzehr mit Honig gesüßt werden.*

**Zutaten**

250 g Bandnudeln
50 g Butterschmalz
100 g Semmelbrösel
Zimt
Zucker nach eigenem Geschmack
eingemachtes Johannisbeer- oder Preiselbeerkompott

# Rhabarber-blechkuchen

MAI

**Zutaten**

150 g Butter
100–150 g Zucker oder Honig
3 Eier
1 Prise Salz
300 g Mehl
3 gestr. Teel. Backpulver
etwas Milch
750 g Rhabarber

## Zubereitung

*Geputzten Rhabarber in etwa 3 cm lange Stücke schneiden. Butter, Zucker oder Honig, Eier zu einer Schaummasse rühren. Mehl mit Backpulver dazugeben und so viel Milch, dass ein mehr weicher Teig entsteht. Die Masse auf ein gefettetes Blech streichen, mit Rhabarber belegen und etwa eine halbe Stunde bei Mittelhitze backen.*

## Hinweise

*Stiele bei der Ernte nicht abschneiden, sondern leicht herausdrehen. Von einer Pflanze nicht zu viele Stängel ernten.*
*Nach Johanni (24. Juni) braucht der Rhabarber wie der Spargel Schonzeit, damit neue Kräfte für das nächste Jahr gesammelt werden können.*
*Im Spätsommer sterben die oberirdischen Pflanzenteile ab. Die über die Blätter durch Assimilation gesammelten Reservestoffe sind dann in den Wurzeln gespeichert und ermöglichen den Austrieb im nächsten Frühjahr.*

# Schneller Rhabarberkuchen



## Zubereitung

*Rhabarber waschen, klein schneiden (bei Bedarf Haut abziehen). Ohne Wasser bei schwacher Hitze dünsten (er darf breiig werden), auskühlen lassen. Dann mit allen Zutaten vermischen (schaumig rühren ist nicht erforderlich).*
*Die verhältnismäßig weiche Masse in eine kleine Kastenform (Boden mit Backfolie auslegen) oder in eine gefettete, beschichtete Rehrückenform geben. Den Kuchen etwa 45 Minuten bei Mittelhitze backen.*

## Hinweise

*Dies ist eine andere Form der Rhabarberverwertung. Die Zubereitung macht nicht viel Arbeit.*

**Zutaten**

250 g Rhabarberstängel
150 g Weizenvollkornmehl
1 gestrichener Teel. Natron
2 Teel. Zimt
Messerspitze gemahlener Muskat
100 g flüssiger Honig oder Zucker
100 g Rosinen
4 Essl. Öl
2 Eier

# Erdbeerbowle

MAI

**Zutaten**

1 l Apfelsaft
duftende, ungespritzte Rosenblätter
Zitronenmelisse
Zitronenverbene
250–500 g Erdbeeren
½ l Mineralwasser

## Zubereitung

*Rosenblätter, Zitronenmelisse und Zitronenverbene in den Apfelsaft geben, mehrere Stunden kühlstellen. Das Ganze abseihen.*
*Geschnittene Erdbeeren zufügen und mindestens eine Stunde lang ziehen lassen.*
*Vor dem Servieren mit Mineralwasser auffüllen.*

# *Rezepte Juni*

# Früchtebrot „Gartenstolz“

**Zutaten**

Vollkornbrot
geschlagene Sahne oder Quark mit Honig
Früchte (z. B. Kirschen, Stachel-, Jostabeeren)

## Zubereitung

*Sahne steifschlagen oder Quark mit Honig mischen, Brot damit bestreichen. Kirschen entkernen. Bei den Stachel- oder Jostabeeren Stängel- und Blütenreste entfernen, evtl. halbieren, Brot garnieren.*
*Honig kristallisiert je nach Sorte und Temperatur mehr oder weniger schnell aus. Beim Vermischen ist dies manchmal ungünstig. In einem warmen Wasserbad wird dieses Süßungsmittel wieder flüssig. Allerdings sollte die Temperatur des Honigs nicht über 38 °C ansteigen, weil sonst empfindliche Bestandteile zerstört werden.*

## Hinweise

*Grundlage dieses Früchtebrotes ist nicht getrocknetes, sondern rohes Obst, das noch alle wertvollen Inhaltsstoffe enthält.*
*Stachelbeeren sind anspruchslos und gedeihen selbst im Halbschatten gut. Sie haben einen hohen Vitamin- und Mineralstoffgehalt, wenig Kalorien, wirken blutreinigend und kreislauffördernd. Sie sind daher als wertvolles Gartenobst einzustufen.*
*Aus einer Kreuzung von Schwarzer Johannisbeere mit Stachelbeere sind die robusten Jostabeeren entstanden. Sie wachsen stärker als die Elternarten. Ihre Ruten tragen keine Stacheln und sind im Holz winterfest. Jostabeeren sind resistent gegen den Stachelbeermehltau und werden auch von der Johannisbeer-Gallmilbe gemieden.*

# Felsenbirnenmüsli

*Dies ist eine Spezialität, die kaum ein Luxushotel anbietet. Zu diesen süßen Früchten passt gut Sauermilch, Joghurt, Kefir oder Buttermilch.*

JUN

## Zubereitung

*Haferflocken und Joghurt vermischen, kurz quellen lassen, Früchte zugeben.*

## Hinweise

*Wenn die Johannisbeeren rot werden, reifen auch die Früchte der Felsenbirne. Wer aber nach Birnen Ausschau hält, wird vergeblich suchen. Die zahlreichen auffallenden weißen Blüten im Mai entwickeln sich zu blauschwarzen Beeren, die bei den Amseln beliebt sind. Die zuckersüßen, säurearmen Früchte lösen sich bei der Reife leicht und fallen auf den Boden.*
*Wenn ich von dem Felsenbirnstrauch nasche, werde ich oft gefragt, ob die Früchte wirklich essbar sind. Lade ich dann zur Kostprobe ein, kneifen die meisten. Ihre Haltung ist durchaus verständlich, denn es gibt zu viel Verlockendes aus der Giftküche der Natur. Wie einladend ist doch eine Einbeere, wie verführerisch sind die Früchte der Tollkirsche, wie leuchten die Beeren des Seidelbastes.*

**Zutaten für 1 Portion**

50 g Haferflocken
100–200 ml Joghurt
100 g Felsenbirnbeeren

# *Rohe Erdbeersoße mit Biskuitgebäck*

*Obst und Getreide sind eine gute Kombination. Die Beeren erfrischen, Biskuit sättigt mehr.*



**Zutaten**

Teig
3 Eier
30 g Honig oder Zucker
100 g Weizenvollkornmehl

Erdbeersoße
500 g Erdbeeren
nach Belieben Honig

## Zubereitung

*Eier und Zucker schaumig rühren, Mehl unterheben, in gebutterte, gebröselte Förmchen füllen. Bei Mittelhitze 20–30 Minuten (je nach Größe) backen.*

## Zubereitung

*Erdbeeren waschen, entstielen, mixen. Nach Belieben mit Honig abschmecken, mit dem Gebäck und ein paar Früchten anrichten.*

## Variante

*Wer das Gebäck etwas saftiger möchte, tränkt es mit einem Fruchtsaft.*

# Hirsesuppe mit Spargel

JUN

## Zubereitung

*Hirse heiß überbrausen, mit Spargelabfällen in ½ l Wasser vorkochen. Kleingeschnittenen Spargel zugeben (die zarten Köpfe ziemlich zum Schluss), alles bissfest garen. Mit der restlichen Flüssigkeit aufgießen, Spargelabfälle entfernen, abschmecken.*

## Hinweise

*Bis 24. Juni kann Spargel noch geerntet werden, dann braucht er Schonung. Neben dem weißen Spargel, der pflegeintensiver ist, setzt sich immer mehr der Grünspargel durch. Er wächst – im Gegensatz zu seinem weißen Vetter – oberirdisch und enthält deshalb Chlorophyll (hilft nach neueren Forschungen u. a. bei Zellreparaturen).*
*Die grüne oder weiße Stange enthält wenig Eiweiß, Fett und Kohlenhydrate und ist dank der Fasern reich an Ballaststoffen und somit ideal für Diabetiker. Dazu kommen noch viele Vitamine und Mineralstoffe.*
*Grünspargel braucht nicht oder nur einige Zentimeter am unteren Ende geschält zu werden. Die Zartheit wird sehr vom Wetter beeinflusst. Bei kaltem Wetter wächst Grünspargel langsamer und neigt dann mehr zum Holzigwerden. Schalen und harte Strünke eignen sich gut für eine Brühe. Die Garzeit liegt je nach Dicke und Zartheit zwischen 5–15 Minuten. Die zarten Köpfchen sind am schnellsten weich.*

**Zutaten**

100 g Hirse
200 g Grünspargel
1 l Flüssigkeit
Salz

# Kohlrabisuppe mit Hirse

JUN

**Zutaten**

1 Kohlrabi
250 g Kartoffeln
50–100 g Erbsen
50 g Hirse
¾ bis 1 l Gemüsebrühe
Salz
Schnittlauch

**Variante**

Erbsen durch Gelbe Rüben ersetzten.

## Zubereitung

*Kohlrabi, Kartoffeln schälen, würfeln und zusammen mit den Erbsen und der heiß gewaschenen Hirse in ½ l Flüssigkeit bissfest garen. Restliche Brühe zugeben, abschmecken. Zum Schluss mit Schnittlauch bestreuen.*

## Tipp

*Zarte Erbsen erst gegen Ende der Kochzeit zufügen oder roh lassen.*

## Hinweise

*Die Getreidekörner sind gute Ballaststoffquellen, wenn die Randschichten nicht entfernt werden.*
*Das kleine Hirsekorn ist ein idealer Begleiter für zarte Gemüsesorten. Es enthält reichlich Mineralstoffe (vor allem Eisen, Fluor, Magnesium, Kieselsäure). Davon profitieren besonders Haut, Haare, Zähne und Muskeln.*

# Brokkolicreme-suppe

*Diese Suppe ist schnell zubereitet, sättigt auch als Abendessen. Der Suppe kann man noch mehr Biss geben, wenn man ein paar Röschen ganz lässt.*

JUN

## Zubereitung

*Geputzten, zerkleinerten Brokkoli im Wasser garen. Dann unter Zugabe von Milch und Käse pürieren, bei Bedarf noch erwärmen. Die Suppe würzen und mit etwas Sauerrahm verfeinern.*

## Variante

*Am Schluss geröstete Brotwürfel zur Suppe geben.*

## Zubereitung

*Brokkoli und Blätter zerkleinern, in 3/4 l Wasser kochen. Mit der restlichen Flüssigkeit mixen, würzen, mit etwas Sahne verfeinern. Mit Brotwürfeln servieren.*

**Zutaten**

Brokkolicremesuppe
600 g Brokkoli
100 Roquefortkäse
1/2 l Wasser
1/4 l Milch
einige Essl. Sauerrahm
Salz
Muskat
Pfeffer oder ein Stück Chilischote

Brokkolisuppe
500–750 g Brokkoli
1 l Wasser
Salz
nach Belieben Cayennepfeffer oder Muskat
Sahne
Brotwürfel

# Brokkoli-Hirse-Auflauf

**Zutaten**

200 g Hirse
400 ml Wasser
1–2 Essl. Butter
1 kg Brokkoli
1–2 Zwiebeln (100 g)
100–200 g würziger Käse
100–200 ml saurer Rahm
Salz
Kräuter
1 Ei
nach Belieben 50–100 g Haselnüsse

## Zubereitung

*Hirse erst kalt, dann heiß waschen, ins kochende Wasser geben, nicht zu weich garen (geht sehr schnell im Dampfdrucktopf), dann mit 1–2 Essl. Butter vermischen.*
*Brokkoli zerlegen, bissfest dämpfen, Röschen und Stängel klein schneiden.*
*Hirse, Brokkoli, geschnittene Zwiebeln, geriebenen Käse, Nüsse miteinander vermischen, in eine Auflaufform geben. Rahm, Kräuter, Salz, Ei verrühren, über die Masse geben. Etwa 30 Minuten bei Mittelhitze backen.*
*Dazu passt ein Rohkostsalat.*

JUN

# Blumenkohlblätter-Gemüse mit Kartoffeln und Ei

JUN

## Zubereitung

*Geputzte Blätter kurz dämpfen, durch den Fleischwolf drehen. Der Mixer ist weniger geeignet (die Masse wird dabei zu fein). Zwiebel fein schneiden (kann auch mit den Blättern mitgekocht werden), zusammen mit den Gewürzen zum Püree geben, mit Rahm abschmecken. Dazu gedämpfte Kartoffeln und gekochte Eier reichen.*

## Variante

*Junge, zarte Blätter können roh in zerkleinerter Form den Gerichten beigegeben werden.*
*Wird das Kohlgemüse mit Wasser und Sahne verdünnt, entsteht eine wohlschmeckende Suppe.*

## Hinweise

*Kohl hat schon lange einen festen Platz in der Volksmedizin. Neuere Forschungen bestätigen den hohen gesundheitlichen Wert. Die Blätter enthalten viele Ballaststoffe. Sie sind besonders bei Darmträgheit wertvoll. Der Kohlenhydratgehalt ist niedrig, dies ist günstig für Diabetiker, aber auch für Übergewichtige. Der geringe Puringehalt ist für Gichtkranke ein Vorteil. Auch Heiserkeit und Entzündungen oder Bronchialschleimhaut lassen sich positiv beeinflussen.*

**Zutaten**

1–1½ kg Blumenkohlblätter
1–2 Zwiebeln
Salz
Gewürze
(z. B. Muskat, Paprika, Knoblauch)
etwas Rahm

**Beilagen**

1 kg Kartoffeln
2–4 Eier

**Variante**

Kohlrabi- oder Rettichblätter anstelle von Blumenkohlblättern

# Zucchini-pflänzchen

JUN

**Zutaten**

500 g Zucchini
200 g Weizen- oder Dinkelvollkornmehl
1 Zwiebel
Kräutersalz
2 Eier
Fett zum Ausbacken

## Zubereitung

*Zucchini mit der Schale grob raspeln, Zwiebel fein schneiden, alle Zutaten vermischen. Etwas Fett in einer Teflonpfanne erhitzen, Puffer formen, goldgelb backen.*

## Hinweise

*Dieses leichte und doch sättigende Gericht ist schnell zubereitet und schmeckt köstlich mit einer Portion Salat.*

# Sommerlicher Nudelsalat

JUN

## Zubereitung

*Nudeln und Blumenkohlröschen bissfest kochen. Geputzten Salat in mundgerechte Stücke teilen, Radieschen in Scheiben schneiden, Zwiebeln, Knoblauch zerkleinern, Zucchini streifig hobeln oder raffeln. Nudeln mit einer gut abgeschmeckten Marinade vermischen, einige Zeit durchziehen lassen, dann die übrigen Zutaten zugeben. Mit Johannisbeeren garnieren.*

## Hinweise

*Zartes Gemüse, das eine Menge bioaktiver Stoffe enthält, bietet uns der Juni an. Teigwaren sind eine gute Ergänzung. Die erfrischende Mischung ist ideal für warme Frühsommertage.*

**Zutaten**

100 g Nudeln (am besten aus Dinkel)
1 Blumenkohl
Kopfsalat
Eisbergsalat oder Pflücksalat
1 Zucchini
ein paar Radieschen und
Knoblauchzehen
1 Zwiebel
Johannisbeeren
Marinade
nach Belieben eingelegter Käse

# Sommerlicher Vitalsalat

*Mit Salaten können Sie schlemmen. Sie sind in diesem lichtstarken Monat besonders nitratarm (wenn sie nicht überdüngt wurden) und „umweltfreundlich".*



**Zutaten**

Salat
Rettich
Zuckererbsen
Pfefferoni oder Paprika
Zwiebel
Kräuter
100 g gekochte Hirse
Salatmarinade
1 Ei
Johannisbeeren

## Zubereitung

*Hirse mit ¼ l Flüssigkeit bissfest garen, ebenso Zuckererbsen. Andere Zutaten putzen, mundgerecht zerkleinern, Zwiebel, Kräuter fein schneiden. Alles mit der Salatmarinade vermischen, mit Johannisbeeren und gekochtem Ei garnieren.*

## Hinweise

*Salate können mit Obst gemischt werden. Die Früchte sind nicht nur ein Farbtupfer, sie bringen auch wertvolle Stoffe mit.*
*Im Laufe des Sommers bietet der Garten einiges an (Erdbeeren, Stachelbeeren, Johannisbeeren, Himbeeren, Kirschen, Äpfel u. a.).*
*Die Säure mancher Früchte kann Essig und Zitrone in der Marinade ersetzen.*
*Beeren lassen sich leicht roh pressen.*
*Wird das Gemüse gleich im Garten gewaschen, bleibt die Küche sauberer. Außerdem gewinnt man Gießwasser.*

# Hirsotto mit Schafskäse

JUN

## Zubereitung

*Hirse 5–10 Minuten bei geringer Hitze garen (im Dampfdrucktopf nur ankochen, dann ausschalten). Gegen Ende der Garzeit entfädete, geschnittene Zuckererbsen zugeben. Das fertige Hirsotto mit geschnittenen Kräutern, Gewürzen und dem Käse vermischen. Dazu passt eine Schüssel voll grüner Salat.*

## Hinweise

*Zusammen mit Lein zählt Hirse zu den ältesten Kulturpflanzen der Welt. Botanisch gesehen gehört sie wie alle Getreidearten zur Familie der Gräser.*
*Hirse ist nach Hafer die vitamin- und mineralstoffreichste Getreideart. Erwähnenswert ist der hohe Eisen- und Kieselsäuregehalt. Letzterer kräftigt Haut, Haare, Nägel und Zähne.*
*Hirse kann Reis ersetzen. Die Garzeit ist sehr kurz. Das kleine Korn eignet sich sehr gut für süße und salzige Speisen. In der Getreidemühle lässt sich Hirse problemlos mahlen. Hirse sollte grundsätzlich vor der Zubereitung heiß gewaschen werden. Am besten geht dies in einem feinen Haarsieb.*

**Zutaten**

200 g Hirse
500–600 ml Wasser
500 g Zuckererbsen
100–200 g in Öl eingelegter Schafskäse
Kräuter (z. B. Basilikum, Liebstöckel)
Paprika
Salz

**Variante**

Ziegenkäse
Blumenkohl, Brokkoli, Kohlrabi oder Zucchini
verschiedene Kräuter

# Spinat mit Bröseln

JUN

**Zutaten für 1–2 Portionen**

250 g Spinat
50–100 g Zwiebeln
2 Knoblauchzehen
1 bis 2 Essl. Fett
50 g Semmelbrösel
Pfeffer
Muskat
Salz
nach Belieben 50 g geriebener Käse

## Zubereitung

*Die gewaschenen Spinatblätter (ohne Stiele) gut abtropfen lassen. Zwiebeln und Knoblauch zerkleinern, in Fett leicht anschwitzen. Semmelbrösel zufügen, hellgelb rösten, dann alles herausnehmen.*
*Anschließend Spinatblätter in der Pfanne kurz dünsten, danach würzen und die Semmelbröselmischung zugeben.*
*Nach Belieben geriebenen Käse darüber streuen.*

## Hinweise

*Wenn die Tage länger und wärmer werden, geht der Spinat schnell in Blüte. Deshalb rechtzeitig ernten (und einfrieren).*

# Mangoldpizza

*Mangold ist ein äußerst wuchsfreudiges, robustes Gemüse. Die äußeren Blätter werden immer wieder abgeschnitten, die Herzblätter bleiben stehen. Die helleren oder bunten Sorten sind nicht so intensiv im Geschmack.*

JUN

## Zubereitung

*Mittelfesten Hefeteig herstellen, gehen lassen. Lässt man dem Vorteig genügend Zeit, reicht die geringere Hefemenge.*
*Für den Belag die Zwiebeln fein schneiden, in Fett leicht anschwitzen. Beim Mangold die dicken Rippen entfernen. Sie werden klein geschnitten und in wenig Wasser vorgegart. Die übrigen Blattteile in feine Streifen schneiden, zu den angeschwitzten Zwiebeln geben, ein paar Minuten mitdünsten.*
*Die ausgekühlte Masse mit Hackfleisch, Gewürzen und Kräutern intensiv vermischen.*
*Den gegangenen Hefeteig auswalken, auf ein gefettetes oder mit Kleie bestreutes Blech oder in Pizzaformen geben. Mit der Gabel mehrmals einstechen und dann etwas vorbacken.*
*Anschließend die Gemüse-Hackfleisch-Mischung gleichmäßig auf den Hefeteig streichen. Bei Mittelhitze etwa 30–40 Minuten backen. Nach Belieben kurz vor dem Fertigwerden mit geriebenem Käse bestreuen.*

## Variante

*Mangold lässt sich gut durch Neuseeländer Spinat ersetzen, der den ganzen Sommer und Herbst zur Verfügung steht. Er verzweigt sich stark, wächst nicht in die Höhe, sondern liegt am Boden auf. Auch er sollte wiederholt geschnitten werden.*

**Zutaten**

Hefeteig
400 g Weizenmehl
5–15 g Hefe, 1 Essl. Honig
40 g Fett, 250–300 ml Milch
etwas gemahlener Fenchel
Koriander, Salz

Belag
100–150 g Zwiebeln
1–2 Essl. Fett
250 g Mangold
250 g Hackfleisch
Gewürze (z. B. gemahlener Koriander, Kümmel, Curry, Paprika)
Salz
Kräuter (z. B. Basilikum, Majoran, Oregano, Petersilie)
nach Belieben 50–100 g Käse

# Grüner Salat mit asiatischer Note

*Während die Taglilie bei uns nur das Auge erfreut, sind in Asien die Blüten als Salatbeigabe beliebt.*
*Bei diesem ausdauernden Liliengewächs beträgt die Lebensdauer der Einzelblüte meist nur einen Tag. Da sich aber die vielen Knospen nacheinander öffnen, zieht sich die Blütezeit über mehrere Wochen hin. Die abgebildeten braun-orange-roten Blüten schmecken mild und süßlich.*

JUN

**Zutaten**

Grüner Salat (z. B. Eissalat, Pflücksalat)
50–100 g Mungobohnen
1–2 Schalotten oder 1 Zwiebel
Blütenblätter von Taglilien
Salatmarinade

## Zubereitung

*Die gekeimten Mungobohnen bissfest garen, auskühlen lassen. Salat waschen, in mundgerechte Stücke teilen, ebenso die Blüten. Zwiebel fein schneiden, zur Marinade geben. Alle Zutaten vermischen.*

## Hinweise

*Eine große Rolle spielt in der asiatischen Küche auch die Mungobohne, die es in vielen Sorten (braun, gelb, grün, violett, gesprenkelt) gibt. Bei uns sind vor allem die olivgrünen Samen als Keimsprossen beliebt, weil sie schnell sprießen. Sie werden im Handel fälschlicherweise oft als Sojabohnen angepriesen.*
*Alle Bohnenarten enthalten im Rohzustand einen giftigen Stoff, der durch das Kochen zerstört wird. Deshalb auch die gekeimten Bohnen garen. Eventuell anhaftende Salmonellenkeime werden dadurch unschädlich gemacht.*
*Durch das Keimen wird die Garzeit stark verkürzt und die Hülsenfrucht leichter verdaulich. Dazu die Samen über Nacht einweichen, das Wasser abgießen. Zwei- bis dreimal am Tag die Mungobohnen überbrausen. Das Wasser anschließend immer gut ablaufen lassen. Nach 3–4 Tagen erscheinen die ersten Austriebe. Nach dem Spülen die losen Samenhüllen entfernen.*

# Zucchini-Hackfleisch-gericht

JUN

## Zubereitung

*Zerkleinerte Zwiebeln in Fett anschwitzen, Hackfleisch zugeben, anbraten. Gewürfelte Zucchini beifügen. Bei schwacher Hitze dünsten, dann ist kaum Brühe notwendig. Bissfest garen, zum Schluss mit Gewürzen und Kräutern abschmecken. Man kann auch geriebenen Käse beim Essen drüberstreuen. Gereicht werden zum Zucchini-Hackfleischgericht Brot und Salat.*

## Tipp

*Gewürfelte rohe Tomaten oder Paprikaschoten (zum Schluss beigeben) machen dieses Essen noch wertvoller.*
*Dieses Gericht eignet sich gut zum Eingefrieren, wenn sparsam gewürzt wird.*

## Hinweise

*Wenn die Zucchini einmal in Fahrt sind, ist es schwer, sie zu bremsen. Rankende Sorten sind von enormer Durchsetzungskraft. Sie sind ertragreich und vielfältig einsetzbar wie kaum ein anderes Gemüse. Weil auch die Schale mit den wertvollen Karotinen mitgegessen werden kann, entsteht kaum Abfall.*
*Zucchini enthalten etwas weniger Wasser als Gurken, aber mehr Vitamine und Mineralstoffe. Die Frucht eignet sich hervorragend für Schnellgerichte.*

**Zutaten**

20–40 g (1–2 Essl.) Fett
250 g Zwiebeln
250–500 g Hackfleisch
1–1½ kg gelbe oder grüne Zucchini
Petersilie- oder Selleriegrün
Basilikum oder Oregano
Salz
nach Belieben Knoblauch, Pfefferoni, Paprika
eventuell etwas Brühe

# Krautspätzle

**Zutaten**

250 g fein gemahlenes Weizen- oder Dinkelvollkornmehl
2 Eier
100–150 ml Wasser
(hängt von der Eigröße ab)
1 gestr. Teel. jodiertes Salz
2 Essl. Fett
1–2 Zwiebeln (etwa 100 g)
250 g Weißkraut
1 Brokkoli
Kümmel
Salz
100 g in Öl eingelegten oder geriebenen Käse
Kräuter

## Zubereitung

*Mehl, Eier, Wasser, Salz zu einem weichen, ziemlich zähen Teig verarbeiten. Etwa ½ Stunde quellen lassen.*
*In der Zwischenzeit Brokkoli in Röschen teilen, bissfest kochen oder dämpfen.*
*Zwiebeln in Ringe schneiden, in Fett anschwitzen, dann das gehobelte oder in Streifen geschnittene Weißkraut beifügen. Das Gemüse weichdünsten. Bei Bedarf etwas Wasser oder Gemüsebrühe zugeben. Die Flüssigkeit abseihen (trinken oder weiter verwerten).*
*Den Teig mit dem Spätzlehobel, der Spätzlepresse oder mithilfe eines Brettes portionsweise in reichlich kochendes Wasser (1–1½ l) geben und ein paar Minuten garen.*
*Die Spätzle herausfischen, gut abtropfen lassen. Die Teigwaren zur Gemüsemasse geben, alles abschmecken. Zum Schluss Käse und Kräuter zufügen.*

## Tipp

*Vor dem Servieren ein paar Löffel rohes Sauerkraut untermischen.*

# Kirschknödel

JUN

## Zubereitung

*Quark mit Ei gut verrühren, Semmelbrösel und säuerlichen Saft zufügen. Die Masse etwa 1 Stunde ruhen lassen. Nach Bedarf noch Semmelbrösel oder etwas Sahne zugeben. Den Teig zu einer Rolle formen. Gleichmäßige Stücke abschneiden, die Kirschen damit umhüllen.*
*Die Knödel ins kochende Wasser geben. Etwa 10 Minuten bei schwacher Hitze ziehen lassen.*
*Semmelbrösel in Butter leicht rösten. Nach eigenem Geschmack süßen und würzen. Die gegarten Knödel darin wälzen. Leicht mit Puderzucker überstäuben.*

## Variante

*Quarkknödelteig mit Erdbeersoße*
*Aus dem Quarkteig (evtl. leicht süßen) kleine Knödelchen formen. Etwa 10 Minuten leise kochen.*
*250 g Erdbeeren mixen, nach Belieben süßen. Quarkknödel mit der rohen Fruchtsoße anrichten.*

**Zutaten**

200–250 g fetthaltiger Quark
1 Ei
etwa 50 g Semmelbrösel
1–2 Teel. frischer Johannisbeersaft oder Zitronensaft
15–20 Kirschen

Zum Wälzen
50 g Butter
25–50 g Honig/Zucker
1–2 Teel. Zimt
Puderzucker zum Übersieben

# Heidelbeer-gebäck

JUN

**Zutaten**

500 g Heidelbeeren
50 g Honig/Zucker
2 Teel. Zimt

<u>Schaummasse</u>
5 Eier
50 g Honig/Zucker
5 Essl. Öl
200 g Vollkornmehl (z. B. Weizen, Dinkel)
1 Teel. Natron

## Zubereitung

*Heidelbeeren süßen, würzen, durchziehen lassen. Eiweiß schaumig schlagen, 25 g Honig/Zucker zum Schluss mitrühren. Nun Eigelb mit Süßungsmittel und Öl schaumig rühren, zur Eischneemasse geben, vermischen. Anschließend Mehl mit Natron unterheben.*
*Den Teig in gefettete Formen oder auf ein Blech streichen, Heidelbeeren darauf verteilen. Bei Mittelhitze 20–30 Minuten backen.*

## Variante

*Einen dickeren Pfannkuchenteig herstellen, in eine Raine geben, Beeren darüber, im Backofen goldbraun backen.*

# Johannisbeer-Schmetterling

*Dieses Gebäck ist in erster Linie für Kinder gedacht. Die Schablonen für den Falter sind nicht schwierig zu zeichnen. Machen Sie den Schmetterling nur so groß, dass Sie mit einem Biskuitblechkuchen auskommen, dann haben sie nicht so viel „Abfall", der aber sicher Abnehmer finden wird.*

JUN

## Zutaten

4 Eier
40 g Zucker/Honig
70 g Dinkel oder Weizenmehl
30 g Amarant
1–2 Beutel Tortenguss für 0,25–0,5 l Fruchtsaft
helle Marmelade oder Honig
weiße und rote Johannisbeeren

## Zubereitung

*Biskuitteig herstellen, auf ein mit Backpapier ausgelegtes Blech streichen, ins vorgeheizte Rohr geben. Etwa 20 Minuten bei Mittelhitze backen, dann stürzen, Papier abziehen.*
*Schmetterlingsteile ausschneiden, auf eine Platte oder ein großes Blatt (z. B. Rhabarber) setzen. Der Mittelteil liegt ein bisschen auf den Flügeln auf.*
*Die Fläche mit Marmelade oder Honig bestreichen, damit die Beeren halten. Abwechselnd mit roten und weißen Früchten belegen. Tortenguss vorsichtig darüber gießen. Spaghetti als Fühler einsetzen.*

## Hinweise

*Johannisbeeren pflanzt man am besten im Herbst, da sie dann noch anwurzeln und im Frühjahr kräftig austreiben können. Beim Pflanzschnitt werden die 5 kräftigsten Triebe auf die Hälfte eingekürzt und die restlichen entfernt. Johannisbeeren gehören zu den Flachwurzlern und sind daher für eine Mulchschicht dankbar.*
*Dieses Steinbrechgewächs ist ein wahrer Gesundheitsbrunnen. Vor allem die Schwarzen Johannisbeeren sind reich an lebenswichtigen Stoffen. So enthalten sie ein Drittel mehr Phosphor, fast doppelt so viel Kalzium, fünfmal mehr Vitamin C als rote Sorten.*

# Erdbeerkuchen mit Bananen

*Zu Beginn der Erdbeerzeit sind die Früchte noch rar und manchmal nicht ausreichend für einen Kuchen. Bananen sind eine gute Ergänzung. Das Vollkornmehl liefert zusätzliche Ballaststoffe. Quinoa hebt noch den Wert von Dinkel.*

JUN

**Zutaten**

3 Eier
30 g Zucker/Honig
70 g Dinkel oder Weizen
30 g Quinoa
nach Belieben gemahlener Zimt oder Anis
1 Beutel Tortenguss oder entsprechende Menge Agar-Agar
250 ml Fruchtsaft oder gesüßtes Wasser
Erdbeeren und Bananen

## Zubereitung

*Eischnee schlagen, 10 g Zucker/Honig unterrühren, dann Eigelb mit 20 g Zucker/Honig, 3 Essl. heißem Wasser schaumig rühren, zur Eischneemasse geben, vorsichtig vermischen, fein gemahlenen Dinkel und Quinoa unterheben, bei Mittelhitze etwa 30 Minuten backen, anschließend aus der Form stürzen. Erkaltet mit Obst belegen, mit Guss bedecken.*
*Beim Belegen sind der Fantasie keine Grenzen gesetzt. Lassen wir das Auge mitessen.*

## Hinweis

*Statt Speisestärke (Kalorienträger ohne Mineralstoffe) und Gelatine (hergestellt aus tierischem Eiweiß) verwendet man in der Vollwertküche vorwiegend Agar-Agar zum Binden von Gelees, Cremes und Tortenguss. Es wird aus einer Algenart gewonnen, enthält Mineralstoffe und hat eine hohe Gelierkraft, weshalb es im Verbrauch sparsam ist. Da Agar-Agar reichlich Pektin enthält, wird die Verdauung gefördert. Von Natur aus hat es einen hohen Jodgehalt. Agar-Agar-Pulver wird zuerst mit kaltem oder warmem Wasser angerührt und dann erst mit den übrigen Zutaten vermengt. Zum Gelieren muss es 1 bis 2 Minuten gekocht werden.*

# Erdbeer-Eis

JUN

## Zubereitung

*Erdbeeren zerdrücken oder mixen, süßen nach eigenem Geschmack, in Behälter einfrieren, in Abständen (etwa eine Stunde) immer wieder mit einer Gabel durchrühren, es darf sich kein Eisblock bilden. Sahne gut kühlen, steif schlagen, grießig flockige Eismasse portionsweise dazugeben, unterrühren, sofort servieren. Kühlen Sie das Geschirr gut vor, dann zerläuft das Eis nicht so schnell!*

## Hinweise

*Wer erst mit der Erdbeerkultur im Garten beginnt, der kann zwischen einmaltragenden und remontierenden Sorten, zwischen Grün- und Frigopflanzen entscheiden.*
*Einmaltragende Erdbeeren blühen im Frühjahr und fruchten dann.*
*Remontierende Sorten bringen im Juni/Juli eine erste Ernte, blühen nach einer kurzen Ruhephase erneut und liefern bis weit in den Herbst hinein eine zweite Ernte.*
*Für Grünpflanzen ist Juli/August der beste Pflanzzeitpunkt. Frigopflanzen können zu jeder Zeit gepflanzt werden. Wichtig bei der Pflanzung ist, dass die Herzknospe nicht vergraben wird, sondern der Bodenoberfläche aufliegt.*

**Zutaten**

250–500 g Erdbeeren
200 ml Schlagsahne
nach Belieben Süßungsmittel

**Variante**

250 g Erdbeeren
250 g Bananen
200 ml Sahne

# Vollkornwaffeln mit Johannisbeeren

*Waffeln sind ein schnelles Gebäck. Sie schmecken zu jeder Tageszeit, am besten heiß und knusprig. Allerdings erfordert der Umgang mit dem Waffeleisen Geschick und Übung. Mit unseren modernen Geräten, die konstante Temperaturen bieten, ist das Waffelbacken kinderleicht. Ist der Waffelautomat beschichtet, muss er nur einmal zu Beginn des Backens gefettet werden.*

JUN

**Zutaten**

Waffeln aus Pfannkuchenteig
200 g Vollkornweizenmehl
etwa 400 ml Milch
2 Eier, 50 g Honig oder anderes Süßungsmittel

Waffeln aus Hefeteig
200 g Weizenvollkornmehl
1 Teel. Zimt, 2 Essl. flüssiger Honig
200 ml Milch oder Sahne
etwa 100 ml Wasser
2 Eier, 5–10 g Hefe

Waffelbelag
Waffeln können trocken gegessen werden. Sie schmecken auch mit einem Fruchtaufstrich, Früchte, Sahne, Quark oder Obstsalat.

## Zubereitung

*Alle Zutaten miteinander vermischen, 30 Minuten quellen lassen. Waffeleisen vorheizen, eventuell einfetten. Etwas Teig in die Form geben, gleichmäßig verteilen, goldgelb backen. Nicht zu früh öffnen, sonst gibt es getrennte Ober- und Unterteile. Einfache Waffeln bestehen aus einem dickeren Pfannkuchenteig.*

## Zubereitung

*Hefe mit lauwarmen Wasser und Honig verrühren. Die übrigen Zutaten beifügen. An einem warmen Ort etwa 1 Stunde gehen lassen. Der Teig sollte dickflüssig sein. Bei bedarf Flüssigkeit oder Mehl zugeben. Portionsweise Waffeln backen. Der Teig braucht etwas Zeit, ist aber leicht herzustellen.*

## Hinweise

*Kaloriensparen ist auch beim Teig möglich, der ein Pfannkuchen-, Rühr-, Biskuit- oder Hefeteig sein kann. Fettzugabe ist nicht unbedingt notwendig, allerdings wird der Teig dadurch etwas mürber.*
*Waffeln müssen nicht unbedingt süß sein. Vollkornmehl lässt sich gut verbacken.*

# *Rezepte Juli*

# Himbeermüsli mit Pfirsichen

**Zutaten für 1 Person**

50 g Haferflocken
100 ml Wasser
Fruchtsaft oder Dickmilch
250 g Obst (z. B. 125 g Himbeeren,
125 g Pfirsiche)
Honig nach Belieben

## Zubereitung

*Hafer zweimal durch die Flockenpresse geben oder Fertigprodukte verwenden, Flüssigkeit dazugeben, eine halbe Stunde quellen lassen, Himbeeren und geschnittene Pfirsiche zufügen, nach Belieben süßen.*

**Variante**

50 g Dinkel
100 ml Fruchtsaft
100 g Himbeeren
100 g Pfirsiche
Honig nach eigenem Geschmack

## Zubereitung

*Dinkelkörner in einer Edelstahlpfanne trocken rösten. Dabei bilden sich besondere Aromastoffe. Etwas abkühlen lassen, dann in der Getreidemühle nicht zu fein mahlen, Dinkelschrot im Fruchtsaft ein paar Stunden quellen lassen. Vor dem Essen das Obst beifügen.*

# Himbeer-Pfirsich-Milch

## Zubereitung

*Himbeeren und zerkleinerte Pfirsiche mixen. Langsam die stark gekühlte Milch zugeben, nochmals mixen oder kräftig schlagen, um grob flockiges Gerinnen zu vermeiden. Nach eigenem Geschmack süßen, eventuell mit etwas Zitronensaft abrunden. Wer die Samenkerne der Himbeeren nicht liebt, kann die Fruchtmilch passieren oder durchseihen.*
*Sofort servieren, um ein Absetzen durch längeres Stehen zu vermeiden. Fein pürierte Milchmixgetränke mit Strohhalm, bei dickerer Beschaffenheit mit Kaffeelöffel zu sich nehmen, denn langsames Genießen unterstützt die Verdauung.*

## Hinweise

*Der Pfirsich, der zur Rosenfamilie gehört, stammt aus China. Frühe Sorten (z. B. 'Amsden') sind schon im Juli erntereif, wenn auch die einheimischen Himbeeren reifen.*

**Zutaten**

500 g Früchte
(Pfirsiche und Himbeeren)
1 l Milch
Honig nach eigenem Geschmack
nach Bedarf etwas Zitronensaft

# Gemüsesuppe „Querbeet“

JUL

**Zutaten**

400–500 g Gemüse
z. B. Blumenkohl
Fenchel
Gelbe Rüben
Zucchini
50 g Suppennudeln
1 l Wasser
Kräuter
(z. B. Schnittknoblauch, Fenchelgrün)
Salz

## Zubereitung

*Gemüse zerkleinern (in Röschen, Streifen, Würfel, Scheiben). $^3/_4$ l Wasser zum Kochen bringen, das Gemüse (Ausnahme Zucchini) und die Nudeln zugeben. Etwa 10 Minuten garen, dann den zerkleinerten Zucchini dazu geben und alles bissfest kochen.*
*Die restliche Flüssigkeit beigeben, klein geschnittene Kräuter darüber streuen.*

# Pfannkuchen- suppe mit Erbsen

*Die grünen Erbsen enthalten etwa 6 % Eiweiß, viele Ballaststoffe, leicht aufnehmbaren Zucker, das wertvolle Vitamin B 1, aber auch die Vitamine C und E sowie Karotin und verschiedene Mineralien. Die Erbse ist nicht nur für unsere Gesundheit wertvoll, sie verbessert den Boden, da sie als Schmetterlingsblütler den Stickstoff der Luft verfügbar macht.*



## Zubereitung

*Mehl, Ei, Milch, Salz gut vermischen, Teig 30 Minuten quellen lassen. Eine beschichtete Pfanne mit wenig Fett bestreichen, dünne Pfannkuchen backen, erkalten lassen. Dann aufrollen, in feine Streifen schneiden, mit kochender Gemüsebrühe übergießen, Erbsen dazu geben. Mit Kräutern bestreuen.*
*Gewürze oder fein geschnittene Kräuter können auch in den Teig gegeben werden. Wer die Erbsen nicht roh verträgt, lässt sie ein paar Minuten in der Brühe ziehen.*

## Hinweise

*In diesem Monat gibt es schon die ersten zarten Erbsen. Die „grünen Perlen“ galten in der Antike als Geschenk der Götter. Enthülste Erbsen waren früher nur dem Adel vorbehalten. In England soll es sogar ein Gesetz gegeben haben, das den unteren Schichten den Erbsengenuss untersagte. Erst im 19. Jahrhundert wurde diese Hülsenfrucht für die Allgemeinheit erschwinglich. Bis ins 17. Jahrhundert aß man nur den ausgereiften, getrockneten Samen.*

**Zutaten**

100 g Vollkornmehl
1 Ei
etwa ¼ l Milch
Salz
Kräuter (z. B. Schnittlauch, Petersilie, Liebstöckel)
Butterschmalz zum Ausbacken
1–1½ l Gemüsebrühe
100 g ausgepalte Erbsen

# Panierte Zucchini

**Zutaten**

1 kg Zucchini
Pfeffer
Salz

Zum Panieren
2–3 Eier
Mehl
Semmelbrösel
Fett zum Ausbacken

## Zubereitung

*Mittlere Zucchini in 1 cm dicke Scheiben schneiden, würzen, panieren und mit wenig Fett in der Teflonpfanne bei nicht zu hoher Temperatur goldgelb backen.*
*Die Gewürze haften nicht sehr gut auf den Zucchinischeiben. Sie können deshalb auch zu den Eiern gegeben werden.*

## Tipp

*Durch das Ausbacken werden die Zucchini mit Fett angereichert. Zum Ausgleich ist eine große Salatschüssel genau das Richtige.*

## Hinweise

*Zucchinifrüchte schmecken am besten, wenn sie bei 20–25 cm Länge gepflückt werden. Dadurch wird auch die Blühwilligkeit und Fruchtbildung gefördert. Ein Standraum von 80 × 80 cm genügt. Balkongärtner können es mit Zucchini auch in einem größeren Kübel versuchen; der Ertrag lohnt sich.*
*Zucchini sind reich an Mineralstoffen (Kalium, Kalzium, Phosphor, Eisen, Mangan, Kupfer) und Vitaminen (A, B1, B2, Niacin, B6, C). Sie vereinen alle guten Eigenschaften von Gurke und Kürbis. Weil die Schale mitgegessen wird, erhält man viel Karotin, das krebsvorbeugend wirken soll.*

# Erfrischender Sommersalat

## Zubereitung

*Fenchel in feine Streifen schneiden oder raspeln, Gelbe Rüben mittelfein reiben. Äpfel und Pfirsiche in kleine Stücke teilen. Sauermilch mit wenig Salz verrühren und mit dem Gemüse und Obst vermischen. Nach Bedarf mit etwas Zitronensaft abschmecken.*

## Tipp

*Halten Sie sich nicht stur an das Rezept, sondern wandeln sie es nach Ihren Gartenangeboten entsprechend um.*

## Hinweise

*Bleibt bei der Suppenzubereitung etwas Gemüse übrig, kann daraus ein pikanter Salat entstehen. Er schmeckt als Vor- oder Zwischenspeise.*

**Zutaten**

200–300 g Fenchel
200–300 g Gelbe Rüben
100–150 g Äpfel
100–150 g Pfirsiche
200 ml Dickmilch oder Joghurt
Salz
etwas Zitronensaft

# Buntes Sommergemüse mit Bröseln

JUL

**Zutaten**

1,5 kg Gemüse
z. B. Gelbe Rüben, Zucchini, Kohlrabi, Kartoffeln, Puffbohnen
oder
Busch- bzw. Stangenbohnen, Erbsen, Pfefferoni
20–40 g Fett
150 g Semmelbrösel
Salz
Kräuter
Zwiebeln
Knoblauch

## Zubereitung

*Gemüse vorbereiten, zerkleinern, Erbsen und Puffbohnen auspalen, alles bissfest dämpfen. In der Zwischenzeit geschnittene Zwiebeln und Semmelbrösel rösten, das gegarte Gemüse dazugeben, mit Knoblauch und Kräutern abschmecken.*

## Hinweise

*Die Garzeit von Gemüse ist unterschiedlich. Vor allem Zucchini wird schnell weich. Sie können die empfindlichen Arten größer schneiden, obenauf geben oder später zusetzen. Etwas Rohgemüse (z. B. Erbsen, Gelbe Rüben, Kohlrabi), das zum Schluss beigefügt wird oder zur Selbstbedienung am Tisch steht, ist empfehlenswert.*

# Apfel-Gelbe-Rüben-Rohkost

## Zubereitung

*Gelbe Rüben und Äpfel raspeln oder in Streifen hobeln. Mit Johannisbeer- oder Zitronensaft abschmecken. Geschlagene Sahne untermischen.*

## Tipp

*Milch, Sahne, Joghurt und dergleichen möglichst in braunen Mehrwegflaschen einkaufen. Vor allem das Vitamin B2 ist sehr lichtempfindlich. Da die Mindesthaltbarkeit oft sehr lang ist (manchmal 3–4 Wochen), leidet die Qualität der Ware an den offenen, lichtdurchfluteten Aufbewahrungsorten.*

## Hinweise

*In diesem Monat gibt es die ersten Frühäpfel. Auch zarte Gelbe Rüben stehen schon zur Verfügung. Daraus lässt sich ein erfrischender Salat herstellen.*

**Zutaten**

100 g Gelbe Rüben
300 g Äpfel
frisch gepresster Johannisbeer- oder Zitronensaft
50–100 ml geschlagene Sahne

**Variante**

400 g Gelbe Rüben
200 g Äpfel
50 ml Sahne
50 ml Sauerrahm
nach Bedarf Johannisbeer- oder Zitronensaft

# Getreide-Hackfleisch-pflänzchen mit Zuckererbsen

**Zutaten**

Getreide-Hackfleischpflänzchen
400 g Hackfleisch
100 g Getreide (z. B. Gerste)
200 ml Wasser zum Einweichen und Kochen
2–4 frische Zwiebeln mit Schläuchen
1–2 Essl. Fett, 1 Ei, Salz
Gewürze (z. B. gemahlener Koriander, Kümmel, Paprika)
Kräuter (z. B. Petersilie, Basilikum, Liebstöckel, Salbei)
etwa 50–100 g Vollkornbrösel
Fett zum Ausbacken

Zuckererbsengemüse
500 g Zuckererbsen, 1 kleine Zucchini, 750 g Frühkartoffeln,
2 Essl. Butter, nach Belieben
Gewürze (z. B. Knoblauch)
oder Kräuter
(z. B. Schnittlauch, Petersilie), Salz

JUL

## Zubereitung

*Körner gründlich waschen, über Nacht einweichen. Am nächsten Morgen Getreide mit dem Einweichwasser ohne Salz zum Kochen bringen, dann auf kleinster Hitze garen, am besten im Dampfdrucktopf. Mindestens eine halbe Stunde nachquellen lassen. Zwiebeln fein schneiden, in Fett anschwitzen, Kräuter hacken, zusammen mit Hackfleisch, den gekochten Körnern, Gewürzen, Kräutern, Semmelbröseln und dem Ei zu einem geschmeidigen Teig verarbeiten. Küchlein formen, ins heiße Fett geben, bei mäßiger Hitze auf beiden Seiten bräunen.*

## Zubereitung

*Von den gewaschenen Zuckererbsen Stielansatz abschneiden, evtl. auch Fäden ziehen. Zucchini in Würfel schneiden, alles bissfest kochen (etwa 5 Minuten). Zusammen mit kleinen gekochten Frühkartoffeln in Butter schwenken, nach Belieben würzen (schmeckt aber auch pur).*

*Die Zuckererbse wurde früher auch Kaiserschote genannt. Bei ihr fehlt im jungen Stadium die pergamentartige Haut an der Innenseite der Hülse. Sie kann also mit „Haut und Haaren" gegessen werden, braucht kein Auspalen. In der Regel sind nur Fäden zu ziehen.*

# Bunter Hafersalat

## Zubereitung

*Hafer mit Flüssigkeit 20–30 Minuten (Dampfdrucktopf 10–15 Minuten) kochen, gegen Ende der Garzeit gewürfelte Kartoffeln, Dicke Bohnen oder Erbsen zugeben, fertig garen. Tomaten würfeln, Paprika in Ringe schneiden, Kräuter, Knoblauch oder Zwiebel zerkleinern, alles mit der Marinade durchmischen.*

## Hinweise

*Noch wertvoller wird Hafer, wenn man ihn keimen lässt. Besonders dafür geeignet ist der Nackt- oder Sprießkornhafer. Die Körner können dann ungekocht den Gerichten beigegeben werden.*
*Hafer enthält viele ungesättigte Fettsäuren, die den Cholesterinspiegel günstig beeinflussen. Außerdem neben Stärke Schleim bildende Kohlenhydrate, durch die er bekömmlich wird. Als Krankenkost ist er daher besonders geeignet. Diabetiker schätzen seinen Gehalt an Fruchtzucker.*

**Zutaten**

100 g Hafer
150–200 ml Wasser
1 Kopfsalat
2–4 Tomaten
2 mittlere Kartoffeln
50–100 g Dicke Bohnen oder Erbsen
1–2 Paprikaschoten
2–4 Zehen Knoblauch oder
1 Zwiebel
Kräuter
Marinade

# Gegrilltes Truthahnschnitzel mit Tomaten und Zuckererbsen

**Zutaten**

4 Truthahnschnitzel
2 Essl. Öl
1 Teel. Senf
1 Teel. Zitronensaft
1 Knoblauchzehe gepresst oder ein Stück Zwiebel gerieben
Paprika
fein gehackte Zitronenmelisse
500 g Tomaten
500 g Zuckererbsen
nach Belieben 20 g Butter

## Zubereitung

*Die Zutaten gut vermischen und das Fleisch damit bestreichen, mindestens 30 Minuten durchziehen lassen, besser noch länger. Fleisch von beiden Seiten grillen, dann erst leicht salzen.*
*Tomaten in Scheiben schneiden, anrichten. Es muss nicht alles mariniert oder gesalzen werden. Genießen Sie den Eigengeschmack.*
*Zuckererbsen entfädeln, bissfest garen. So sind sie geschmacklich gut. Sie können auch in wenig Butter geschwenkt werden.*

## Hinweise

*Tomaten sind sehr kalorienarm, entwässern, fördern den Schlaf, regen die Verdauungssäfte an, enthalten viele krebsvorbeugende Stoffe.*
*Zum Einfrieren sind Tomaten gut geeignet. Sie können nach dem Auftauen roh gegessen werden, sind aber auch für Suppen, Soßen oder als Mixgetränk recht brauchbar.*
*Bei Zuckererbsen fehlt die Pergamentschicht in den Hülsen. Die jungen süßen Hülsen mit den noch unterentwickelten Körnern sind daher eine Delikatesse und können wie Bohnen verzehrt werden.*

# Gratin mit Puffbohnen und Zucchini



## Zubereitung

*Geschälte Kartoffeln in Scheiben oder Würfel schneiden. Zusammen mit den Bohnenkernen bissfest vorkochen. Zucchini in dünne Scheiben oder Stücke schneiden. Alle Zutaten vermischen. In eine gefettete Auflaufform geben.*
*Bei Mittelhitze etwa 30 Minuten überbacken.*

## Hinweise

*Eiweiß ist in diesem Gericht in Kartoffeln, Hülsenfrüchten, Rahm, Käse und Eiern zu finden. Es ergänzt sich gut. Dicke Bohnen lassen sich auch durch Linsen ersetzen.*

**Zutaten**

750 g Kartoffeln
100–200 g frische Bohnenkerne
400 g Zucchini
100–200 ml Sahne oder Sauerrahm
100 g geriebener oder gewürfelter Käse
1–2 Eier
Salz
Kräuter

# Kapuziner-kresse-Salat

JUL

**Zutaten**

Kopfsalat
Blätter und Blüten von Kapuzinerkresse
Zwiebel
gekochtes Geflügelfleisch oder andere Bratenreste
Marinade

## Zubereitung

*Gewaschenen Salat und Kapuzinerkresse zerkleinern, geschnittenes Fleisch zugeben, mit Marinade vermischen.*
*Mit Brot ist es ein leichtes Sommeressen.*

## Hinweise

*Die meisten kennen die aus Südamerika stammende Kapuzinerkresse nur als Zierpflanze. Doch sie bietet mehr. Sie enthält einen starken penicillinähnlichen Bakterienhemmstoff vor allem gegen Eitererreger. Die antibakteriellen Stoffe haben sich bei chronischen und lang andauernden Infektionen besonders im Nieren-, Blasen-, Hals- und Lungenbereich (Bronchitis, Lungenentzündung, Diphtherie) gut bewährt.*
*Durch häufigere Aufnahme von kleinen Mengen Kapuzinerkresse lässt sich die Widerstandskraft des Körpers steigern.*

# Sättigender Gurkensalat

## Zubereitung

*Hirse heiß spülen, zusammen mit den Bohnenkernen in der Flüssigkeit bissfest garen. Dann die Salatmarinade zugeben, alles durchziehen und abkühlen lassen. Geschälte oder ungeschälte Gurken hobeln, Zwiebel, Knoblauchzehen, Paprikaschote und Kräuter fein schneiden. Alle Zutaten miteinander vorsichtig vermischen.*

## Variante

*Der Gurkensalat schmeckt auch ohne Hirse. Bohnen lassen sich durch Erbsen austauschen. Kräuterbutterbrot ergänzt dieses Gericht.*

## Hinweise

*Der kalorienarme Gurkensalat kann durch die Beigabe von Hirse und Bohnenkernen auch sättigend wirken. Beliebt sind in Italien die Borlotti-Bohnen, die auf den Märkten angeboten werden, wenn die beigefarbenen, leicht gesprenkelten Samenkerne zwar ausgebildet, aber noch weich sind. Die dekorativen, rötlich gestreiften Hülsen sind dagegen Abfall. Diese Bohnen eignen sich auch zum Trocknen.*
*Die Heimat aller Bohnen ist Mittel- und Südamerika. Die Wildform ist heute noch in den Anden anzutreffen. Die niedrig wachsende Buschbohne entstand durch Züchtung aus der Kletterbohne.*

**Zutaten**

100 g weiche Bohnenkerne
100 g Hirse
200 ml Wasser oder Gemüsebrühe
Essigmarinade
1 kg Gurken
1 Zwiebel
ein paar Knoblauchzehen
1 Paprikaschote (mild oder scharf)
Kräuter (z. B. Dill, Schnittlauch, Basilikum)

# *Überbackener Blumenkohl*

**Zutaten**

1 Blumenkohl
250 g Gelbe Rüben
750 g Kartoffeln
100 g Zwiebeln
100–200 ml Sahne
2 Eier
100 g Hartkäse
Salz
Gewürze
Kräuter

**Variante**

Blumenkohl kann auch durch Brokkoli ersetzt werden.

## Zubereitung

*Blumenkohl (auch zarte Blätter), Gelbe Rüben, Kartoffeln zerkleinern, bissfest vordämpfen. Gemüse mit geschnittenen Zwiebeln, Kräutern, geriebenem Käse in eine Auflaufform geben, mit gewürztem Sahne-Ei-Gemisch übergießen. Etwa 30 Minuten bei guter Mittelhitze überbacken.*

## Hinweise

*Der Garten im Juli bietet uns viele kleine Geschenke an (zartes Gemüse, frische Kräuter, milde Zwiebeln). Damit lässt sich schon abwechslungsreich kochen. Blumenkohl gehört zur Familie der Kreuzblütler. Diese Pflanzen enthalten eine Menge Stoffe, die befähigt sind, die natürliche Abwehr und das Entgiftungssystem anzuregen. Frühkartoffeln sind um diese Zeit im eigenen Garten bereits erntereif.*

# Brokkoli-Auflauf mit Kartoffelbrei

JUL

## Zubereitung

*Brokkoli in Röschen teilen, die Stiele etwa 5 Minuten vorkochen, dann Röschen zugeben, fertig garen (Gefrorenen Brokkoli ins kochende Wasser geben, bissfest garen). Kartoffeln kochen (am besten dämpfen), durchpressen, mit heißer Milch, dem geriebenen Käse und den Gewürzen zu einem nicht zu weichen Brei verarbeiten. Den Kartoffelbrei rund um den Rand der gefetteten Form verteilen. In die Mitte die gegarten Röschen geben. Die Masse mit der abgeschmeckten Sahne-Eier-Milch übergießen. Den Auflauf etwa 30 Minuten bei Mittelhitze überbacken. Dazu einen Rohkostsalat servieren.*

## Hinweise

*Bis zu den ersten starken Frösten kann Brokkoli aus dem Garten geerntet werden. Aber auch eingefrorene Röschen eignen sich gut für diesen Auflauf.*

**Zutaten**

1 kg Kartoffeln
etwa 1/4 l heiße Milch
50 g geriebener Käse
Salz
Muskat
Fett für die Form
2 Brokkoli (etwa 3/4 kg) oder
600 g Tiefkühlware
50–100 ml Sahne
1–2 Eier
Salz
Pfeffer
Muskat
nach Belieben Knoblauch

# Quarkauflauf mit Johannisbeeren

**Zutaten**

250 g Quark (40 % Fett in Tr.)
50–75 g Honig/Zucker
2 Eier
4 Semmeln vom Vortag
etwa ¼ l Milch
250 g Johannisbeeren

JUL

## Zubereitung

*Semmeln fein schneiden. Mit heißer Milch übergießen. Quark mit Eigelb und Süßungsmittel gut verrühren. Die eingeweichten Semmeln dazugeben, vermischen, dann Johannisbeeren zufügen. Zum Schluss den Eischnee unterheben. Bei Mittelhitze etwa ¾ Stunde backen.*

## Hinweise

*Dieses Gericht kann warm, aber auch kalt gegessen werden. Johannisbeeren lassen sich durch entsteinte Kirschen oder Frühäpfel ersetzten. Nach Belieben die Menge vergrößern.*

# Johannisbeerkuchen



## Zubereitung

*Eiweiß schaumig schlagen, langsam die Hälfte des Zuckers/Honigs zugeben, dann aus dem Eigelb, Wasser und dem restlichen Zucker/Honig eine Schaummasse herstellen, beides vermischen. Fein geriebene Mandeln (oder Kokosflocken), Vollkornmehl und Johannisbeeren unterheben. Bei Mittelhitze 60 Minuten backen.*

## Hinweise

*Honig sollte nicht über 40 °C erwärmt werden, weil er dadurch an Heilkraft verliert. Trotzdem findet dieses älteste Süßungsmittel auch bei erhitzten Speisen Verwendung. Ökologische Gründe stehen dann mehr im Vordergrund. Die Produktion von Honig ist wesentlich umweltfreundlicher als von Rübenzucker. Dünger, Spritzmittel und aufwändige industrielle Aufbereitung entfallen.*
*Außerdem wird mit dem Honigkauf die Imkerei unterstützt. Bienen sind wichtige Helfer im Garten.*

**Zutaten**

5 Eier
150 g Zucker/Honig
5 Essl. heißes Wasser
175 g geriebene Mandeln oder Kokosflocken
175 g Vollkornmehl (Weizen oder Dinkel)
500 g Johannisbeeren

# Joghurt mit Früchten

*Der Juli bietet eine Menge Früchte an, vor allem Beeren (Joghurt mit Erdbeeren, Johannisbeeren, Himbeeren, Stachelbeeren, Heidelbeeren, dazu Kirschen, Pfirsiche oder Frühäpfel). Ihre Säure schmeckt in Milchprodukten angenehmer. Besonders mild ist selbst gemachter Joghurt. Die eigene Produktion ist nicht schwierig, preiswerter und umweltfreundlicher. Besonders die „Minipackungen" des Handels liefern eine Menge Abfall.*

JUL

**Zutaten**

½ l pasteurisierte oder erhitzte Milch
Joghurt
500 g Früchte

## Joghurt-Herstellung

*Milch auf 38–45 °C erwärmen. In diesem Bereich arbeiten die Joghurtbakterien am besten. Für ½ l Milch reichen ein paar Löffel frischer Joghurt (nicht wärmebehandelt, ohne Früchte oder andere Zutaten). Beides vermischen. Anschließend mehrere Stunden warm halten. Dies ist möglich in einem elektrischen Joghurtbereiter, in einer weiten Thermosflasche mit einer großen Öffnung, in einem isolierten Wärmetopf oder einer Wärmekiste. Notfalls mit Decken oder Wärmflasche arbeiten. Die Dickungszeit, in der die Milch möglichst wenig bewegt werden soll, beträgt mehrere Stunden. Kürzere Reifungszeiten ergeben einen milden Joghurt, längere einen kräftigen, säuerlichen Geschmack. Im Handel gibt es unterschiedliche Kulturen, die mehr oder weniger intensiv sind.*
*Den gereiften Joghurt kühlen. Eine kleine Menge für die nächste Joghurtzubereitung aufbewahren. Der Joghurt lässt sich auch über Monate hinweg eingefrieren. Nach dem Auftauen sind die Joghurtbakterien voll aktiv.*

## Zubereitung

*Frische Früchte zerkleinern, mixen, mit dem Joghurt vermischen. Nach Bedarf mit Honig süßen. Auch Eingemachtes (z. B. Kompott, Konfitüre) oder gefrorenes Obst ist brauchbar. Trockenobst bringt viel natürlichen Fruchtzucker mit.*

# Haferbrei mit roher Johannisbeer-fruchtsoße

*Gute Mischungen für eine rohe Fruchtsoße sind Johannisbeeren mit Erdbeeren (1:1) oder Bananen (2:1). Dadurch wird die Säure gemildert.*

JUL

## Zubereitung

*Haferflocken mit kalter Milch langsam zum Kochen bringen, je nach Feinheit 5–10 Minuten bei schwacher Hitze kochen, anschließend noch nachquellen lassen. Bei Elektroplatten die Nachwärme nutzen.*

## Zubereitung

*Entstielte Beeren kurz mixen, durch Sieb oder Passiergerät (z. B. Flotte Lotte aus Edelstahl) treiben, nach Belieben schwach süßen.*

## Hinweise

*Im Juli gibt es viel zu ernten für uns im Garten. Besonders wertvoll sind die Beeren, die arm an Kalorien, aber reich an wertvollen Inhaltsstoffen sind. 200 g rote Johannisbeeren decken den Tagesbedarf eines Erwachsenen an Vitamin C. Die Früchte wirken mit ihren Ballaststoffen (Kerne, Pektine) sehr gut bei Verstopfung. Der Saft ist harn- und schweißtreibend und mit seiner Säure auch erfrischend (günstig für Fieberkranke). Indische Ärzte empfehlen ihn besonders bei Gallen- und Leberleiden (Gelbsucht). Die Beeren sind eine Wohltat für das gesamte Verdauungssystem. Milchprodukte sind ein guter Ausgleich für die reichlich vorhandene Fruchtsäure.*

**Zutaten**

Haferbrei
1 l Milch
250 g Haferflocken
(oder: Hirse-, Buchweizen-, Reisbrei)

Johannisbeersoße
500 g Johannisbeeren
nach eigenem Geschmack Honig
oder anderes Süßungsmittel

# Dinkelflammeri mit Sauerkirsch-Bananensoße

JUL

**Zutaten**

Flammeri (1 Person)
60 g Dinkelvollkornmehl
¼ l Wasser
1 Zitrone
1 Banane

Soße
1 Banane
250 g entkernte Kirschen
etwas Wasser oder Sahne zum Mixen

## Zubereitung

*Vollkornmehl mit Wasser und Zitronensaft unter ständigem Rühren breiig kochen, dann etwas abkühlen. Nun die zerdrückte Banane dazugeben, gut vermischen, in eine gut ausgespülte oder gefettete Form geben.*
*Kirschen mit wenig Wasser und der Banane mixen, nach Belieben mit etwas Sahne abschmecken. Flammeri nach dem Erkalten stürzen, mit der Soße anrichten.*

## Hinweise

*Sauerkirschen sind noch wertvoller als Süßkirschen. Sie haben einen höheren Vitamin-A-Gehalt und zeichnen sich durch eine bessere Verträglichkeit aus.*
*Kirschen lassen sich gut einfrieren. Dadurch werden sie auch leichter verdaulich.*
*Nach reichlichem Kirschengenuss nichts trinken.*

# Himbeerkaltschale mit Pfirsichen

*Diese Obstkaltschale kann Zwischen- oder Nachspeise, auch ein leichtes Abendessen für einen warmen Sommertag sein.*

**Zutaten für 1 Person**

125 g Himbeeren und Pfirsiche
¼ l Butter- oder Dickmilch
Honig nach Belieben

## Zubereitung

*Vorbereitetes Obst mit der Milch mixen, pürieren, eventuell süßen.*

## Hinweise

*Sauermilch (Dickmilch) können Sie leicht selber herstellen. Milch direkt vom Bauernhof gerinnt in der warmen Jahreszeit sehr schnell. Der gekauften sterilisierten Milch müssen Sie allerdings einige Löffel Sauer- oder Buttermilch zusetzen. So erhält man die notwendigen Milchsäurebakterien.*
*Himbeeren mit ihrem lieblichen Aroma besitzen viel Pektin, Gerbstoffe und Fruchtsäuren, die dem Körper bei der Entgiftungsarbeit helfen. Außerdem senken sie das Fieber. Der Vitamin-C-Gehalt ist doppelt so hoch wie beim Apfel, mit Vitamin E steht die Himbeere an der Spitze beim Obst.*
*Während der Fruchtentwicklung brauchen Himbeeren reichlich Wasser. Unmittelbar nach der Ernte schneidet man alle abgetragenen Ruten dicht über dem Boden ab. Von den neu ausgetriebenen Ruten lässt man die kräftigsten, maximal 10 je Meter Himbeerreihe, stehen.*

# Roggen-Biskuitkuchen mit Johannisbeeren

JUL

**Zutaten**

3 Eier
3 Essl. heißes Wasser
30 g Zucker/Honig
100 g Roggenvollkornmehl
Johannisbeeren
Tortenguss

## Zubereitung

*Eiweiß zu Schnee schlagen, aus Eigelb, Wasser und Zucker/Honig eine Schaummasse herstellen, Vollkornmehl unterheben, vorsichtig vermischen.*
*In gefettete Obstkuchenform (Teflon) geben, bei Mittelhitze etwa 30 Minuten backen.*
*Ausgekühlt mit Johannisbeeren belegen, mit einem Guss überziehen.*

## Hinweise

*Roggen wird überwiegend zum Brotbacken mit Sauerteig verwendet. Für Hefe- und Rührteige ist das Mehl nur in geringer Menge brauchbar, weil der Kleberanteil gering ist. Für Biskuitteige ist Roggen geeignet, weil die Eier die Masse lockern und festigen. Roggenvollkornmehl bringt mehr Aroma, hat ein hochwertigeres Eiweiß als Weizen, enthält die meisten Ballaststoffe von allen Getreidearten. Es zeichnet sich durch einen besonders hohen Gehalt an Eisen, Kalium, Phosphor und Magnesium aus.*

# Rezepte August

AUG

# Müsli „Ferienfreude“

**Zutaten für 1 Person**

60 g Getreideflocken
100 ml Fruchtsaft
(z. B. Kirschen-, Apfel-, Birnensaft)
verschiedene Früchte
(z. B. Apfel, Birne, Pfirsich, Himbeeren)
nach Belieben Honig
Zitronensaft

AUG

## Zubereitung

*Getreideflocken in Fruchtsaft einweichen, Birne, Apfel, Pfirsich zerkleinern, nach Belieben mit Honig, Zitronensaft abschmecken.*
*Wenn es schnell gehen soll, sind Haferflocken ideal, denn sie brauchen keine Einweichzeit. Sie werden sogar durch längeres Quellen bitter.*

## Hinweise

*Frühobst ist in der Regel nicht lange lagerfähig. Bei einer guten Ernte sind wir mit dem Verzehr überfordert. So werden wir vieles haltbar machen.*
*Mürbe und teigige Äpfel und Birnen eignen sich schlecht zum Entsaften, aber gut zum Trocknen. Obst kann im halbtrockenen Zustand eingefroren werden. Durch den Wasserentzug ist der Platzbedarf nicht so groß, die Verwendungsmöglichkeiten sind vielfältig (z. B. Müsli, Kuchen, Strudel, Füllungen, Aufstriche).*

# Kalte Gurkensuppe

## Zubereitung

*Gurken schälen, eventuell entkernen, reiben oder im Mixer mit Milchprodukten pürieren. Kräuter, Knoblauch oder Rahm zufügen. Vor dem Servieren geröstete Brotwürfel drüberstreuen.*

## Tipp

*Zarte Schlangengurken können mit der Schale zerkleinert werden. Dadurch sieht die Suppe noch einladender aus.*

## Hinweise

*Während wir uns im Sommer mit Suppen schwer tun, sind sie in südlichen Regionen beliebt. Sie löschen den Durst, erfrischen, sättigen, sind leicht verdaulich.*
*Mit Sauermilchprodukten zubereitet sind sie magen- und darmfreundlich.*

**Zutaten**

1 Gurke (etwa 500 bis 750 g)
½ l Joghurt
Dickmilch, Kefir oder Buttermilch
Dill, Schnittlauch oder Rosmarin
Salz
nach Belieben Knoblauch
geröstete Brotwürfel
Rahm

# Gurkensuppe mit Rosmarin

**Zutaten**

500–750 g geschälte, entkernte Gurken
250 g ungeschälte, entkernte Gurken
¾–1 l Gemüsebrühe
2 Teel. frische, gehackte Rosmarinnadeln
1 Teel. Honig
1–2 Essl. Obstessig
Jodsalz
etwas Sahne oder Sauerrahm

AUG

## Zubereitung

*Die geschälte, entkernte Gurke würfelig schneiden, mit Rosmarin in ½ l Gemüsebrühe leicht garen (bissfest), mit der restlichen Brühe auffüllen. Die ungeschälte, entkernte Gurke fein raspeln, zur Suppe geben, mit Essig, Rahm, Honig, Salz abschmecken, mit zerkleinertem Rosmarin garnieren.*
*Diese Suppe schmeckt auch kalt. Sie kann auch mit Dill zubereitet werden.*

## Hinweise

*Nur in warmen Gegenden ist Rosmarin eine ausdauernde Pflanze. Ein warmer Platz an der Südwand oder im Steingarten wird daher geschätzt. Bei frostigen Temperaturen kann ein zusätzlicher Winterschutz lebenswichtig werden. Wer lieber auf Nummer Sicher gehen will, der pflanzt Rosmarin in einen Topf, der kühl und hell überwintert wird.*
*Im Sommer lässt sich die Pflanze leicht selbst vermehren, wenn man 10–15 cm lange Stecklinge in feuchte Gartenerde steckt. Als Gewürz ist Rosmarin nicht jedermanns Gaumen genehm. Daher eher sparsam als zu üppig damit umgehen.*

# Kalte Tomatensuppe

## Zutaten

$^3/_4$ kg Tomaten
wenig Salz
Kräuter (z. B. Oregano, Basilikum, Thymian, Petersilie)
Sahne

## Zubereitung

*Tomaten zerkleinern, mixen, die übrigen Zutaten beigeben, abschmecken.*

## Hinweise

*Diese Suppe schmeckt auch gut mit den süßen Kirschtomaten, die Kinder besonders schätzen.*
*Nach Untersuchungen des Bundessortenamtes haben die kleinen Cocktailtomaten um die Hälfte mehr Vitamin C als große Züchtungen. Da Tomaten kaum Nitrat aufweisen, sind sie ein äußerst gesundes Naschwerk, besonders für die junge Generation.*
*Für Suppen und Saucen werden Tomaten gerne von den Häuten befreit, da diese in den Gerichten meist stören. Dazu werden die Früchte am runden Ende mit einem scharfen Messer über Kreuz eingeritzt und mit kochendem Wasser übergossen. Man lässt sie so lange darin ziehen, bis die Häute beginnen sich abzulösen. Dann werden die Tomaten in einem Sieb leicht abgeschreckt. Die Häute lassen sich jetzt bequem abziehen.*

AUG

# Tomatensuppe mit Haferflocken

**Zutaten**

500 g Tomaten
50 g Haferflocken
1 l Wasser
Salz
Petersilie, Basilikum oder Rosmarin
Knoblauch nach Belieben

AUG

## Zubereitung

*Tomaten in Stücke schneiden, mit ½ l Wasser und Haferflocken kochen, kurz mixen, mit restlicher Flüssigkeit auffüllen, würzen, geschnittene Kräuter und gepressten Knoblauch zufügen.*

## Tipp

*Aufwertung der Suppe durch 1–2 Essl. frisch gequetschte Haferflocken oder etwas rohes Tomatenpüree vor dem Servieren.*

## Hinweise

*Ob ein Gemüsegericht kalorienarm ist, hängt sehr stark von der Zubereitung ab. Wenn wir viel Fett zum Anschwitzen verwenden, reichlich Sahne und andere energiereiche Zutaten zufügen, haben wir trotz Gemüse ein deftiges Essen.*
*Die Tomate ist ein Schlankmacher, 100 g liefern nur 17 kcal (73 kJ). Da die Frucht kaum Nitrat enthält, eignet sie sich besonders für Kinder.*
*Die Suppe kann ein leichtes Abendessen sein, durch ihre erfrischende und stärkende Art ist sie auch für Kranke empfehlenswert.*

# Überbackene Zucchini

## Zubereitung

*Kartoffeln schälen, hobeln, fast weich dämpfen, Zucchini in sehr dünne Scheiben schneiden, mit den Kartoffeln, Gewürzen und dem geriebenen oder zerbröckelten Käse vermischen, lagenweise mit den Tomaten in eine Auflaufform geben und mit Eier-Sahne-Gemisch übergießen. Eine halbe bis drei viertel Stunde bei 250 Grad im Rohr überbacken.*

## Hinweise

*Alle Gurkengewächse sind jetzt in vollem Wachstum. Das sind neben Zucchini auch Gurken, Melonen und Kürbis. Ausreichend Wasser und organische Düngung werden in gute Erträge umgesetzt. Das Aufhellen der Blätter, Braunwerden und Abstoßen der Früchte sind ein sicheres Zeichen für Nährstoffmangel, der mit einer mineralischen Blattdüngung in der angegebenen Dosierung rasch behoben werden kann.*
*Wasser zum Gießen sollte niemals eiskalt sondern stets angewärmt sein, sonst hängen die Blätter plötzlich schlaff herunter.*
*Bei anhaltendem Regen gibt es Probleme mit der Keimung des Pollens. Ein Überbauen mit Folie kann Abhilfe schaffen.*

**Zutaten**

750 g Kartoffeln
500 g Zucchini oder junger Kürbis
500 g Tomaten
200 ml Sahne
100 g geriebener Emmentaler oder Schimmelpilzkäse
2 Eier
Salz
Gewürze (z. B. Pfeffer, Knoblauch, Paprika, Pfefferoni, Basilikum, Petersilie)

# *Zucchinipflänzchen mit Haferflocken*

AUG

**Zutaten**

500–750 g Zucchini
100 g Magerquark
Salz
1 Zwiebel (50–100 g)
Kräuter (z. B. Basilikum, Oregano, Petersilie, Sellerie)
150–200 g Haferflocken
Fett zum Ausbacken

## Zubereitung

*Zucchini raspeln, dann auspressen (geht recht gut mit einer kleinen Obsthandpresse). Quark, die klein geschnittene Zwiebel, Kräuter, Salz und Haferflocken zugeben. Küchlein formen, in heißem Fett in einer beschichteten Pfanne ausbacken. Dazu passen Rohkost- oder Mischsalate.*

## Tipp

*Den ausgepressten Zucchinisaft nicht wegschütten, er enthält wertvolle Inhaltsstoffe. Er schmeckt gut in Verbindung mit Buttermilch, Kefir, Apfel- oder Johannisbeersaft*

# Tomatenpizza

## Zubereitung

*Mittelfesten Hefeteig frühzeitig herstellen, dann ist weniger Hefe notwendig. Gegangenen Teig auswalken, auf ein gefettetes Blech geben, nochmals gehen lassen, mit der Gabel einstechen und etwa 20 Minuten vorbacken.*
*Für die Fülle Zwiebeln und Paprikaschoten in Ringe schneiden, in Öl glasig dünsten. Gewürze und etwas geriebenen Käse dazugeben, durchmischen, auf den vorgebackenen Pizzaboden geben. Tomaten in Scheiben schneiden, die Zwiebeln damit belegen, würzen, mit dem restlichen Käse bestreuen oder mit Käsestreifen garnieren. Bei Mittelhitze etwa eine halbe Stunde im oberen Drittel des Ofens backen.*

## Hinweise

*Man kann auch eine größere Menge Hefeteig in der Küchenmaschine machen und die nicht benötigte Menge vor dem Gehen einfrieren.*
*Der Pizzateig eignet sich auch für Stangen- oder Toastbrot.*

**Zutaten**

Hefeteig
375 g Mehl (z. B. ½ Vollkorn-,
½ Weizenmehl Type 405)
Salz
5–10 g Hefe
etwa 200 ml Milch oder Wasser
30–50 g Fett
Kräuter (Oregano, Majoran, Thymian)

Belag
500 g Zwiebeln
2–4 Essl. Öl
Gewürze (Oregano, Thymian,
Paprika, Pfeffer oder Pfefferonis)
Salz
500 g Tomaten, 1–2 Paprikaschoten
250 g Käse (Emmentaler, Edamer
oder Chester)

# Zucchini-Pizza

*Wenn Zucchini einmal „Fuß gefasst“ haben und die Witterung günstig ist, dann wachsen sie uns auch manchmal „über den Kopf“.*
*Verarbeiten Sie die Früchte doch mal zu einer Pizza, sie kommt besonders bei der jüngeren Generation gut an. Die Zubereitung einer größeren Hefeteigmenge ist empfehlenswert (z. B. 1 kg). Die Restmenge lässt sich zu Fladenbrot, Semmeln und Stangen verarbeiten oder auch einfrieren.*

AUG

**Zutaten**

Teig
300–350 g Weizenmehl
10–15 g Hefe
1 Teel. Honig
150–200 ml Milch oder Wasser
3 Essl. Öl oder 30–50 g Butter
¼–½ Teel. Salz
nach Belieben Oregano, Thymian oder Basilikum

Belag
500 g Zucchini, 2 Essl. Öl
1 rote Paprikaschote
100 g geriebener Käse
100 ml Sahne
2 Eier, 2–4 Zehen Knoblauch
Salz, Kräuter (z. B. Oregano, Basilikum, Pfeffer)

## Zubereitung **(Hefeteig klassische Art)**

*Hefe und Honig in lauwarmer Flüssigkeit auflösen, zusammen mit etwas Mehl in der Schüssel verrühren und zugedeckt an einem warmen Ort gehen lassen. Wenn sich die Hefe gut vermehrt hat, die übrigen Zutaten befügen. Alles zu einem mittelfesten Hefeteig verarbeiten. Nochmals gehen lassen. Dann den Teig auswalken, aufs gefettete Blech oder auf runde Pizzaformen geben, wieder gehen lassen. Mit der Gabel mehrmals einstechen und im Rohr leicht vorbacken (15–20 Minuten).*
*In der Zwischenzeit Zucchini in 1 cm dicke Scheiben schneiden. Mit etwas Fett in der Pfanne anschwitzen. Den vorgebackenen Teig damit belegen. Zwischenräume mit Paprikascheiben ausfüllen. Sahne, geriebenen Käse, Eier und Gewürze verrühren, über die Zucchini gießen. Bei guter Mittelhitze etwa 30 Minuten backen.*

**Hefeteig auf langsame Art**

*5 g Hefe (für 1 kg Mehl) mit etwas Flüssigkeit und Mehl verrühren. Gehen lassen, bis sich das Volumen verdoppelt hat. Dann mit allen Zutaten zu einem mittelfesten Hefeteig verarbeiten. Am besten über Nacht an einem kühlen Ort langsam gehen lassen. Diese Zubereitung ist besonders für Vollkornmehl empfehlenswert. Die Kleie hat genügend Zeit zum Quellen, während sich die Hefekultur langsam vermehrt. Der Teig wird feinporiger und ist später auch bekömmlicher.*

# Paprika gefüllt mit Hirse, in Tomatensoße

## Zubereitung

*Hirse mit klein geschnittenen Gelben Rüben in ¼ l Gemüsebrühe im Dampfdrucktopf ankochen, ausschalten und ausquellen lassen, sodass die Hirse noch kernig ist. Lauch fein schneiden. Alle Zutaten miteinander vermischen, abschmecken. Paprikaschoten halbieren, Kerne und Stielansatz entfernen, Schoten füllen. In der Tomatensauce (30 Minuten) oder im Einsatz des Dampfdrucktopfes (5–10 Minuten) garen.*

## Zubereitung

*Tomaten grob zerkleinern, im Mixer pürieren, abschmecken, mit den gefüllten Paprikaschoten garen oder in den Dampfdrucktopf geben, darüber den Einsatz mit den gefüllten Schoten. Die Kräuter vor dem Servieren dazugeben.*

*Die Soße wird noch feiner, wenn die Tomaten vor dem Pürieren von den Häuten befreit werden.*

**Zutaten**

Gefüllte Paprika
100 g Hirse
100 g Gelbe Rüben
¼ l Gemüsebrühe
100 g Lauch, Knoblauch,
Petersilie, Oregano, Basilikum
100 g Quark
40 g geriebener Käse
(Emmentaler, Parmesan)
2–4 Paprikaschoten (300–500 g)

Tomatensauce
500 g Tomaten
Thymian, Petersilie, Basilikum,
Paprika
Salz
nach Belieben etwas Sahne

# Zucchini gefüllt mit Hirse und Hackfleisch

*10–15 cm ist die ideale Länge für die Zucchini. „Je kleiner, desto feiner", sagt der Koch. Zum Füllen dürfen sie allerdings bauchiger sein.*

**Zutaten**

2 mittlere Zucchini (etwa 500 g)
50 g Hirse
⅛ l Brühe
100 g Hackfleisch
1 Zwiebel
2 Knoblauchzehen
Kräuter (Salbei, Basilikum, Petersilie, Liebstöckel)
50 g geriebener Emmentaler, Gouda oder Parmesan

## Zubereitung

*Hirse in ⅛ l Brühe im Dampfdrucktopf kernig kochen, Zucchini halbieren, Fruchtfleisch herausschaben und klein schneiden, ebenso Zwiebeln, Knoblauch, Kräuter. Alle Zutaten miteinander gut vermischen, die Zucchini damit füllen.*
*Sollte Fülle übrig bleiben, können Klößchen geformt und mitgegart werden.*
*Die gefüllten Zucchini im Einsatz des Dampfdrucktopfes (5–10 Minuten) oder in einer Tomatensoße nicht zu weich garen.*

## Hinweise

*Salbei ist ausdauernd. Frische Blätter können auch im Winter geerntet werden, wenn nach der Blüte im Juni und Juli Verblühtes und vergilbte Äste entfernt werden und damit der Neuaustrieb angeregt wird. Im Steingarten und im Bereich der Krone einer Kräuterspirale fühlt er sich wohl.*
*Wer Knoblauch selbst ernten will, der sollte eine Pflanzung im Herbst oder Frühjahr wagen. Dazu zerlegt man eine Knoblauchzwiebel in ihre Teile und pflanzt die Zehen mit ihrer spitzen Seite nach oben in etwa 5 cm Tiefe. In der Reihe genügt ein Abstand von 15–20 cm. Wenn im Spätsommer die Blätter und Stängel welken, gräbt man die Zwiebeln aus und hängt sie zum Trocknen auf.*

# Kartoffelkuchen salzig

## Zubereitung

*Die geschälten Kartoffeln würfelig schneiden, am besten im Dampf (z. B. im Schnellkochtopf) bissfest garen. Zwiebeln, Knoblauch, Kräuter zerkleinern und in Olivenöl leicht anschwitzen. Eier mit Salz und Curry verquirlen, zusammen mit den anderen Zutaten vermischen. In eine gefettete, dichte Tortenform geben. 30–45 Minuten bei Mittelhitze goldgelb backen.*

**Zutaten**

1 kg geschälte Kartoffeln
2–4 Essl. Olivenöl
2 Zwiebeln (100–150 g)
ein paar Knoblauchzehen
Kräuter (z. B. Petersilie, Basilikum, Selleriegrün)
2 gestr. Teel. Meersalz
1–2 Teel. Curry
6 Eier

# *Bunter Eisbergsalat*

**Zutaten**

Eisbergsalat (oder ein anderer grüner Salat)
2–4 Äpfel
2–4 Gelbe Rüben
Marinade

AUG

## Zubereitung

*Geputzten Salat mundgerecht zerkleinern, Äpfel in Stücke schneiden, Gelbe Rüben raspeln oder stifteln. Alles sofort mit einer Marinade vermischen.*

## Hinweise

*Die ersten Äpfel gibt es in diesem Monat. Vor dem 'Klarapfel' reift 'Starks Allerfrühester' ('Starks Earliest'), der mit seiner roten Backe besonders einladend wirkt. Da die Früchte nicht lange lagerfähig sind, werden sie vielseitig in der Küche eingesetzt. Zusammen mit jungen Gelben Rüben bringen sie Farbe in den Salat*
*So eine Mischung ist ein kleines Geschenk für unseren Körper.*
*Grüne Blattsalate fördern das Ein- und Durchschlafen, denn in ihrem Milchsaft ist ein opiatähnlicher Stoff (Lactucerol), der eine beruhigende Wirkung auf das Nervensystem ausübt. So wird Salat als schlafförderndes Abendessen empfohlen. Schon der berühmte Arzt Galenus (129–199 n. Chr.) schrieb: „Als ich alt zu werden begann und dennoch tief schlafen wollte, war ich nur dadurch imstande, mir den wohltuenden Schlaf zu verschaffen, dass ich abends eine Portion Salat verzehrte.“*

# Gurkengemüse auf ungarische Art

## Zubereitung

*Kartoffeln schälen, würfeln, Zwiebeln klein schneiden, alles in Fett anschwitzen, mit etwas Flüssigkeit aufgießen, leise kochen lassen.*
*Gurken schälen, zerteilen (Haus mit dem Löffel herausnehmen), in Stücke schneiden, zusammen mit den geschnittenen Tomaten zu den halbgaren Kartoffeln geben, bissfest garen. Gegen Ende der Garzeit Mehl mit etwas Flüssigkeit verrühren, zum Gurkengemüse geben, ein paar Minuten noch kochen lassen. Das Gericht würzen, mit etwas Sahne verfeinern und mit Kräutern garnieren. Dazu passt Schwarzbrot.*

## Hinweise

*Wenn die Witterung günstig ist, kann es zu einem Überangebot an Gurken kommen. Auch nach der Rückkehr aus dem Urlaub warten auf uns manchmal überreife Früchte. Etwas ältere Semester eignen sich besonders für ein Gurkengemüse. Es kann auch eingefroren werden. In gekochter Form ist dieses kalorienarme Gemüse auch für Magenempfindliche leichter verdaulich. Die Gurke hat kaum Nitrat, ist deshalb auch für Kinder ideal. Sie enthält ein dem Insulin verwandtes Ferment, das für Diabetiker günstig ist. Außerdem sind kaum Nährstoffe enthalten, die belastend für die Bauchspeicheldrüse sind.*

**Zutaten**

250 g Kartoffeln
250 g Zwiebeln
1–2 Essl. Fett
750 g geschälte entkernte Gurken
250 g Tomaten
ein Stück scharfer Pfefferoni
$^1/_4$–$^1/_2$ l Wasser oder Gemüsebrühe
Salz
Gewürze (z. B. Paprika, Kümmel, Knoblauch)
Kräuter nach Belieben
2–3 Essl. Mehl
etwas Sahne

AUG

# Gurkengemüse mit Fisch

**Zutaten**

400 g Fischfilet
1–2 Essl. Zitronensaft oder Obstessig
¾–1 kg entkernte, geschälte Gurken
1–2 Zwiebeln (50–100 g)
1–2 Essl. Butter
1 Essl. Mehl
etwa ¼ l Wasser
Salz, Pfeffer, Cayennepfeffer oder ein Stückchen Pfefferoni
Curry
1–2 Essl. Senf
1 Teel. Honig
nach Belieben Sahne oder Sauerrahm

Beilagen
Kopfsalat, Tomaten, Sesamkartoffeln

## Zubereitung

*Fischfilet in Streifen schneiden, mit Zitronensaft beträufeln, durchziehen lassen. Gurken schälen, halbieren, Kernhaus entfernen, in kleine Würfel oder Streifen schneiden. Zwiebeln hacken, in wenig Fett glasig dünsten, die Gurken dazugeben, kurz andünsten, mit Mehl bestäuben, leicht rösten.*
*Mit Flüssigkeit aufgießen, würzen. Das Gemüse bissfest kochen. Vor Ende der Garzeit Fisch zugeben, etwa 5 Minuten leise ziehen lassen. Nach Belieben mit Rahm verfeinern. Beim Anrichten Kräuter drüberstreuen.*

## Tipp

*Ein Stück Gurke fein schneiden (bei zarten Schlangengurken mit Schale) und ins Fertiggericht geben.*

## Hinweise

*Gurken lassen sich auch einfrieren, am besten gekocht als Gurkengemüse. Es gibt viele Variationen. Tomaten und Kartoffeln passen gut dazu, auch kräftige Gewürze (Paprika, Curry, Cayennepfeffer).*
*Auch der Fisch kann ein Leichtprodukt sein, wenn er fettarm ist. Kabeljau, Schellfisch, Scholle, Seehecht haben niedrige Werte, während der Hering nicht gerade mager ist.*

AUG

# Auberginen mit Hackfleisch

## Zubereitung

*Die fein geschnittenen Zwiebeln in Öl anschwitzen, dann das Hackfleisch zugeben und leicht anrösten. Tomaten und Pfefferoni zerkleinern, zur Zwiebel-Hackfleisch-Masse geben, leicht kochen lassen. Auberginen würfelig schneiden, zum Eintopf geben, Gewürze beifügen. 5–10 Minuten köcheln lassen. Vor dem Servieren Kräuter und gepressten Knoblauch darunter mischen.*
*Dazu passt getoastetes Brot.*

**Zutaten**

Auberginen mit Hackfleisch
250 g Zwiebeln, 1–2 Essl. Öl
250 g Hackfleisch, 250 g Tomaten
500–750 g Auberginen
2–4 Knoblauchzehen
1 kleines Stück Pfefferoni
(ersatzweise Pfeffer)
Salz, Curry, Paprika
Kräuter (z. B. Petersilie, Basilikum, Salbei, Rosmarin)

## Zubereitung

*Aubergine im Rohr bei Mittelhitze etwa ½–¾ Stunde backen, bis sie sich weich anfühlt. Anschließend die Haut abziehen. Das Fruchtfleisch musig machen. Knoblauchzehen und Pfefferoni fein schneiden. Alles mit dem Joghurt vermischen und abschmecken.*
*Auberginenmus passt zu Brot, Kartoffeln und Nudeln.*

Auberginenmus
1 Aubergine (etwa 500 g)
200 ml Joghurt oder Sauerrahm
2–4 Knoblauchzehen
Salz, eine Spur Cayennepfeffer oder ein Stück Pfefferoni
nach Bedarf etwas Essig

# Auberginen überbacken

**Zutaten**

500 g Auberginen
500 g Zucchini
100–200 g Zwiebeln
250 g Tomaten
4 Essl. Öl
Kräutersalz
Kräuter
100 g geriebener Käse
50 g Semmelbrösel

AUG

## Zubereitung

*Auberginen und Zucchini in 1 cm dicke Scheiben schneiden. In Fett glasig dünsten, ebenso die geschnittenen Zwiebeln. Dann das angeschwitzte Gemüse in eine Auflaufform geben, würzen, mit Kräutern bestreuen und mit Tomatenscheiben abdecken. 30 Minuten bei guter Mittelhitze überbacken. 10 Minuten vor Ende der Garzeit Käse-Semmelbrösel-Gemisch darüber streuen.*
*Dazu passen Kräuterkartoffeln oder Toastbrot.*

## Hinweise

*In den Tropen entwickeln sich Auberginen in bis zu 3 m hohe Büsche, die kräftige Pfahlwurzeln besitzen. Davon können wir nur träumen. Wir müssen sie vom Anfang bis zum Ende mit Wärme verhätscheln, wenn wir etwas ernten wollen. Die Frucht mit der meist blauvioletten Schale, die mitgegessen wird, hat kein ausgeprägtes Aroma. So eignet sich die Eierfrucht, wie sie auch genannt wird, gut zum Mischen mit anderen Gemüsearten. Roh ist sie nicht genießbar. Die Schale ist bei Reife matt-glänzend. Die weißen, weichen und milchigen Kerne werden mitgegessen. Auberginen sind kalorienarm, aber das schwammige Fruchtfleisch ist gierig auf Fett. Empfohlen wird die Frucht besonders für Diabetiker, Rheuma-, Leber- und Nierenkranke.*

# Gestürzter Kräuterquark in kalter Tomatensoße

## Zubereitung

*Gelatine etwa 4 Minuten in kaltem Wasser einweichen. In der Zwischenzeit Emmentaler reiben, Kräuter schneiden, alle Zutaten mit dem Quark abschmecken. Die gequollene Gelatine leicht ausdrücken, im Wasserbad erwärmen, aber nicht kochen lassen, aufgelöst langsam unter den Quark rühren. Die Masse in eine leicht gefettete Form geben, kühl stellen.*
*Für die Soße die zerkleinerten Tomaten pürieren, mit Quark oder Sauerrahm vermischen und mit Gewürzen abschmecken. Den gefestigten Quark stürzen, mit der Soße anrichten.*

## Hinweise

*Wer mit Basilikum Erfolg haben will, muss wissen, dass die Pflanze einen warmen Platz benötigt und auf Kälte empfindlich reagiert. Direktsaat ins Freie gelingt selten, daher zieht man Basilikum am besten vor, pikiert in einen Topf und pflanzt erst in der zweiten Maihälfte ins Freie. Bei der Ernte entnimmt man zuerst die Spitzen, dann verzweigt sich die Pflanze und liefert noch längere Zeit würzige Blätter.*
*Kerbel ist kaum kälteempfindlich und kann ab März ins Freie gesät werden. Lässt man die Pflanze blühen und fruchten, sät sie sich selbst aus.*
*Zitronenmelisse sollte frisch und nie mitgekocht verwendet werden.*

**Zutaten**

Kräuterquark
500 g Magerquark
100 g Emmentaler
Salz
Kräuter (z. B. Basilikum, Schnittlauch, Kerbel, Zitronenmelisse)
1 Zwiebel
4 Blatt Gelatine

Soße
250 g Quark oder 1/4 l saurer Rahm
2–3 Tomaten (etwa 300 g)
Paprika, Salz
eine Spur Cayennepfeffer oder Pfefferoni
evtl. Milch zum Verdünnen
nach Belieben Knoblauch

# Apfel-pfannkuchen

AUG

**Zutaten**

300 g Dinkel- oder Weizenvollkornmehl
3 Eier
etwa 3/4 l Milch
Zimt
1 kg Äpfel (mürbe Sorte)
Fett zum Ausbacken

## Zubereitung

*Mehl, Eier, Milch verrühren, quellen lassen. Äpfel schälen, vierteln, Kernhaus entfernen, dünne Scheiben schneiden. In einer Teflonpfanne etwas Fett erhitzen, Apfelstücke gleichmäßig verteilen, bissfest garen, einen Teil vom Pfannkuchenteig drübergeben, goldbraun backen, wenden (eventuell mithilfe eines Tellers), fertig bräunen.*

## Abwandlung

*Äpfel können auch geraspelt oder gehobelt in den Teig gegeben werden. Wer lockere Pfannkuchen wünscht, kann 2 Teel. Backpulver zufügen oder das Eiweiß schlagen.*

# Aprikosen-knödel

*Aprikosenknödel können aus verschiedenen Teigen hergestellt werden. Am beliebtesten ist der Kartoffel- und Quarkteig. Die Menge reicht für etwa 12–15 Aprikosen, abhängig von der Dicke der Umhüllung und der Größe der Früchte. Manche ersetzen den Stein durch ein Stück Würfelzucker. Ganze Früchte lassen sich aber wesentlich leichter formen und zerfallen auch weniger.*

## Zubereitung

*Kartoffeln mit der Schale dämpfen, pellen, heiß durch die Kartoffelpresse drücken, auskühlen lassen. Dann die übrigen Zutaten zugeben, zum Teig zusammenarbeiten. Eine Rolle formen, kleine Stücke abschneiden, Aprikosen einhüllen. Die Knödel etwa 15 Minuten leise ziehen lassen.*

## Zubereitung

*Quark, Eier, Butter vermischen. So viel Mehl zugeben, dass ein formbarer Teig entsteht. Aprikosen damit umhüllen. Anschließend die Knödel etwa 15 Minuten (hängt von der Größe ab) ziehen lassen.*
*Zum Anrichten, die Semmelbrösel leicht anrösten, Zimt dazugeben, süßen. Die gekochten Aprikosenknödel darin wälzen.*

**Zutaten**

Kartoffelteig
500 g Pellkartoffeln
1 Ei
etwa 100–150 g Vollkornmehl
nach Belieben 50 g Butter

Quarkteig
500 g Magerquark
2 Eier
50 g Butter
150–200 g Weizenmehl

Zum Anrichten
50 g Butter
150 g Brösel
Zimt
2 Essl. Honig oder Zucker

# Leichter Apfelkuchen vom Blech

**Zutaten**

4 Eier
40 g Honig/Zucker
4 Essl. heißes Wasser
100 g Weizenvollkornmehl
1 kg Äpfel
nach Belieben Zimt, Ingwer oder Anis

AUG

## Zubereitung

*Eier trennen, Eiweiß etwas schaumig schlagen, 20 g Honig oder Zucker zugeben, fertig schlagen. Anschließend Eigelb mit Honig oder Zucker cremig schlagen, beide Schaummassen miteinander vermischen, das mit den Gewürzen versehene Mehl unterheben. Die Teigmasse auf ein gefettetes Emailblech geben, die geschälten, geschnittenen oder grob geraspelten Äpfel darauf verteilen. Bei Mittelhitze etwa 45 Minuten backen. Nach dem Auskühlen mit der Backschaufel Stücke herausnehmen.*

## Tipp

*Schalen von ungespritzten Äpfeln ergeben einen guten Tee.*

## Hinweise

*Apfelkuchenrezepte gibt es sehr viele. Oft sind sie mit Zucker und Fett überladen. Dies ist ein sehr einfacher Kuchen mit vielen Äpfeln. Er eignet sich als Frühstück, Zwischenmahlzeit oder als Abendessen mit einer Tasse Milch. Der Kuchen ist nur schwach süß, somit auch für Diabetiker geeignet.*

# Hirsebrei mit Aprikosen

## Zubereitung

*Die Hirse kalt und warm spülen, in die kochende Milch einstreuen. 5–10 Minuten bei geringer Hitze kochen. Auf der ausgeschalteten Elektroplatte nachquellen lassen. Aprikosen kurz vor dem Servieren waschen, in kleine Stücke schneiden, zum Brei geben, sofort essen. Zerkleinerte Früchte verfärben rasch.*

## Hinweise

*Hirse gehört zu den leicht verdaulichen Getreidearten und ist besonders reich an Eisen, Kalzium, Silizium, Fluor und Zink. Sie braucht nicht eingeweicht werden und hat eine kurze Garzeit.*
*Aprikosen haben von allen Obstarten am meisten Provitamin A (ß-Karotin), etwa dreimal so viel wie Paprika und mehr als doppelt so viel wie Tomaten.*

**Zutaten**

200 g Hirse
½ l Milch
250–500 g Aprikosen
nach Belieben etwas Honig

# Obstsalat „Hochsommer“

*Der August bietet uns viele Früchte für einen erfrischenden Obstsalat.*

**Zutaten**

Äpfel
Birnen
Weintrauben
Brombeeren
Stachelbeeren
Erdbeeren
Melonen
Haselnüsse
frisch gepresster Fruchtsaft
Zitronensaft
Honig

AUG

## Zubereitung

*Zutaten waschen, zerkleinern, frisch gepressten Apfel- oder Birnensaft zugeben, mit Honig und Zitronensaft abschmecken, durchziehen lassen.*
*Der Obstsalat gewinnt sehr mit einer Melone. Sie gibt dem Obstsalat einen besonderen Geschmack. Ausgestochene Melonenkugeln wirken sehr dekorativ.*

## Hinweis

*In ihren Ansprüchen sind die Melonen den Gurken gleichzusetzen, stammen sie doch wie diese aus den tropischen Gebieten Afrikas und Asiens. Vorkultur und Pflanzung in einen warmen humusreichen Boden sind eine Notwendigkeit. Der Anbau auf schwarzer Mulchfolie bringt Vorteile und die notwendig hohen Bodentemperaturen in den Monaten Juni bis August. Melonenfrüchte reifen besser aus, wenn man sie bei der Kultur am Boden auf Tontöpfe legt.*

# *Rezepte September*

SEP

# Müsli „Herbst-sinfonie"

**Zutaten für 1–2 Portionen**

50 g Haferschrot oder zarte Haferflocken
100 ml Fruchtsaft (z. B. Weintraubensaft) oder Dickmilch
verschiedenes Obst (z. B. Weintrauben, Brombeeren, mehrmals tragende Erdbeeren, Pfirsiche, Äpfel, Birnen)
Honig nach eigenem Geschmack

## Zubereitung

*Schrot oder Haferflocken mit Fruchtsaft oder Dickmilch vermischen. Mit Honig abschmecken. Obst zerkleinern (etwas für die Garnierung beiseite legen), zum Müsli geben. Nach Belieben verzieren.*

## Hinweise

*Weintrauben geben jetzt den Ton an. Längst gibt es pilzresistente Sorten, die an einer warmen Hauswand durch Süße und Aroma imponieren und ohne Pflanzenschutzmaßnahmen auskommen.*

SEP

# Kornelkirschen-müsli

## Zubereitung

*Haferflocken in Dickmilch kurz quellen lassen, Apfel und Birne reiben, Haselnüsse zerkleinern, alles vermischen, Kornelkirschen dazugeben.*

## Hinweis

*Müslis können mit dem Obst der Saison recht abwechslungsreich gestaltet werden.*

**Zutaten für 2 Portionen**

100 g Haferflocken
200 ml Dickmilch
1 mittlerer Apfel (etwa 100 g)
1 mittlere Birne (etwa 100 g)
100 g Kornelkirschen
10 Haselnüsse
Honig nach Belieben

# Bunter Hirseteller

**Zutaten**

½ l Milch
200 g Hirse
500 g verschiedenes Obst
(z. B. immertragende Erdbeeren, Weintrauben, Pfirsiche, Äpfel, Birnen)
nach Belieben etwas Honig

SEP

## Zubereitung

*Hirse überbrausen, in die kochende Milch einstreuen, 5–10 Minuten bei geringer Hitze kochen, nachquellen lassen. Beim Elektroherd ist die Speicherwärme meistens ausreichend. Sehr schnell geht es im Dampfdrucktopf.*
*In der Zwischenzeit Obst vorbereiten, zerkleinern, zur gegarten Hirse geben, nach Belieben mit Honig abschmecken.*

## Hinweise

*Trauben wachsen nur am einjährigen Holz. Jährliche Schnittmaßnahmen sind daher notwendig, wobei die einfachste Form der Zapfenschnitt auf zwei Augen ist. März/April ist dafür der beste Zeitpunkt. Zapfen auf den Kordonarmen entstehen dann, wenn man die Vorjahrestriebe auf zwei Augen zurückschneidet. Aus dem oberen Auge wächst die Fruchtrute, die Trauben liefert. Aus dem unteren Auge entsteht die Ersatzrute, aus der sich im folgenden Jahr die Fruchtrute entwickelt.*
*Die abgeerntete Fruchtrute wird jeweils im Frühjahr direkt am Zapfen entfernt.*

# Gemüse-cremesuppe

## Zubereitung

*Zucchini (Kürbis) und Kartoffeln grob schneiden, in ½ l Flüssigkeit garen, mit so viel Wasser mixen, dass eine sämige Suppe entsteht. Kleingeschnittene Knoblauchzehen, Zwiebel, geriebene Gelbe Rüben, Kräuter und Salz zugeben, nach Belieben mit Rahm verfeinern.*
*Zum Einfrieren die Suppe ziemlich dick lassen, das ist Platz sparend. Möglichst kein Fertigsuppengewürz zugeben, sondern den Eigengeschmack vorherrschen lassen.*

## Hinweise

*Die Vielfalt an Formen beim Speisekürbis verführt zum Experimentieren. Beim Squash oder Patisson sind die Früchte rund mit gewelltem Rand und sehen wie fliegende Unterrassen aus. Junge Früchte sind schmackhaft und zart, voll ausgereift sind sie als Zierkürbisse attraktiv. Ein ausgehöhlter Ölkürbis kann dann auch mal die Suppenschüssel ersetzen.*
*Nicht nur die Früchte sind essbar. Auch die leuchtend gelben Blüten. In Omeletteteig getaucht und in heißem Fett ausgebacken sind sie eine Delikatesse.*

**Zutaten**

500 g Zucchini oder junge Kürbis
100 g Kartoffeln
1 l Flüssigkeit
1 kleine Zwiebel
ein paar Zehen Knoblauch
100 g Gelbe Rüben
Kräuter
Salz
nach Belieben Rahm (süß oder sauer)

# Champignon-suppe mit Tomaten

**Zutaten**

20 g Butter
100 g Champignon
100 g Zwiebeln (1–2 Stück)
500 g vollreife Tomaten
(sehr gut passen Zuckertomaten)
250 g Kartoffeln
Kräuter (z. B. Rosmarin, Basilikum, Kerbel, Petersilien- oder Selleriegrün)
Salz
50–100 ml Sahne
nach Bedarf etwas Wasser

## Zubereitung

*Pilze zuerst trocken putzen, möglichst schnell waschen (sie saugen sich sonst mit Flüssigkeit voll). Die Haut wird nicht abgezogen. Die in Scheiben geschnittenen Pilze mit den zerkleinerten Zwiebeln in Butter andünsten.*
*Tomaten kurz ins kochende Wasser geben, dann häuten und schneiden. Kartoffeln schälen, würfelig oder blättrig schneiden. Beides zu den Pilzen geben, bissfest garen (10–15 Minuten – im Dampfdrucktopf nur kurz). Nach Bedarf noch Wasser zufügen. Zum Schluss mit Kräutern und Sahne verfeinern.*

## Tipp

*Tomaten enthäuten, weil beim Kochen die Haut sich zu zähen Röllchen zusammenzieht.*
*Champignons verfärben sich schnell. Durch Säure (z. B. Tomaten- oder Zitronensaft) bleiben sie weiß.*

## Hinweise

*Kleine und geschlossene Champignonköpfe sind beliebt. Lässt man sie bei günstiger Witterung nur einen Tag stehen, sind ihre Hüte oft schon flach und geöffnet. Unbrauchbar sind sie deswegen nicht, sie schmecken sogar aromatischer.*

# Zarte Waldmedaillons

## Zubereitung

*Gesäuberte, wurmfreie Pilze in Scheiben schneiden, in Mehl wenden, durch gewürzte Eimasse ziehen, in Semmelbröseln wälzen und in heißem Fett goldbraun backen. Verschiedene Salate und Vollkornbrot ergänzen dieses Gericht.*

## Hinweise

*Pilze, die nicht gleich verwertet werden, lassen sich auf verschiedenste Art konservieren. Beim Tiefgefrieren werden sie nach dem Putzen und Waschen in Scheiben geschnitten, portionsweise eingefroren und sind so mehrere Monate haltbar. Beim Konservieren in Essig lässt man die gesäuberten Pilze in einem kochenden Sud aus 2 Teilen Essig und 1 Teil Wasser mit Salz, Zucker, Pfefferkörnern, Lorbeerblättern und Kräutern 2–3 Minuten kochen. Mit einem Schaumlöffel gibt man die Pilze in saubere Gläser, gießt den kochenden Essigsud darüber und verschließt.*

**Zutaten**

Junge Stein- oder Maronenpilze
Mehl
Eier
Semmelbrösel
Jodsalz
Pfeffer
Fett zum Ausbacken

# Teufelshörnchen

**Zutaten**

250 g Hörnchennudeln
1 l Kochflüssigkeit
2 Essl. Fett
250 g Zwiebeln
250 g Gurken
Gewürzpaprika (nach eigenem Geschmack)
250 g Tomaten
Salz
Kräuter
nach Belieben geriebener Käse

## Zubereitung

*Zwiebeln in Ringe, entkernte und geschälte Gurken in Streifen oder Würfel, Paprikaschoten in Stücke schneiden, im Fett glasig dünsten. Zum Schluss geschnittene Tomaten beigeben und kurz schmoren. Mit den bissfest (al dente) gekochten Hörnchen vermischen, mit Kräutern und nach Belieben mit Käse bestreuen.*
*Wer eine große Nudelmaschine hat, kann die Hörnchen sehr gut aus Vollkornmehl herstellen. Dinkel ist ideal dafür. Auch ein Zusatz von Quinoa oder Amarant (etwa 1/5) ist empfehlenswert.*

## Hinweise

*Neben dem Gemüsepaprika gibt es den kleinen Gewürzpaprika, der auch spanischer Pfeffer, Pfefferoni, Peperoni oder Beißbeere genannt wird. In sparsamer Dosierung bringt er in manche Speise (z. B. Mixed Pickles, Sauergemüse) Spannung.*
*Sehr feurig sind die Kerne. Die Schärfe kann bei richtiger Dosierung heilend wirken. Die Magensaftproduktion wird gesteigert, der Kreislauf angeregt. Bei der äußerlichen Anwendung (z. B. Rheumatismus) wird ein gewisser Reiz auf die Haut ausgeübt, die Durchblutung gefördert.*
*Paprika hat den höchsten Vitamin-C-Gehalt aller Gemüsearten. Karotin ist in der ausgereiften Frucht doppelt so reichlich vorhanden, wie in der unreifen grünen.*

# Zucchini-Kartoffeleintopf

## Zubereitung

*Kartoffeln schälen oder nur gut bürsten, in Würfel schneiden, mit den geschnittenen Zwiebeln in Öl glasig anrösten, gegen Ende der Garzeit zerkleinerte Tomaten und Zucchini zugeben, bissfest garen. Nach Bedarf mit etwas Flüssigkeit aufgießen. Mit Gewürzen und Kräutern abschmecken, nach Belieben mit geriebenem Käse bestreuen.*

## Hinweise

*Zum Einfrieren die Zutaten beliebig vermehren. Intensive Gewürze (z. B. Pfefferoni, Knoblauch) gibt man nur sparsam oder am besten erst nach dem Auftauen dazu, weil sie durch die Kälte strenger werden.*
*Majoran enthält kräftige ätherische Öle, die auch beim Mitkochen und Trocknen nicht „verduften". Er fördert die Bekömmlichkeit deftiger Speisen. Wer unter Magen-, Darm- und Gallebeschwerden leidet, der sollte es mit einem selbst gemachten Majorantee probieren: 2 Teelöffel der getrockneten Droge mit ¼ l kochendem Wasser übergießen, kurz ziehen lassen und täglich 3 Tassen über einen längeren Zeitraum trinken.*

**Zutaten**

250–500 g Kartoffeln
250 g Zwiebeln
2 Essl. Öl
500 g Tomaten
750 g Zucchini oder unreifer Kürbis
Gewürze (z. B. Galgant, Paprika, Pfefferoni)
Kräuter (z. B. Basilikum, Kapuzinerkresse, Kerbel, Majoran, Petersilie)
Salz
nach Belieben Parmesan
nach Bedarf etwas Flüssigkeit

# Fenchel überbacken

*Besonders wertvoll ist ungekochter Fenchel. Schon mit 100 g kann der Tagesbedarf an Vitamin A und C gedeckt werden. Auch die Mineralstoffe Eisen, Magnesium, Kalium und Kalzium sind recht gut vertreten.*

**Zutaten**

Fenchel überbacken
750 g geschälte Kartoffeln
500 g Fenchelknollen (ohne Stängel und Laub)
250–500 g Tomaten
100–200 ml Sahne, 100–200 g Käse
1–2 Eier, Salz
Kräuter (z. B. etwas Fenchelgrün)
nach Belieben ein Stück scharfer Paprika

## Zubereitung

*Kartoffeln und Fenchel in Stücke schneiden, bissfest vorkochen. Abwechselnd in eine feuerfeste Form geben. Mit Tomatenscheiben belegen und mit gewürzter Sahne-Eier-Mischung übergießen. 30–45 Minuten bei Mittelhitze im Rohr überbacken. Geriebenen Käse entweder mit in den Guss geben oder kurz vor dem Herausnehmen über das Gemüse streuen.*
*Dazu passt grüner Salat.*
*Zu Fenchel passen außerdem Äpfel und Käse. Auch der Herbstradicchio harmoniert gut damit.*

Fenchel-Endivien-Salat
2 Fenchelknollen
½–1 Kopf Endiviensalat (je nach Größe)
50 g Haselnüsse
100 g Roggenvollkornbrot
1 Essl. Fett, Marinade

## Zubereitung

*Fenchel halbieren, vierteln, in dünne Scheiben schneiden oder raspeln. Endivien in Streifen schneiden. Haselnüsse grob zerkleinern. Das Brot würfeln, in Fett leicht rösten (auch toasten ist möglich). Alles mit Marinade anmachen. Zum Schluss die Brotwürfel zugeben.*

# Fleisch-pflänzchen nach Gärtnerart

## Zubereitung

*Paprikaschoten und Staudensellerie streifig schneiden, Tomaten würfeln, Kürbis grob raspeln, Semmeln blättrig aufschneiden (nicht einweichen), Zwiebeln und Kräuter zerkleinern. Alle Zutaten miteinander vermischen, würzen. Bei Bedarf Semmelbrösel zugeben. Pflänzchen formen, in einer gefetteten Teflonpfanne langsam backen.*
*Die Fleisch-Gemüsepflänzchen schmecken auch kalt und lassen sich einfrieren. Beim Warmmachen im Dampf (z. B. im Einsatz eines Schnellkochtopfes) werden sie nicht zusätzlich mit Kalorien angereichert.*

## Variante

*Zum Fleischteig passen auch Brotwürfel, geschnittenes, rohes Sauerkraut, gekochte Linsen, Bohnen oder Nüsse.*

## Hinweise

*Hackfleisch mit Gemüse schmeckt nicht nur saftiger, es sieht zudem einladender aus. Klammern Sie sich nicht stur an das Rezept, experimentieren Sie ruhig mit dem Angebot Ihres Gartens. Die Auswahl ist zurzeit sehr groß.*
*Das gibt es jetzt in unseren Gärten: Sellerie, Lauch, Gelbe Rüben, Fenchel, Tomaten, Kürbis, Paprika, Pastinaken, Brokkoli u. a.*

**Zutaten**

400 g gemischtes Hackfleisch
2 alte Semmeln
1 Ei
400 g Gemüse (z. B. 100 g Tomaten, 100 g Kürbis, 100 g Paprika, 100 g Staudensellerie)
1 Zwiebel (etwa 100 g)
Kräutersalz
Kräuter
Gewürze (z. B. Paprika, Koriander)
Fett zum Ausbacken

# Tomatensalat mit Äpfeln und Haselnüssen

**Zutaten**

500 g Tomaten
100–200 g mürbe Äpfel
etwas Zitronensaft
50 g frische Haselnusskerne
Salz

## Zubereitung

*Haselnüsse und Äpfel etwas zerkleinern, mit Zitronensaft vermischen. Tomaten in Scheiben schneiden. Zu den anderen Zutaten geben.*

## Hinweise

*Als Vorspeise oder auch als Zwischengericht bietet sich Tomatensalat an.*

# Spaghetti mit Champignonsoße

## Zubereitung

*Spaghetti bissfest garen (10–12 Minuten).*
*In der Zwischenzeit Zwiebeln zerkleinern, in Fett etwas anschwitzen, geschnittene Pilze und Zucchini beifügen. Leicht andünsten, abschließend mit etwas Brühe aufgießen. 5–10 Minuten garen lassen, dann mixen. Ist die Soße nicht sämig genug, etwas Mehl mit Wasser anrühren, zugeben und einige Minuten kochen. Das Gericht würzen, mit Sahne verfeinern.*
*Die abgeseihten Spaghetti mit geriebenem Käse oder Kräutern überstreuen, mit geschnittenen Tomaten garnieren.*

## Zubereitung: Champignonsoße

*Das zerkleinerte Gemüse in der Flüssigkeit 5–10 Minuten kochen, dann mixen. Die geschnittenen Pilze zugeben und einige Minuten garen. Nach Bedarf die Soße mit angerührtem Mehl binden. Das Gericht mit den restlichen Zutaten abschmecken.*

**Zutaten**

250 g Vollkornspaghetti
1–2 Essl. Fett
1–2 Zwiebeln (etwa 100 g)
250 g Wiesen-, Wald- oder Kulturchampignons, 250 g Zucchini
100–200 ml Wasser oder Gemüsebrühe
nach Bedarf 1–2 Essl. Mehl, Salz
Gewürze (z. B. Curry, Paprika, Knoblauch), Kräuter (z. B. Petersilie, Basilikum), 50–100 ml Sahne
etwas geriebener Käse, 2–4 Tomaten

Variante: Champignonsoße
100 g Sellerie, 100 g Lauch
100 g Zwiebeln, 200 g Champignons
100–200 ml Wasser, 1–2 Essl. Mehl
50–100 g Sauerrahm, Zitronensaft
Salz, Kräuter

# *Brotzeitteller Straubinger Art*

SEP

**Zutaten**

250 g Quark
2 Blatt Gelatine
Parmesan
Salz
Pfefferoni
Putenschnitzel
Senf
Gurke
Rettich
Tomate
Sahne
Roggenbrot

## Zubereitung

*Gelatine in kaltem Wasser etwa 4 Minuten einweichen, dann in einem kleinen Topf bei schwacher Hitze unter ständigem Rühren auflösen oder im Wasserbad flüssig werden lassen. Nach und nach Quark zugeben, mit geriebenem Parmesan und wenig Salz abschmecken. Vom Pfefferoni Deckel abschneiden, Inneres herausholen, mit einer Tortenspritze (sehr gut eignet sich der Vorsatz zum Krapfenfüllen) die Masse einfüllen. Nach dem Festwerden kann der Pfefferoni in Stücke geschnitten werden. Putenschnitzel mit Senf oder anderen Gewürzen einreiben, grillen. In der Zwischenzeit Rettich und Gurke vorbereiten, Tomate aushöhlen, gut gekühlte Sahne steifschlagen, einfüllen.*

## Hinweise

*Die geschlagene Sahne, die als Brotaufstrich dient, und der Quark mildern die Schärfe der Pfefferonis.*
*Die scharfen aromatischen Nahrungsmittel, vor allem die feurigen Mitglieder der Paprikafamilie, so wurde festgestellt, lösen einen inneren Tränenstrom aus, der Nase, Lunge und Nebenhöhlen reinigt sowie Schleim lösend wirkt.*

# Roter Mojo – Tomatentunke

## Zubereitung

*Zerkleinerte Tomaten und Chilischote in Öl musig dünsten, zum Schluss Kräuter und Gewürze zugeben, kurz mitgaren. Vor dem Servieren die durchgedrückten Knoblauchzehen beifügen.*
*Dazu werden Pellkartoffeln serviert.*

## Hinweise

*Trotz der vielen Mojovariationen (z. B. Mandel-Mojo, Käse-Mojo, Mojo mit grünem Pfeffer, Schmalz-Mojo) wird der rote Mojo bevorzugt.*

**Zutaten**

50–100 ml Olivenöl
500 g Tomaten
Kräuter (z. B. Basilikum, Koriandergrün, Oregano, Petersilie)
2–4 Teel. Paprikapulver
etwas Cayennepfeffer oder Chilischote
Piment und Nelkenpulver
1 Knolle Knoblauch
Meersalz
nach Bedarf etwas Essig

# Salat mit Stangensellerie

*Erfrischend schmeckt Salat mit rohem Stangensellerie. Er wird bunter mit Gelben Rüben, Kürbis oder rotem Paprika, lieblicher mit Äpfeln, Birnen oder Pfirsichen und sättigender mit Nüssen oder gerösteten Brotwürfeln. Roh ist Staudensellerie erfrischender und knackiger.*

**Zutaten**

Salat mit Stangensellerie
½–1 Staude Salat (je nach Größe)
200 g Stangensellerie, Marinade
nach Belieben 100 g buntes Gemüse oder Obst, 50 g Nüsse

## Zubereitung

*Salat und Sellerie putzen, in feine Streifen schneiden, mit Marinade vermischen. Nach Belieben zerkleinerte Verbesserungszutaten zugeben. Essigmarinade kann auch durch Joghurt oder Sauerrahm ersetzt werden.*

Gefüllter Stangensellerie
500 g zarter Stangensellerie
100 g weicher Camembert
200 g Magerquark, etwas Sahne
1 Teel. Senf, Salz, eine Spur Cayennepfeffer, 1 kleine Zwiebel

## Zubereitung

*Geputzten Sellerie in etwa 10 cm lange Stücke schneiden, halbieren. Camembert mit der Gabel zerdrücken, mit Quark, Sahne, Senf zu einer geschmeidigen Masse verrühren, würzen. Zwiebel fein schneiden, zugeben. Die Creme auf die Stangen verteilen, sternförmig anrichten. Dazu schmeckt getoastetes Brot.*

Stangensellerie mit Joghurtsoße
250 g Staudensellerie
100 g Tomaten, 100–200 g Joghurt
etwas Zitronensaft, Senf
1–2 Knoblauchzehen, Pfeffer oder frisch geriebener Meerrettich

## Zubereitung

*Stangensellerie putzen, fein schneiden, Tomaten würfeln, mit dem abgeschmeckten Joghurt vermischen.*

SEP

# Bunte Salatplatte mit Quark-Rahmsoße

## Zubereitung

*Gemüse waschen, putzen, zerkleinern. Quark mit Sauerrahm, Paprika, frisch geriebenem Meerrettich und Jodsalz vermischen. Nach Bedarf mit etwas Wasser oder Milch verdünnen. Dazu schmeckt Fladenbrot.*

## Hinweise

*In feine Streifen geschnittenes Gemüse sieht sehr dekorativ aus. Diese zündholzartige Zerkleinerung kann mit einem scharfen Messer ausgeführt werden, ist aber mühsam. Mit einem Julienne-Hobel geht dies sehr schnell.*
*Das Karotin im Gemüse (besonders reichlich in den Gelben Rüben) wird mit etwas Fett vom Körper besser verwertet. Gemüse mit etwas Sahne, Öl oder mit Butterbrot kommt dem entgegen.*

**Zutaten**

Gemüse
Endivie
Gelbe Rüben
Gurken
Tomaten (rot, gelb)
Zucchini
Rettich

Quark-Rahmsoße
250 g Quark
100 g Sauerrahm
Paprika
Meerrettich
Jodsalz

# Quark-variationen

**Zutaten**

500 g Magerquark
Rettich oder Radieschen
Kerbel
rote und gelbe Paprikaschoten
Walnüsse
rote Zwiebel
Salz
Paprika
nach Belieben etwas Joghurt
Sauerrahm oder Sahne

**Beilage**

Pellkartoffeln oder Vollkornbrot

SEP

## Zubereitung

*Rettich putzen, raspeln, Kerbel zerkleinern, rote und gelbe Paprikaschoten in dünne Ringe, Zwiebel in feine Würfel schneiden, Walnüsse grob hacken.*
*Quark verrühren, nach Belieben etwas Joghurt, Sauerrahm oder Sahne zugeben, salzen, evtl. leicht mit Paprika würzen, in Portionen aufteilen, die vorbereiteten Zutaten getrennt untermischen.*

## Hinweise

*Auch hier kann ganz auf das Angebot des Gartens eingegangen werden.*

# Mirabellen-strudel

## Zubereitung

*Mehl, Essig, Wasser, Salz zu einem Strudelteig verarbeiten, gut durchkneten, in zwei oder mehrere Stücke teilen. 30 Minuten zugedeckt ruhen lassen.*
*Strudelteig auswalken, ausziehen, auf ein Tuch legen und mit Sauerrahm bestreichen. Die entsteinten, geschnittenen Mirabellen mit gerösteten Semmelbröseln und Gewürzen vermischen. Auf den Teig verteilen. Mit Hilfe des Tuches aufrollen.*
*Auf das gefettete Blech geben. Nach Belieben mit Eigelb bestreichen. Bei Mittelhitze 30–45 Minuten backen.*

## Variante

*Die Hälfte der Mirabellen durch Äpfel ersetzen.*

## Hinweise

*Mirabellen tragen in der Regel gut. Die Frucht eignet sich für Kompott, Aufstrich, Fruchtpüree, aber auch für Kuchen, Knödel, Strudel.*

**Zutaten**

Teig
250 g Weizenmehl
1 Essl. Obstessig
125–150 ml lauwarmes Wasser
Salz
nach Belieben 2 Essl. Öl

Füllung
1 kg entsteinte Mirabellen
100–200 ml Sauerrahm
100 g Semmelbrösel
25–50 g Butter
1–2 Teel. Zimt
etwa 50 g Honig/Zucker
1 Essl. Fett fürs Blech
1 Eigelb zum Bestreichen
nach Belieben Nüsse

# Herbstlicher Apfeldatschi

**Zutaten**

<u>Hefeteig</u>
1 kg Weizenvollkornmehl
etwa ¾ l Milch
50–100 g Butter
10 g Jodsalz
5–40 g Hefe

<u>Belag</u>
Äpfel
Haselnüsse
Rosinen
Weintrauben
immertragende Erdbeeren
Brombeeren
Tortenguss
Obstsaft
Süßungsmittel

## Zubereitung

*Mittelfesten Hefeteig herstellen, am besten mehrere Stunden gehen lassen (5 g Hefe sind dann ausreichend).*
*Der gegangene Teig wird ausgewalkt und auf 2–3 gefettete Bleche gegeben, mit geschälten Apfelschnitten belegt. Nach einer kurzen Gehzeit wird bei Mittelhitze etwa 35–45 Minuten gebacken.*
*Etwas auskühlen lassen, dann mit frischem Obst (Weintrauben, Brombeeren, Erdbeeren), Haselnüssen oder Rosinen belegen. Nach Gebrauchsanweisung Tortenguss mit Obstsaft herstellen. Nach eigenem Geschmack süßen.*
*Guss etwas abkühlen lassen, dann über den Datschi verteilen.*
*Dieser Obstkuchen wird durch den Überzug weicher und milder.*

## Hinweise

*Wer nicht so viel Datschi machen möchte, kann einen Teil des Teiges für Pizza, Vollkornsemmeln, Zopf oder dgl. verwenden.*
*Für Erwachsene kann der Guss auch mit gesüßtem Apfelwein (Most), der mit Rum abgeschmeckt wurde, hergestellt werden.*
*Für Diabetiker setzt man am besten Zuckeraustauschstoffe ein.*

SEP

# Hirseauflauf mit Pfirsichen

## Zubereitung

*Hirse zuerst kalt, dann heiß überbrausen, anschließend in die Milch geben. 5–10 Minuten kochen, dann auf der ausgeschalteten Elektroplatte nachquellen lassen. Im Dampfdrucktopf genügt kurzes ankochen, die Speicherwärme macht das kleine Hirsekorn weich.*
*Pfirsiche in kleine Stücke schneiden, Eiweiß steif schlagen, Eigelb mit Honig/Zucker schaumig rühren. Beides zur ausgekühlten Hirsemasse geben, ebenso die Pfirsichstücke. In einer gefetteten Auflaufform bei Mittelhitze 30–45 Minuten backen.*

## Variante

*Pfirsiche durch Äpfel oder Birnen ersetzen.*

## Hinweise

*Die verschiedenen Pfirsich-Sorten reifen unterschiedlich. Herbstpfirsiche sind in der Regel mehliger, geschmacklich intensiver und lösen sich besser vom Stein.*

**Zutaten**

½ l Milch
200–250 g Hirse
250 g entsteinte Pfirsiche
50 g Honig/Zucker
2 Eier

# Erfrischende Mischkompotte

**Zutaten**

a) Pfirsiche, Äpfel, Erdbeeren, Apfelsaft

b) Pfirsiche, Birnen, Äpfel, Mirabellen, Birnen-/Apfelsaft

c) Hollerbeeren, Birnen, Zwetschgen, Birnensaft

d) Birnen, Äpfel, Brombeeren, Apfel-/Birnensaft

Als Gewürz können Sie etwas Galgant verwenden.

## Zubereitung

*Obst unzerkleinert waschen, Äpfel, Birnen nach Belieben schälen, Pfirsiche, Mirabellen häuten, Zwetschgen entkernen, Holler mit der Gabel abzupfen, mit Apfel-Birnensaft nicht zu weich kochen, abkühlen lassen. Rohes Obst und frische Säfte kurz vor dem Verzehr beigeben. Alle Sorten (Ausnahme Holler) sind dafür geeignet. Rohes Obst möglichst klein schneiden, dann ist eine gute Verteilung gewährleistet.*

## Tipp

*Kompotte aus verschiedenen Früchten sind von der Farbe und vom Geschmack her interessant. Oft findet eine gegenseitige Ergänzung statt.*

## Hinweise

*Die Haut von Pfirsichen und Mirabellen lässt sich leicht abziehen, wenn man die Früchte kurz ins kochende Wasser gibt. Helles Obst verfärbt sich weniger, wenn es nicht lange an der Luft liegen bleibt. Auch Zitronensaft im Wasser wirkt dem entgegen. Rohe Holunderbeeren (aber auch unausgereifte noch grünliche Früchte) können Brechreiz und Durchfall verursachen und sind daher für den Frischverzehr ungeeignet. Die Beeren müssen deshalb immer gekocht oder Hollersaft pasteurisiert werden. Hollerbeeren stets ohne Stiele verwenden.*

# *Rezepte Oktober*

OKT

# Müsli mit Obstmus

*Festes Fallobst lässt sich zu Saft, Wein (Gärmost) oder Obstessig verarbeiten. Weiche Früchte werden vom Entsafter zu wenig ausgepresst. Sie lassen sich aber durch Kochen mit mehr oder weniger Flüssigkeit zu Brei verarbeiten*
*Wird das Obst geraspelt, ist keine zusätzliche Flüssigkeit notwendig, das Mus lässt sich dadurch Platz sparend unterbringen.*

**Zutaten**

<u>Mus</u>
1 kg geschälte, entkernte Äpfel (oder Birnen)
0–50 g Honig/Zucker
2 Messerspitzen Vitamin C (erhältlich z. B. in Apotheken, Drogerien)

## Zubereitung

*Die Äpfel grob raspeln, sofort mit Vitamin C vermischen, sonst wird die Masse schnell braun. Ohne Flüssigkeitszugabe weich dünsten (5–10 Minuten). Nach Belieben süßen, es darf leicht säuerlich schmecken. Kochend heiß in kleine Gläser füllen. Mit einer Gabel öfters hineinstechen, um Zwischenräume zu beseitigen, dann verschließen. Bei größeren Mengen ist Nachpasteurisieren im Wasserbad (20 Minuten bei 85 °C) empfehlenswert.*

*Das Mus ist erfrischend als Zwischenmahlzeit, als Beigabe zu Müsli, Quark, Getreidebrei, als Torten- oder Pfannkuchenfüllung, (für Linzer Kuchen anstelle von Marmelade). Wird ungesüßtes Apfelmark mit Senf, Meerrettich und nach Belieben auch mit etwas geschlagener Sahne, Sauerrahm oder Joghurt vermischt, eignet es sich auch als Fleischbeigabe (gekochtes Rindfleisch, Hackbraten, Würstchen und dergleichen).*

<u>Müsli</u>
Geraspeltes Apfel- oder Birnenmus
Haferflocken
nach Belieben etwas Sahne
Nüsse oder Trockenfrüchte

## Zubereitung

*Gekochtes Obstmus mit etwas Haferflocken vermischen. Nach Belieben zerkleinerte Nüsse, Trockenfrüchte oder Sahne zugeben.*

*Das gekochte Mus mit frisch geriebenen Äpfeln, Birnen oder rohen Fruchtsäften aufwerten.*

# Kohlrübensuppe

## Zubereitung

*Knoblauch schälen, Gemüse putzen und würfelig schneiden, in ½ l Wasser bissfest kochen, dann restliche Flüssigkeit zugeben, abschmecken, mit Kerbel anrichten. Knoblauch kann klein geschnitten zum Schluss zugefügt werden. Probieren Sie aber auch einmal die gekochten ganzen Zehen.*

## Hinweise

*Als Nachfrucht auf abgeernteten Getreidefeldern wurde früher häufig die anspruchslose, schnell wachsende und ertragreiche Kohlrübe angebaut. Es gibt viele Lokalsorten (weiß, gelblich, violett, länglich, oval, rund). Der Geschmack ist leicht rettichähnlich, aber milder.*

*Im Winterlager hält sich die Speiserübe recht gut.*

*Die Kohlrübe schmeckt auch roh. Sie kann wie Rettich gerieben werden.*

*Eine Kombination mit anderen Gemüsesorten ist ohne weiteres möglich.*

**Zutaten**

250 g Kohlrüben
250 g Gelbe Rüben
250 g Kartoffeln
4 Zehen Knoblauch
Kerbel
Salz
etwas Milch oder Sahne
1 l Flüssigkeit

**Variante**

200 g Kohlrüben
200 g Kartoffeln
100 g Sellerie
100 g Gelbe Rüben
100 g Lauch
1 l Wasser
Salz
Petersiliengrün

# Stangensellerie mit Herbstgemüse

**Zutaten**

250–500 g Kartoffeln
250 g Stangensellerie
250 g Kürbis
1 l Wasser
Kräutersalz
nach Belieben ein paar Haselnüsse oder Sonnenblumenkerne

## Zubereitung

*Gemüse waschen, putzen, zerkleinern, mit ½ l Wasser garen. Zum Schluss restliches Wasser zugießen, abschmecken.*

## Variante

*Wer die Suppe sämig liebt, mixt das Gemüse mit der Brühe, schmeckt mit Sahne oder Sauerrahm ab.*
*Kürbis kann auch durch Gelbe Rüben ersetzt werden.*

## Hinweise

*Im Oktober sind warme Suppen wieder gefragt. Das Gemüseangebot ist reichhaltig und bunt.*

# Kürbissuppe mit Meerrettich

## Zubereitung

*Geschälten Kürbis zerkleinern, mit ½ l Wasser im Dampfdrucktopf kochen.*
*Die Garzeit ist sehr kurz. In der Zwischenzeit Meerrettich reiben, Sahne schlagen.*
*Die Suppe im Mixer pürieren, so viel Flüssigkeit zugeben, dass eine sämige Suppe entsteht. Mit Meerrettich abschmecken, mit Sahne garnieren.*
*Meerrettich kann auch im Mixer mit dem Kürbis zerkleinert werden. Für Nierenkranke salzlos und mit wenig Meerrettich zubereiten.*

## Hinweise

*Im Garten lässt sich Meerrettich am Zaun oder an der Hecke leicht ansiedeln, wenn man einige Fechser (Wurzelableger) einpflanzt und wild wachsen lässt.*
*Damit Meerrettich auch an Wintertagen zur Verfügung steht, gräbt man im Spätherbst einige Wurzeln aus. Sie können in Sand oder Erde gelagert werden. Ausgezeichnet frisch bleibt Meerrettich in einer Erdtrommel.*
*Die Wurzel enthält viel scharfes Senfölglykosid, daneben Vitamin C, ein Antibiotikum und Mineralstoffe. Diese Mischung macht die Pflanze zur Behandlung von Erkältungskrankheiten interessant.*

**Zutaten**

750 g Kürbis
1 l Flüssigkeit
Salz
Meerrettich
½ Becher (100 ml) Sahne

# Champignon-suppe mit Stangensellerie

*Der Wiesenchampignon ist kräftiger im Geschmack als der Kulturchampignon, der dafür aber das ganze Jahr zur Verfügung steht. Stangensellerie lässt sich auch durch Mangoldstiele, Kohlrabi oder Blumenkohl ersetzen.*

**Zutaten**

100–200 g Wiesen- oder Kulturchampignons
½–1 Zwiebel, 1 Büschel Petersilie
1–2 Essl. Fett, 2–4 Essl. Mehl
100 g Stangensellerie
1 l Gemüsebrühe, 50–100 ml Rahm
etwas Zitronensaft, Salz, Pfeffer
Muskat, Schnittlauch
nach Belieben 50 g Haselnusskerne,
50 g geröstete Brotwürfel

## Zubereitung

*Pilze nach Möglichkeit trocken putzen, Haut nicht abziehen. Champignons blättrig schneiden, Zwiebel und Petersilie zerkleinern. Alles in Fett anschwitzen, mit Mehl bestäuben. Langsam mit Flüssigkeit aufgießen. Den in dünne Scheiben geschnittenen Stangensellerie beifügen. Etwa 10 Minuten kochen.*
*Zum Schluss würzen, mit Rahm verfeinern. Vor dem Anrichten Gewürze, Haselnusskerne oder geröstete Brotwürfel zugeben.*

OKT

**Variante:**
**Holzhacker-Champignonsuppe**

Zutaten: 400 g Champignons
100 g Paprikaschoten, 1 Zwiebel
200 g Hackfleisch, 1–2 Essl. Fett
1–2 Essl. Mehl zum Binden
1 l Gemüsebrühe
50–100 ml Sahne, Salz
einige Zehen Knoblauch

## Zubereitung

*Champignons, Paprikaschoten blättrig, Zwiebel würfelig schneiden. Zusammen mit Hackfleisch in Fett andünsten, mit Mehl bestäuben. Mit Gemüsebrühe aufgießen. 10 Minuten kochen lassen.*
*Zum Schluss würzen, mit etwas Rahm abschmecken.*
*Wird nur wenig Flüssigkeit (¼–½ l) zugegeben, erhält man eine Soße, die gut zu Nudeln passt.*
*Diese kräftige Suppe wird mit Brot gereicht, wenn sie besonders sättigen soll.*

# Eier mit Tomaten und Kopfsalat

## Zubereitung

*Tomaten halbieren, das Weiche für die Salatmarinade verwenden, die festen Teile würfeln. Pfefferoni und Zwiebel fein schneiden, Eier verrühren, mit den Zutaten vermischen. In einer Pfanne stocken lassen, mit Kräutern anrichten.*
*Dazu passen Kopfsalat mit Tomaten und Vollkornbrot.*

## Tipp

*Dieses Gericht macht nicht viel Arbeit. Tomaten bringen Farbe, Pfefferoni die Schärfe und grüner Salat die Vitamine.*

## Hinweise

*Um einem Schaden durch die ersten Nachtfröste vorzubeugen, kann man Ende des Monats alle gesunden Tomatenfrüchte grün abernten und in Kisten, trocken und warm gelagert, nachreifen lassen. Selbst im Dunkeln erreichen Gartentomaten noch ein gutes Aroma und können bis in die Weihnachtszeit zur Verfügung stehen.*
*Bei kranken Früchten lohnt die Mühe kaum, da sie von innen her schnell faulen.*

**Zutaten pro Person**

2 Eier
1 Tomate
Pfefferoni oder Paprika
Zwiebel
Kräuter
Salz
nach Belieben geriebener Käse

# Kartoffel-Chinakohl-Püree mit Brathering

**Zutaten für eine Person**

250 g Kartoffeln
etwas heiße Milch
wenig Salz
Paprika oder Pfefferoni
100 g Chinakohl
Brathering

## Zubereitung

*Kartoffeln im Dampfdrucktopf garen, durchpressen oder mit dem Knethaken des Handrührgerätes bearbeiten. Etwas heiße Milch dazugeben, damit ein sämiger Brei entsteht. Zum Schluss den fein geschnittenen Chinakohl, Pfefferoni oder Paprika unterrühren, mit Salz abschmecken.*
*Der Rest des Chinakohls kann fein geschnitten als Salat gereicht werden.*

## Hinweise

*Chinakohl zeichnet sich durch seine gute Lagerfähigkeit, seinen angenehmen milden Geschmack und seine vielseitige Verwendbarkeit aus. Er eignet sich hervorragend als Rohkost, da er nicht blähend wirkt. Mit anderem Gemüse, auch Obst, harmoniert er gut.*
*Für die Herbsternte wird Chinakohl Mitte Juli direkt ins Gartenbeet ausgesät und später auf 30 × 30 cm Standweite vereinzelt. Frühere Aussaaten können Probleme bereiten, da Chinakohl als Langtagspflanze bald Blüten statt Köpfe bildet.*
*Beim Samenkauf sollte man auf Kohlhernie-tolerante Sorten achten.*

# Brokkoli-Pfanne

## Zubereitung

*Kartoffeln schälen, würfelig schneiden, Brokkoli in Röschen teilen.*
*Alles bissfest garen.*
*In der Zwischenzeit Zwiebeln zerkleinern, in Fett leicht anschwitzen. Semmelbrösel zugeben, leicht bräunen. Kartoffeln und Brokkoli beifügen, alles wurzen.*
*Kräuter und geriebenen Käse vor dem Servieren darüber streuen.*

**Zutaten**

750 g Kartoffeln
1–2 Brokkoli (etwa 750 g)
2–4 Essl. Fett
1–2 Zwiebeln (etwa 100 g)
100 g Semmelbrösel
Salz
Paprika
Kräuter
nach Belieben geriebener Käse

# Bunter Salatteller mit Brokkoli

**Zutaten**

Blattsalat
1 Brokkoli
250 g Kartoffeln
rote Paprikaschote
Knoblauch oder Zwiebel
Marinade

## Zubereitung

*Blattsalat, Brokkoliröschen und gewürfelte Kartoffeln bissfest garen (Stiele vordämpfen oder kleiner schneiden). Geputzten Blattsalat, Paprikaschote, Zwiebel oder Knoblauch zerkleinern. Alles mit einer Marinade durchmischen.*

## Hinweise

*Brokkoli passt auch in einen Mischsalat. Ein kleiner Teil kann sogar roh (fein gerieben oder zerkleinert) beigefügt werden.*

# Bohnenbrei mit Lammkotelett und Rosmarin-kartoffeln

*Lammfleisch passt geschmacklich sehr gut zu den Bohnen.*
*Der etwas harzige Geschmack von Rosmarin verträgt sich gut mit Lamm und Bohnen.*

## Zubereitung

*Geschnittene Bohnen weichdämpfen, durch den Fleischwolf drehen. Dabei bleiben die harten Fasern hängen. Für Magen- und Darmempfindliche ist diese Art der Zubereitung bekömmlicher.*
*Mit Gewürzen und Sahne vermischen.*

## Zubereitung

*Knoblauch zerdrücken, mit Senf, Paprika vermischen, Fleisch damit einstreichen, etwas durchziehen lassen, grillen, dann salzen.*

## Zubereitung

*Kartoffeln dämpfen, Rosmarin fein schneiden, mit Öl vermischen, Kartoffeln darin schwenken.*

**Zutaten**

Bohnenbrei
1 kg Bohnen
Gewürze (z. B. Bohnenkraut, Muskat, gemahlener Kümmel)
Jodsalz
nach Belieben etwas Pfefferoni
Sahne

Gegrilltes Lammkotelett
4 Lammkoteletts
2 Essl. Senf
2 Knoblauchzehen
Paprika, Jodsalz

Rosmarinkartoffeln
1 kg Kartoffeln
1 Essl. Öl
Rosmarin

# *Herbstlicher Tomatensalat*

**Zutaten**

500 g Tomaten
50–100 g Bohnenkerne
50 g Zuckermais
50–100 g Zwiebeln
Basilikum
Marinade

## Zubereitung

*Bohnenkerne weich kochen. Zuckermais von den Kolben streifen. Tomaten in Scheiben, Zwiebeln und Basilikum fein schneiden. Alle Zutaten mit einer Marinade vermischen, durchziehen lassen. Dazu schmeckt Roggen-Sauerteigbrot.*

## Hinweise

*Wer im Urlaub war und seine Bohnen nicht durchpflücken konnte, ist im Besitz ausgeprägter Samenkerne, die in weichem Zustand schnell gar sind.*
*Auch Trockenbohnen sind für diesen Salat geeignet. Die Kochzeit hängt sehr von der Sorte ab. Vorkeimen verkürzt die Garzeit erheblich.*

OKT

# Kartoffel-Rettich-Mus

## Zubereitung

*Kartoffeln mit der Schale kochen, schälen, etwas auskühlen lassen. Rettiche und Kartoffeln fein reiben, mit den übrigen Zutaten vermischen, abschmecken.*

## Tipp

*Wer die Kartoffeln besonders fein haben möchte, kann sie auch durchpressen.*

## Hinweise

*Wer körperlich nicht so sehr arbeitet, wird mehr den kalorienärmeren Kartoffel-Rettich-Aufstrich bevorzugen. Dieses Mus ist ideal für Personen, die schlecht kauen können, aber auch für Magenempfindliche, denn die Kartoffel dämpft die Schärfe. Das Gericht kann Beilage für Fleisch oder Fisch sein, es schmeckt auch als Brotbelag.*

**Zutaten**

500 g Pellkartoffeln
100–200 g Rettiche (je nach Schärfe)
Salz
Pfeffer oder gemahlener Kümmel
Schnittlauch oder Knoblauch
50–100 ml Sauerrahm

# Rettichblätter-Püree

**Zutaten**

¾–1 kg Rettichblätter
20–30 g Vollkornmehl
1 Zwiebel
Salz
Koriander oder Muskat
50–100 ml Sahne

## Zubereitung

*Gewaschene Rettichblätter kurz blanchieren (also etwa 1 Minute ins kochende Wasser geben), kalt abschrecken. Durch den Fleischwolf drehen.*
*Vollkornmehl trocken rösten, bis es duftet. Geschnittene Zwiebel zugeben, dann die zerkleinerten Rettichblätter. Ein paar Minuten kochen, zum Schluss abschmecken und mit etwas Sahne verfeinern.*
*Das Gemüse kann auch mit einer Fetteinbrenne (20–30 g Fett, 20–30 g Mehl) gebunden werden.*

OKT

# Kohlrabi-Bratlinge

## Zubereitung

*Kohlrabi fein raspeln, auspressen (geht sehr gut in einer kleinen Handfruchtpresse). Den Saft pur trinken oder mit Buttermilch vermischt. Zarte Kohlrabiblätter, Zwiebeln und Kräuter fein schneiden. Alle Zutaten miteinander vermischen. Bratlinge formen, in heißem Fett backen. Dazu passen eingemachtes Tomaten- oder Fenchelgemüse, auch Kopfsalat mit Kohlrabi oder Rettich.*

## Variante

*Kohlrabi durch Zucchini ersetzen.*

**Zutaten**

Etwa 500 g Kohlrabi
50–100 g Zwiebeln
100 g Magerquark
1 Ei
100 g Weizen- oder Dinkelvollkorngrieß (ersatzweise grob geschrotetes Vollkornmehl)
Salz
Pfeffer
Kräuter (z. B. Liebstöckel, Basilikum, Oregano)
nach Belieben 50 g geriebener Hartkäse
Fett zum Ausbacken

OKT

# *Roher Kohlrabisalat*

**Zutaten**

Kohlrabi
Essig
Öl
Salz
Kräuter

## Zubereitung

*Kohlrabi schälen, raspeln, mit Marinade und Kräutern vermischen.*

## Variante

*Joghurt- oder Sauerrahmmarinade.*

## Hinweise

*Kohlrabi gelten allgemein als Frühsommergemüse. Doch gedeihen die Knollen bei den ausgeglichenen Temperaturen im Herbst fast noch besser. Zarte Ware schmeckt roh recht gut. Kinder essen die geschälten Knollen oft wie Äpfel. Erwachsenen wird man sie eher geraspelt anbieten.*

OKT

# Gulasch nach Gärtnerart

## Zubereitung

*Die Fleischwürfel in heißem Fett anbraten, dann die zerkleinerten Zwiebeln zugeben und noch leicht mitrösten. Mit etwas Brühe aufgießen. Wenn das Fleisch schon fast weich ist, das würfelig geschnittene Gemüse beifügen, alles fertig garen, würzen. Nach Belieben die Soße leicht mit Mehl binden und mit Rahm verfeinern.*

## Variante

*Wird das Gemüse gleich am Anfang zugegeben, zerfällt es und bindet. Mehl ist dann meistens überflüssig.*

## Hinweise

*Bei der Ernte fällt auch Gemüse an, das nicht so gut lagerfähig ist (z. B. verletzt, angenagt, klein). Manches passt gut in ein Gulasch.*

**Zutaten**

2–4 Essl. Fett
1 kg gemischtes Fleisch
250 g Gelbe Rüben oder rote Paprikaschoten
50–100 ml Süß- oder Sauerrahm
Paprikapulver
Liebstöckel
nach Belieben ein Stück Pfefferoni
Salz
2–4 Essl. Mehl zum Binden
¼–½ l Gemüsebrühe

# Kartoffel-Kürbis-Püree

**Zutaten**

750 g Kartoffeln
250 g Kürbis
$\frac{1}{8}$–$\frac{1}{4}$ l Milch
Salz

## Zubereitung

*Kartoffeln und Kürbis schälen, in Stücke schneiden, weichdämpfen, sofort durchpressen, mit heißer Milch abschlagen.*

## Hinweise

*Als Beilage für Gulasch sind Knödel, Nudeln, Hirse, Reis, aber auch Kartoffelbrei geeignet. Kürbis verbessert Farbe und Geschmack.*

# Überbackenes Gemüse mit Stangensellerie

## Zubereitung

*Vom Stangensellerie das Grün abschneiden (trocknen oder einfrieren), evtl. Fäden abziehen, in ½ cm dicke Stücke schneiden. Kartoffeln, Kürbis schälen, würfeln. Das Gemüse bissfest vorgaren (am besten im Dampf). Eier, Sahne, Käse, Kräuter, Gewürze vermischen, zum Gemüse geben. In einer Auflaufform 30 Minuten bei Mittelhitze backen. Zerkleinerte Tomate oder Paprika beim Anrichten überstreuen.*

## Variante

*Das vorgegarte Gemüse schmeckt auch ohne überbacken, wenn es mit geriebenem Käse, Gewürzen oder Kräutern, evtl. mit einem Schuss Sahne, aber ohne Eier, vermischt wird.*

## Hinweise

*Gratins lassen sich je nach Gemüseangebot abwechslungsreich herstellen.*
*Zum orangefarbenen Kleinkürbis (Hokkaido), der eine familienfreundliche Größe aufweist und im Jugendstadium gekocht mit der Schale verzehrbar ist, passt gut der grüne Stangensellerie.*

**Zutaten**

350 g Stangensellerie
350 g Kürbis
750 g Kartoffeln
2 Eier
100 g geriebener Käse
Kräuter
Gewürzsalz
1 rote Paprika oder 1 Tomate

# Chinakohlsalat mit Fenchel

**Zutaten**

Chinakohl (etwa 500 g)
1 roter Paprika
1 Fenchelknolle (etwa 250 g)
Marinade

## Zubereitung

*Chinakohl und Paprikaschote fein schneiden, die Fenchelknolle grob raspeln. Alles mit einer Marinade vermischen. Nach Belieben mit zerkleinertem Fenchelgrün bestreuen.*

# Quitten mit Joghurt

## Zubereitung

*Quittenflaum trocken abreiben, dann Quitten waschen und fein reiben, die Äpfel etwas gröber reiben. Beides sofort zum Joghurt geben, um Verfärbungen zu vermeiden. Nach eigenem Geschmack süßen.*

## Zubereitung

*Die Äpfel musig reiben, sofort mit Zitronensaft vermischen. Übrige Zutaten beifügen.*

**Zutaten für 1–2 Portionen**

100 g geriebene Quitten
100 g geriebene Äpfel
200 ml Joghurt
Honig oder Zugabe von Preiselbeer- oder Johannisbeerkonfitüre

Rohes Apfelmus
500 g Äpfel
etwas Zitronensaft
Honig nach eigenem Geschmack
1 Teel. Zimt
50 g geriebene Walnüsse

# Biskuitroulade mit Zwetschgenmus

**Zutaten**

4 Eier
4 Essl. heißes Wasser
40 g Zucker/Honig
100 g Roggenvollkornmehl
nach Belieben Gewürze
getrocknete Zwetschgen oder Marmelade

## Zubereitung

*Biskuitteig herstellen, auf Backpapier (sehr gut ist Folie) streichen oder Stränge spritzen. Ins vorgeheizte Rohr (220 Grad bei konventionellem Herd) geben, etwa 12 Minuten backen. Anschließend Papier abziehen, mit Zwetschgenmus (eingeweichte, gemixte Trockenzwetschgen) oder Marmelade bestreichen, zusammenrollen.*

## Hinweise

*Dörrzwetschgen mit einem natürlichen Fruchtzuckergehalt von etwa 25 % werden in der Küche oft als natürliches Süßungsmittel eingesetzt. Spätzwetschgen, die gut ausgereift und am Stielansatz schon etwas faltig sind, eignen sich besonders gut zum Trocknen. Die Inhaltsstoffe liegen in konzentrierter Form vor, vor allem die pektinartigen Stoffe, die sehr quellfähig sind und die Verdauung beschleunigen. Über Nacht eingeweichte Trockenzwetschgen (5–10 Stück) gelten als klassische Verdauungshelfer.*
*In den USA stehen sie auf der Liste jener Lebensmittel, die zur Krebsvorbeugung regelmäßig gegessen werden sollten.*

# Zwetschgenknödel mit Vollkornbröseln, Walnüssen und Mohn

## Zubereitung

*Haferflocken oder Mehl zum Quark geben, quellen lassen. Zwetschgen mit dieser Masse dünn umhüllen, ins kochende Wasser geben, leise ziehen lassen. Garzeit etwa 10 bis 20 Minuten (hängt von der Größe, Sorte und dem Reifungszustand der Früchte ab).*
*In der Zwischenzeit Semmelbrösel oder Haferflocken mit etwas Butter leicht rösten.*
*Mohn mahlen, Nüsse reiben, mit aromatisiertem Zucker mischen, gegarte Knödel darin wälzen.*
*Kochen Sie einen Probeknödel. So können Sie Teig und Garzeit testen.*

## Hinweise

*Geerntete Walnüsse trocknen am besten an der Sonne oder in einem trocken-warmen Raum. Bewahrt man die Nüsse in luftdurchlässigen Netzen an einem kühlen Ort auf, sind sie lange haltbar. Walnüsse haben einen hohen Energiewert, bedingt durch den reichen Fettanteil. Sie sind ein wertvoller Lieferant von Vitamin B.*
*Galgant wächst in China, Indonesien, Indien und bildet bis 1 m lange Rhizome.*
*Das Gewürz ist sehr aromatisch, erinnert an Zimt, hat aber eine leicht brennende Schärfe. Galgant ist eine Heilpflanze und gilt allgemein als anregendes Magenmittel.*

**Zutaten**

500 g Magerquark
200 g feine Haferflocken oder Mehl
Zwetschgen
Vollkornbrösel oder Haferflocken
geriebene Walnüsse
gemahlener Mohn
Butter
Zucker
Zimt oder Galgant

# *Zwetschgen-datschi*

*Mit vollreifen, schon etwas runzelig gewordenen Hauszwetschgen schmeckt der Datschi besonders gut. Beliebt ist nach wie vor der Hefeteig. Lässt man ihm genügend Zeit, genügt die geringere Hefemenge.*

**Zutaten**

500 g Weizen- oder Dinkelmehl
5–20 g Hefe
etwa ¼ l Milch
1 Essl. Honig
50 g Butter
1 Ei
1 Messerspitze Salz
20–30 g Butter zum Bestreichen
50 g Zwieback- oder Semmelbrösel zum Bestreuen
1½–2 kg Zwetschgen
50 g geriebene Wal- oder Haselnüsse

## Zubereitung

*Hefe mit Honig und etwas lauwarmer Milch verrühren. In das Mehl eine Vertiefung machen. Hefemilch hineingießen, mit etwas Mehl verrühren und gehen lassen.*
*Dann Butter, Ei, Salz zum Teig geben, alle Zutaten zu einem Teig abschlagen oder mit einer Küchenmaschine durcharbeiten. Der mittelfeste Hefeteig soll von mehr weicher Beschaffenheit sein. Gehen lassen, bis sich das Volumen verdoppelt hat, dann auswalken, auf das gefettete Blech geben, mit zerlassener Butter bestreichen und mit Bröseln bestreuen.*
*Die entsteinten Zwetschgen schuppenförmig auflegen (Schnittfläche nach oben).*
*Kurz gehen lassen. Bei guter Mittelhitze etwa 30 Minuten backen.*
*Vor dem Servieren mit geriebenen Wal- oder Haselnüssen überstreuen.*

## Variante

*Den Hefeteig weicher, süßer und fettiger machen, sodass er sich aufs Blech streichen lässt. Auch Backpulver-, Eischwer-, Mürb- oder Quarkölteig sind als Zwetschgenunterlage geeignet.*
*Wer einen Trocknungsapparat besitzt, kann die Zwetschgen leicht vortrocknen.*
*So entsteht beim Backen nicht so viel Saft.*

# *Rezepte November*

NOV

# *Kürbismüsli*

**Zutaten für eine Portion**

50 g Haferflocken
100 ml Wasser oder Apfel-Birnensaft
2–4 getrocknete Feigen
200 g Äpfel
100 g Kürbis
Zitronensaft
Kürbiskerne
Honig nach Geschmack

## Zubereitung

*Haferflocken in Flüssigkeit mindestens 20 Minuten einweichen, Feigen klein schneiden und dazugeben.*
*Kurz vor dem Verzehr den geschälten Kürbis und die Äpfel in Streifen schneiden oder grob reiben. Kürbiskerne zerkleinern, zum Müsli geben, sofort mit Zitronensaft vermischen, nach Belieben schwach süßen.*

## Hinweise

*Kürbis ist leider oft noch ein Stiefkind in der Küche. Das Fruchtfleisch ist eine hervorragende Diät- und Heilspeise für Magen-, Rheuma- und Herzkranke. Besonders bei Nierenleiden ist eine Kürbiskur hilfreich.*
*Empfehlenswert ist der Ölkürbis. Fetthaltig ist nicht das Fruchtfleisch, sondern der olivgrüne, schalenlose Samen, der etwa zur Hälfte aus Öl besteht. 60 % davon sind ungesättigte, also wertvolle Fettsäuren. Kürbiskerne gelten als Heilmittel. Sie können vielen Gerichten beigegeben werden. Als Keimlinge sind sie noch wertvoller.*

# Mispelmüsli

## Zubereitung

*Die noch etwas harten Mispeln bis auf das Kernhaus reiben, ebenso Äpfel oder Birnen. Sofort mit Zitronensaft vermischen, um Bräunung zu verhindern. Die übrigen Zutaten beifügen.*

## Hinweise

*Um Allerheiligen herum ist Zeit für die Ernte der Deutschen Mispeln (Mespilus germanica). Die Früchte müssen nicht auf einmal geerntet werden und können auch nach dem Laubfall noch hängen bleiben. Die braun-grünen Früchte haben für viele nur Dekorationswert. Die rohen Früchte schmecken herb, erst durch längere Lagerung werden sie teigig und süßlich im Geschmack. Erschwerend bei der Verarbeitung sind die 5 großen Kerne. Die Früchte enthalten Gerbstoffe, wirken harntreibend und helfen bei Verdauungsstörungen.*

**Zutaten für 2 Portionen**

50 g Haferflocken
50–100 ml Apfel- oder Birnensaft
100 g Mispeln
200 g Äpfel oder Birnen
etwas Zitronensaft
nach Belieben einige Walnüsse oder Trockenfrüchte
50 ml Sahne
Joghurt oder Dickmilch

# Reisbrei mit Quitten

*Quitten zeichnen sich nicht nur durch ihren starken Duft, sondern auch durch einen Rekordgehalt an Pektinen aus. Diese löslichen, sehr quellfähigen Ballaststoffe üben einen günstigen Einfluss auf den Cholesterinspiegel aus. Das unerwünschte LDL-Cholesterin wird durch reichliche Aufnahme stärker gesenkt als das positive HDL-Cholesterin.*

**Zutaten**

½–¾ l Milch
250 g Vollkornreis
250–500 g Quitten
1 Zitrone
etwas Honig
nach Belieben Trockenfrüchte
(z. B. Rosinen, Zwetschgen, Birnen)
Nüsse

Den Flaum der Quitten am besten mit einem Tuch abreiben, dann erst waschen.

## Zubereitung

*Den gewaschenen Reis in die Milch geben, kurz aufkochen, dann etwa eine halbe Stunde auf der ausgeschalteten Elektroplatte oder auf kleinster Flamme ausquellen lassen (Vollkornreis mit seinen reichlichen Ballaststoffen hat etwa die doppelte Garzeit als das geschälte Korn).*
*Nach dem Garen die fein geriebenen, mit Zitronensaft vermischten Quitten (mit Schale) und nach Belieben Nüsse und Trockenobst zugeben. Nach eigenem Geschmack mit Honig abschmecken.*

## Hinweise

*Das harte Fruchtfleisch und der herb säuerliche Geschmack der Quitten verführen selten zum Rohgenuss. In südlichen Ländern ist die Quitte aromatischer, deshalb wird sie dort wie ein Apfel gegessen.*
*Gerieben ist unsere heimische Frucht durchaus genießbar. Der feine Geschmack kommt beim Rohgenuss besser zur Geltung. Allerdings verfärbt sich das Fruchtfleisch an der Luft sehr schnell. Zugabe von Zitronensaft und schnelle Verarbeitung wirken dem entgegen.*

NOV

# Buchweizensuppe mit Gemüse

## Zubereitung

*Gelbe Rüben und Kartoffeln schälen, in kleine Würfel schneiden und in Fett andünsten. Buchweizen und ½ l Flüssigkeit zugeben, zum Kochen bringen, im geschlossenen Dampfdrucktopf auf der ausgeschalteten Elektroplatte ausquellen lassen. Gemüse und Buchweizen sollen noch bissfest sein. Nun kann die restliche Flüssigkeit dazugegeben werden. Mit Kräutern die Suppe aufwerten.*

## Hinweise

*Buchweizen stellt an den Boden wenig Ansprüche. In der biologischen Landwirtschaft gilt er als Bodenentgifter. Die Inhaltsstoffe sind dem Getreide ähnlich. Hervorzuheben ist der hohe Gehalt an den lebenswichtigen Eiweißbausteinen Lysin und Tryptophan, die wichtige Gehirn- und Nervennahrung sind.*
*Das Korn kann wie Reis verwendet werden. Es wird schnell gar und ist leicht verdaulich. Zum Brot- und Kuchenbacken (Ausnahme Biskuitteig) ist das Buchweizenmehl wenig geeignet.*

**Zutaten**

20 g Fett
100 g Gelbe Rüben
100 g Kartoffeln
50 g Buchweizenkörner
1 l Wasser
Salz
Kräuter (wie Schnittlauch, Petersilie, Sellerie)

# Kartoffelsuppe mit buntem Sauerkraut

**Zutaten**

500 g Kartoffeln
1 l Flüssigkeit
100–250 g buntes Sauerkraut
(mit Gelben Rüben, Paprika, Sellerie, Kürbis, Zwiebeln)
Kümmel
Salz
etwas Sahne

## Zubereitung

*Geschälte, geteilte Kartoffeln mit ½ l Wasser im Dampfdrucktopf weichkochen, mit Kümmel und der restlichen Flüssigkeit mischen, klein geschnittenes rohes Sauergemüse dazugeben, mit Rahm abschmecken.*
*Haben Sie kein buntes Sauerkraut, geben Sie Gelbe Rüben dazu oder bringen mit Paprika etwas Farbe in die Suppe.*

## Hinweise

*Sauerkraut ist in der rohen Form besonders günstig. Der hohe Vitamin-C-Gehalt, die vielen Schutz- und Wirkstoffe des Kohls bleiben durch die Milchsäuregärung erhalten. Die vielen Ballaststoffe wirken einer Verstopfung entgegen. Auch Diabetiker können Sauerkraut voll genießen.*
*Kümmel ist zweijährig und bildet im ersten Jahr eine Blattrosette, im zweiten Jahr den Stängel mit den Blüten. Die Früchte enthalten viel Öl, das blähende Gerichte wie Sauerkraut und Hülsenfrüchte bekömmlicher macht. Geerntet werden die Samendolden, die man nachtrocknen lässt, um später die Früchte von den Stielen abzurebeln.*

# Spinatsuppe mit Haferflocken

## Zubereitung

*Zwiebel fein schneiden, in Fett leicht anrösten, ebenso die Haferflocken. Den in Streifen geschnittenen Spinat zugeben, mit ½ l Flüssigkeit aufgießen, 5–10 Minuten leise kochen lassen. Restliches Wasser und die Gewürze zugeben, alles kurz mixen. Der Spinat sollte aber noch erkennbar sein. Zum Schluss mit Sahne abrunden.*

## Tipp

*Etwas Spinat roh lassen, erst beim Mixen zugeben, nicht mehr kochen. Wer Fett sparen will, verzichtet auf das Anrösten.*

## Variante

*Gut schmecken in der Suppe auch getoastete oder geröstete Semmel- oder Brotwürfel.*

**Zutaten**

1 Essl. Fett
1 Zwiebel
100 g Haferflocken
200 g Spinat
1 l Wasser oder Gemüsebrühe
Salz
Muskat
Knoblauch
Sahne nach Belieben

# Gebackene „Kalbs-schnitzel“

**Zutaten**

1 kg Kürbis
2 Eier
Mehl
Semmelbrösel
jodiertes Salz
Pfeffer
Fett zum Ausbacken

## Zubereitung

*Den geschälten Kürbis in 0,5–1 cm dicke Streifen schneiden, kurz bissfest garen (sie sind schnell weich und zerfallen dann), etwas auskühlen lassen, panieren, goldgelb backen.*
*Dazu passt gut Chinakohl-Salat. Da es beim Kürbis auch Reste gibt, werden sie für den Salat verwendet. Ein Teil kann mit den Kürbisschnitzeln gegart werden.*

## Hinweise

*Diese „Schnitzel“ schmecken nie zäh, sind also sehr seniorenfreundlich.*

# Überbackener Chinakohl

## Zubereitung

*Chinakohl zerkleinern, Sellerie in Streifen oder Scheiben schneiden, ebenso die Kartoffeln. Im Dampfdrucktopf bissfest garen, danach in eine Auflaufform geben, geschnittene Zwiebel, Gewürze und Kräuter dazugeben, mit Eier-Sahne-Gemisch übergießen. Bei 250 Grad 30 Minuten überbacken.*
*Auch Schimmelpilzkäse schmeckt sehr gut in diesem Gericht.*

## Hinweise

*Chinakohl lässt sich sowohl in Plastiktüten im Kühlschrank als auch im kühlen Keller lange aufbewahren, ohne allzu viel Biss zu verlieren. Die geernteten Köpfe werden so weit geputzt, dass kranke und faule Blätter vollständig entfernt sind. Dann werden sie in Zeitungspapier eingewickelt, mit dem Kopf nach oben nebeneinander in Kisten gestellt und bei Temperaturen um 0 °C gelagert.*

**Zutaten**

750 g Kartoffeln
375 g Chinakohl
375 g Sellerie
1 Zwiebel
Curry
Paprika
Kräuter
100 g geriebener Emmentaler
200 ml Sahne
2 Eier

# *Chinakohl-Rouladen mit Quinoa*

**Zutaten**

Füllung
250 g Quinoa
¼ l Wasser
100 g Gemüse (z. B. 50 g Gelbe Rüben, 50 g Sellerie)
250 g Hackfleisch
Gewürze (wie Paprika, Curry, Basilikum, Kräuter, Salz)
etwa 8 Chinakohlblätter

Gemüsebeilage
Chinakohl (etwa 200 g)
100–200 g Gelbe Rüben
1 Zwiebel
2 Knoblauchzehen
2 Essl. Öl
Salz
Pfefferoni oder Cayennepfeffer

## Zubereitung

*Gewaschenen Quinoa mit Wasser und dem würfelig geschnittenen Gemüse im Dampfdrucktopf nicht zu weich garen, auskühlen lassen, dann mit dem Hackfleisch und den übrigen Zutaten vermengen und abschmecken.*
*8 große Chinakohlblätter kurz dämpfen, dann sind sie leichter rollbar. Die Füllung auf die Blätter verteilen, einschlagen, in den Einsatz des Dampfdrucktopfes geben, kurz garen.*
*In der Zwischenzeit die Gemüsebeilage herstellen. Chinakohl in Streifen schneiden, ebenso die Gelben Rüben (können auch geraspelt werden), Zwiebel und Knoblauch klein schneiden, in Öl ein paar Minuten andünsten. Das Gemüse sollte bissfest sein. Mit Gewürzen abschmecken.*

## Hinweise

*Quinoa zeichnet sich durch einen höheren Gehalt an Eiweiß und einigen Mineralstoffen (Magnesium, Kalzium, Eisen) gegenüber den heimischen Getreidesorten aus.*

# Braten nach Gärtnerart

## Zubereitung

*Fleisch mit Salz, Gewürzen und Kräutern einreiben. Magere Teile mit etwas Fett anbraten oder bestreichen. Werden Kartoffeln und Gemüse nicht oder nur wenig zerkleinert, können sie bei kleinen und zarten Fleischstücken gleich mitgebraten werden, sonst später beifügen. Etwas Brühe zugießen. Bei magerem Fleisch Mittelhitze bevorzugen, sonst trocknet es zu sehr aus. Günstig ist eine Abdeckung. Die Garzeit hängt von der Fleischart und Fleischqualität ab. Sie liegt bei 1½–2½ Stunden. Offenes Braten (erst nach der Hälfte der Zeit) und Wenden bringt Bräunung und Geschmacksstoffe. Öfters Übergießen oder auch Bestreichen ist dann notwendig.*

*Etwa 15 Minuten vor Ende der Garzeit nach Belieben das Fleisch mit saurem Rahm bestreichen und anbräunen lassen.*

*Fertig gegarten Braten aus der Soße nehmen. 5–10 Minuten warm und zugedeckt ruhen lassen, damit der Fleischsaft beim Teilen nicht austritt. Die Soße nach Belieben binden.*

## Hinweise

*Besonders an den Feiertagen will man möglichst wenig Zeit in der Küche verbringen. Bei diesem Braten werden die Beilagen mitgegart, sodass auch wenig Geschirr anfällt.*

**Zutaten**

¾–1 kg mageres oder durchwachsenes Fleisch (z. B. vom Schwein, Kalb, Lamm)
Salz
Gewürze (z. B. Paprika, Kümmel, Knoblauch, Zwiebel)
Kräuter (z. B. Rosmarin, Petersilie, Salbei)
evtl. 2–4 Essl. Fett
¾–1 kg Kartoffeln
¾–1 kg Gemüse (z. B. Gelbe Rüben, Pastinaken, Sellerie, Zwiebeln, nachgereifte Tomaten)
⅜–½ l Brühe (evtl. etwas Bier)
nach Belieben 1–2 Essl. Mehl zum Binden
einige Essl. saurer Rahm

# Blaukrautsalat

**Zutaten**

500 g festes Blaukraut
250 g etwas säuerliche Äpfel
1 Zwiebel (50–100 g)
50 g Sahne
1–2 Essl. frisch geriebener Meerrettich oder ein paar Walnüsse
Salz

## Zubereitung

*Zerteiltes Blaukraut mit einer groben Reibe raspeln, ebenso die Äpfel. Zwiebel fein schneiden. Alle Zutaten vermischen.*

## Variante

*Sahne kann durch Öl, Sauerrahm oder Joghurt ersetzt werden.*

## Hinweise

*In der Regel wird gedünstetes Blaukraut angeboten, das mit Äpfeln, Dörrzwetschgen, Preisel- oder Johannisbeerkompott verfeinert wurde. Gekochtes Blaukraut gut abzuschmecken ist eine Kunst. Wesentlich einfacher und schneller ist Blaukrautsalat zubereitet. Außerdem bleiben die bioaktiven Stoffe viel besser erhalten.*
*Dieser Blaukrautsalat ist einen Versuch wert. Das Kraut nicht hobeln, schneiden, stampfen oder blanchieren, nur grob reiben.*

# Überbackene Nudeln mit Weißkraut

*Feste Krautköpfe können an einem kühlen, frostfreien Platz mehrere Wochen gelagert werden.*
*Als Ersatz eignet sich auch mildes Sauerkraut.*

## Zubereitung

*Aus Mehl, Eier und Wasser Nudelteig bereiten, der zu Bandnudeln verarbeitet wird. Geschnittenes Gemüse in Fett andünsten, würzen, mit Käse oder Geräuchertem und den gekochten Nudeln vermischen, in eine Auflaufform geben, mit gewürztem Eier-Sahne-Gemisch übergießen.*
*30 Minuten bei guter Mittelhitze (250 Grad) überbacken.*
*Dazu kann ein Rohkostsalat gereicht werden.*

## Hinweise

*Nudeln selbst herzustellen, ist nicht schwierig. Wertvoll sind vor allem Vollkornnudeln mit den vielen Ballaststoffen. Als Getreide eignet sich besonders Dinkel mit seinem guten Klebergehalt. Die Teigwaren behalten dadurch hervorragend ihre Form. Gleichmäßig werden die Nudeln mit einer handbetriebenen Nudelmaschine.*
*Sie walkt und schneidet verschieden breit. Vollautomatische Maschinen stellen auch den Teig her. Für die verschiedenen Teigwaren (z. B. Spaghetti, Hörnchen, Makkaroni) gibt es Einsätze (Matrizen). Empfehlenswert ist, eine größere Menge als Vorrat zu machen, denn Nudeln lassen sich leicht trocknen.*

**Zutaten**

Nudelteig
250 g Dinkel
2 Eier
etwa 4 Essl. Wasser (hängt von der Eigröße ab)

Krautgemisch
250–500 g Weißkraut
100 g Gelbe Rüben
2–4 Zwiebeln
2 Essl. Fett
200 ml Sahne
2 Eier
50–100 g geriebener Käse
Gewürze (z. B. Kümmel, Dill, Paprika), Salz
nach Belieben klein geschnittenes Geräuchertes

NOV

# Kürbissalat mit Apfel

**Zutaten**

100 g Kürbis
500 g Äpfel
½–1 Zitrone
50 g Walnüsse oder Ölkürbiskerne
2 Essl. Öl oder 50 ml Sahne

## Zubereitung

*Kürbis und Äpfel grob raspeln oder in feine Streifen hobeln, Zitronensaft zufügen. Nüsse oder Kürbiskerne schneiden. Öl oder Sahne (kann auch geschlagen sein) zum Salat geben, alles durchmischen.*

## Hinweise

*Nicht ausgereifte Kürbisse sind schlecht lagerfähig und deshalb bald zu verbrauchen.*

# Meerrettich mit Walnüssen und Weißwurst

*Es muss nicht immer Senf sein, der zu Würstchen gereicht wird. Sehr pikant schmeckt Meerrettich mit Walnüssen, die auch durch Mandeln ersetzt werden können. Auch zu gekochtem Rindfleisch ist dies eine gute Beilage. Probieren sie dieses alte Hausrezept aus!*

## Zubereitung

*Walnüsse und Meerrettich fein reiben, so viel Milch oder Sahne zugeben, bis ein sämiger Brei entsteht. Mit Muskat und wenig Salz abschmecken.*
*Milder ist dieses Gericht, wenn es erwärmt wird. Dies ist aber mit einem Verlust von wertvollen Stoffen verbunden. Wer es nicht so intensiv möchte, gibt weniger Meerrettich dazu.*

## Zubereitung

*Meerrettich putzen, fein reiben. Gewaschene Äpfel teilen, Kernhaus entfernen, mit der Schale mittelgrob raspeln. Alles vermischen.*
*Der Apfelmeerrettich passt zu Grünkernpflänzchen, gebackenem Sellerie oder Kürbis.*

## Zubereitung

*Geputzten Meerrettich und Äpfel reiben, sofort mit Zitronensaft vermischen, um Braunwerden zu verhindern. Sahne steif schlagen, Äpfel und Meerrettich unterziehen.*

## Zubereitung

*Sahne schlagen, geriebenen Meerrettich unterziehen.*
*Zum Garnieren einer Suppe, Soße, für kalte Platten und dergleichen ist diese pikante Sahne gut geeignet.*

**Zutaten**

100 g Walnusskerne
50 g Meerrettich
etwa 200 ml Milch oder Sahne
geriebener Muskat
Salz

**Varianten**

Apfelmeerrettich mit Sauerrahm
500 g Äpfel, 200 g Saure Sahne
1 Stück (etwa 5 cm) Meerrettich

Apfelmeerrettich mit Schlagsahne
400 g Äpfel, 200 ml Sahne
1 Essl. Zitronensaft
1 kleines Stück Meerrettich

Meerrettichsahne
100–200 ml Sahne
1 Stück Meerrettich

# Gebackene Kürbisstifte

**Zutaten**

Kürbis
etwas Fett
Kräutersalz

## Zubereitung

*Kürbis teilen, die Schale entfernen (evtl. für eine Gemüsebrühe verwenden), in Stifte schneiden. Die Kürbisstücke auf ein leicht gefettetes Blech geben und bei Mittelhitze etwa 30 Minuten backen. Gegen Ende der Garzeit mit Fett leicht einpinseln oder vor dem Servieren mit Kräuterbutter bestreichen. Mit Salz bestreuen.*
*Die Kürbisstifte können Beilage sein, man kann sie aber auch in eine Joghurt- oder Sauerrahmsoße tauchen.*

# Geschnetzeltes mit Quitten

## Zubereitung

*Fleisch in dünne, kleine Stücke schneiden, in heißem Öl anbraten. Zwiebeln leicht mitrösten. Mit etwas Flüssigkeit aufgießen.*
*Quitten trocken abreiben, waschen, vierteln, Kernhaus entfernen. Mit der Schale in dünne Scheiben oder kleine Würfel schneiden. Etwas Wasser, Zitronensaft und Honig erhitzen, Quitten zugeben, bissfest garen. Das Kompott zusammen mit den Weinbeeren zum gegarten Fleisch geben, Gewürze zufügen, abschmecken. Ein paar Minuten durchziehen lassen. Nach Belieben die Soße leicht binden. Dazu passt Reis.*

## Hinweise

*Quitten werden überwiegend süß zubereitet. Doch sie passen auch zu salzigen Gerichten.*

**Zutaten**

500 g Schweine- oder Putenfleisch
2–3 Essl. Öl
1–2 Zwiebeln (etwa 100 g)
$^1/_4$–$^1/_2$ l Wasser oder Gemüsebrühe
1–2 Quitten (etwa 250 g)
etwas Zitronensaft
Honig
Zimt
Curry
Kurkuma
eine Spur Cayennepfeffer
50 g Weinbeeren
nach Belieben 1–2 Essl. Stärkemehl zum Binden

# Zarte Kürbistaler

**Zutaten**

800 g mehlige Kartoffeln
400 g orangefarbener Kürbis (Hokkaido)
Salz
eine Spur Cayennepfeffer
Ausbackfett

## Zubereitung

*Kartoffeln und Kürbis schälen, zerkleinern, dämpfen. Die Masse stampfen oder durchdrücken, würzen. Taler formen, in einer gefetteten Teflonpfanne (oder besser Titanpfanne) vorsichtig backen. Dazu passen Rohkostsalate.*

## Tipp

*Wer die Taler etwas fester haben möchte, gibt zum Teig Semmelbrösel, Haferflocken oder Vollkornmehl.*
*Beim Hokkaidokürbis wird die Schale weich und kann mitgegessen werden.*

NOV

# Pfannkuchen-strudel mit Quitten

## Zubereitung

*Pfannkuchenteig herstellen, ½–1 Stunde quellen lassen. In der Zwischenzeit Quitten abreiben, waschen, vierteln, entkernen, Blütenansätze entfernen. Die Früchte in dünne Spalten schneiden (etwa ½ cm dick).*
*Wasser und Zucker erhitzen, die Quittensspalten darin 5–10 Minuten kochen.*
*Mit der Lochkelle herausfischen, abtropfen lassen.*
*Pfannkuchen am besten in einer beschichteten Pfanne backen.*
*Die geschälten, entkernten Äpfel und kandierten Quitten zerkleinern, mit Zimt, Nüssen, Weinbeeren vermischen. Pfannkuchen damit füllen, zusammenrollen, in die gefettete Raine geben. Mit dem restlichen Quittensud und der Sahne übergießen. Bei Mittelhitze etwa ¾ Stunde im Rohr backen.*

## Hinweise

*Bei diesem Gericht werden die Quitten gespalten und leicht kandiert. Sie behalten dabei recht gut die Form und zerfallen kaum. Bei Herstellung größerer Mengen als Vorrat (z. B. für Früchtekuchen, Stollen) lässt man die zuckerhaltigen Spalten 2–3 Tage an der Luft trocknen oder man friert sie ein.*

**Zutaten**

Pfannkuchenteig
300 g Weizen- oder Dinkelvollkornmehl
3 Eier
etwa ¾ l Milch
Fett zum Ausbacken

Füllung
1 kg geschälte, entkernte Äpfel
Zimt
250 g entkernte Quitten
50 ml Wasser
100 g Zucker
nach Belieben Nüsse
Weinbeeren
100 ml Sahne zum Übergießen

# Apfel-Mohnkuchen

**Zutaten**

150 g gemahlener Mohn
150 g fein geriebene Wal-, Haselnüsse oder Mandeln
500 g grob geraspelte Äpfel
5 Eier
150 g Honig oder anderes Süßungsmittel
5 Essl. heißes Wasser
2 Teel. Zimt

## Zubereitung

*Eier trennen, Eiweiß sehr steif schlagen. Eigelb mit Wasser und Süßungsmittel schaumig rühren, zum Eischnee geben, vorsichtig verrühren. Mohn-Nussgemisch mit Zimt und Äpfel unter die Schaummasse heben. Teig in die mit Backfolie oder mit Pergamentpapier ausgelegte Form geben.*
*Bei Mittelhitze etwa eine Stunde backen.*

## Hinweise

*Auffallend zur Blütezeit ist besonders der Mohn. Große Flächen sind nicht nur eine Bienenweide, sondern erfreuen auch das Auge.*
*Mohnkrapfen aus Nudel- und Hefeteig, Mohnstrudel und Mohnkuchen sind beliebt. Auch der Apfel, ein heimisches Produkt, kommt nicht zu kurz.*

NOV

# Äpfel mit Semmelbrösel-Keimsprossen-mischung

*Dies ist eine süße Variante, die wenig Arbeit macht. Mit diesem Rezept kann man sich gut in die Vollwerternährung einschleichen.*

## Zubereitung

*Äpfel klein schneiden, Brösel in Butter leicht rösten, Keimsprossen im Zerkleinerer mixen, alle Zutaten vermischen.*

**Zutaten**

500 g mürbe Äpfel
50 g Vollkornbrösel
10–20 g Butterschmalz
2–4 Essl. gekeimtes Getreide
Zimt, Süßungsmittel nach eigenem Geschmack
geriebene oder gehackte Nüsse

## Zubereitung

*Äpfel in dünne Scheiben schneiden, sofort mit Zitronensaft beträufeln, mit den übrigen Zutaten mischen. Nach Belieben süßen.*

Variante: Apfelsalat
750 g Äpfel, ½ Zitrone
75 g geriebene Wal- oder Haselnüsse
75 g Korinthen
75 ml Sahne oder Milch
Honig nach eigenem Geschmack

## Zubereitung

*Joghurt mit Marmelade verrühren, mit etwas Zitronensaft abschmecken. Äpfel raspeln, sofort mit der Joghurtmasse vermischen.*

Variante: Apfel mit Joghurt
500 g Äpfel, 200–400 ml Joghurt
etwas Zitronensaft
2–4 Essl. Apfelmarmelade

# Vollkornflammeri mit Kiwi garniert

**Zutaten für 1 Portion**

60 g Weizenvollkornmehl
¼ l Wasser
1 Zitrone
250 g Äpfel
20 g Süßungsmittel (Zucker, Süßstoff oder Zuckeraustauschstoffe)
Kiwi

## Zubereitung

*Vollkornmehl (2 Essl. übrig lassen) mit Wasser, Süßungsmittel und der Hälfte des Zitronensaftes unter ständigem Rühren breiig kochen, dann etwas abkühlen lassen. Die Äpfel grob reiben, mit dem restlichen Zitronensaft und dem restlichen Mehl zur lauwarmen Speise geben, in ausgespülte oder gefettete Formen füllen, nach dem Erkalten stürzen und verzieren.*
*Eine größere Menge kann mit Kiwi garniert werden: gefettete Schüssel mit dünnen Kiwischeiben auslegen und Flammeri einfüllen. Erkaltet lässt sich die Masse gut stürzen.*

## Hinweise

*Die Kiwifrucht kommt häufig aus Neuseeland, ihre Urheimat ist aber China.*
*Die ausdauernde Schlingpflanze ist wärmebedürftig. Bei starken Frösten kann sie zurückfrieren. Die Züchtung 'Weiki' aus Weihenstephan ist winterhart.*
*Eine männliche Sorte zum Fruchtertrag ist notwendig. Die sehr starkwüchsige und reichtragende Pflanze hat etwa 3 cm große Früchte mit glatter, grüner Haut, die anfangs Oktober reif sind.*
*Kiwi zeichnen sich durch ihren hohen Vitamin-C-Gehalt aus, der 2–3-mal höher liegt als bei den Zitrusfrüchten.*

# Kletzenbrot

## Zubereitung

*Kletzen über Nacht einweichen (harte Früchte im Sud kernig kochen), klein schneiden. Zwetschgen und Feigen im Kletzenwasser quellen lassen, Mandeln oder Nüsse, Rosinen, Zitronat, Orangeat mit Rum oder Obstler tränken.*
*Aus Mehl, Hefe, Milch, Salz einen mittelfesten Hefeteig zubereiten und gehen lassen. Zwei Drittel des Teiges mit allen Zutaten vermischen und durchkneten. Ist der Teig zu weich, Semmelbrösel zugeben. Die ganze Masse einige Stunden gehen lassen.*
*Den Rest des Hefeteiges kühl stellen.*
*Wenn die Hutzelteigmasse gegangen ist, kühlgestellten Hefeteig in 4–6 Portionen aufteilen, dann zu dünnen Flecken auswalken, Kletzenbrotmasse drauflegen, fest zusammendrücken, mit dem ausgerollten Teig umhüllen, mit Eigelb (mit Milch verquirlt) bestreichen, mit abgezogenen, halbierten Mandeln verzieren, auf gefettetes Blech legen, nochmals gehen lassen.*
*Bei Mittelhitze (200 Grad) eine gute Stunde backen. Dieses Gebäck eignet sich auch zum Einfrieren.*

**Zutaten**

625 g Kletzen (Dörrbirnen)
125 g Zwetschgen
100–200 g Nüsse oder Mandeln
200 g Rosinen
250 g Feigen
50 g Zitronat
50 g Orangeat
Rum oder Obstler zum Tränken
gemahlene Gewürze wie Nelken
Anis, weißer Pfeffer, Zimt, Piment

Hefeteig
500 g Mehl
Hefe
Milch
Salz
Eigelb zum Bestreichen
abgezogene Mandeln zum Verzieren

# Apfelbrot

**Zutaten**

400 g Äpfel (netto)
50 g Zucker/Honig
50 g Mandeln
50 g Rosinen
50 g Feigen
250 g Vollkorn-Weizenmehl
1 Essl. Zimt
1 Essl. Kakao
einige Essl. Apfelsaft
2 Teel. Natron oder ½ Päckchen Backpulver

## Zubereitung

*Die geschälten Äpfel klein schneiden, mit Zucker/Honig vermischen. Etwa 12 Stunden stehen lassen. Gewürze, Natron oder Backpulver mit Mehl vermischen. Feigen klein schneiden und mit den übrigen Zutaten zu den Äpfeln geben, die Saft gezogen haben. Alles gut verrühren, nach Bedarf Apfelsaft zugeben, sodass die Masse feucht ist.*
*In eine längliche, gut gefettete Backform füllen. Bei 175 Grad (konventioneller Herd) 60–75 Minuten backen.*

## Hinweise

*Apfelbrot wird durch Natron (Natriumhydrogencarbonat) gelockert. Es ist auch eine Art Backpulver, das aber kein Säuerungsmittel (z. B. Phosphat, Weinsteinsäure) enthält. Es wird für Teige verwendet, die selbst genug Säure (z. B. Obstsäure) haben. Natron kann auch Kompotten mit sauren Früchten (z. B. Stachel-, Johannisbeeren) zugegeben werden. Es bindet überschüssige Säure, so ist weniger Süßungsmittel notwendig.*

# Vollkorn-lebkuchen

## Zubereitung

*Butter und Honig leicht erwärmen, schaumig rühren, langsam die Eier dazugeben, Gewürze und Verbesserungszutaten unterrühren. Das Backpulver mit dem Mehl vermischen, zusammen mit der Milch in die Masse einarbeiten.*
*Der Teig soll streichfähig sein, eventuell Mehl oder Milch noch zugeben.*
*Auf runde Oblaten streichen, bei Mittelhitze etwa 20 Minuten backen.*
*2–3 Essl. Honig mit der gleichen Menge Wasser aufkochen, Gebäck damit bestreichen, mit geschälten Mandeln verzieren.*

## Hinweise

*Gewürze bringen Duft in die weihnachtliche Backstube, beeinflussen somit positiv die Psyche. Sie machen aber auch mit ihren Inhaltsstoffen das Gebäck für den Körper bekömmlicher.*
*Gerade beim Lebkuchen wird dies besonders deutlich. Er „lebt" von den Gewürzen. Zimt ist Bestandteil jeden Lebkuchengewürzes. Er hat eine appetitanregende, magenstärkende belebende Wirkung. Für den schwachen Magen kann dieses Gewürz eine Medizin sein. In China ist Zimt ein uraltes Heilmittel.*

**Zutaten**

100 g Butter
200 g Honig
Prise Salz, 3 Eier
200 g geriebene Nüsse/Mandeln
100 g Rosinen
50 g Zitronat
50 g Orangeat gewürfelt
250 g Vollkornweizenmehl
1 Backpulver
1 Essl. Kakao
1 Lebkuchengewürz oder Gewürze nach eigener Wahl (z. B. Zimt, Galgant, Anis, Fenchel, Engelwurz, Nelken, Piment)
etwa 1/8 l Milch
Oblaten
Honigwasser zum Bestreichen
Mandeln zum Verzieren

# Walnusskrapferl

**Zutaten**

150 g Butter
100 g flüssiger Honig
100 g Zucker
200 g geriebene Walnüsse
300 g Weizenvollkornmehl
1 Teel. Hirschhornsalz
1 Teel. Zimt
etwa 100 ml Fruchtsaft
(z. B. Apfel- oder Zitronensaft)
halbierte Walnüsse zum Verzieren

## Zubereitung

*Butter leicht schmelzen, etwas abkühlen lassen. Übrige Zutaten zugeben, zu einem Teig zusammenarbeiten. Über Nacht kalt stellen. Kugeln formen, leicht flachdrücken, Nusshälften draufgeben. Bei Mittelhitze etwa 10–20 Minuten backen.*

# *Rezepte Dezember*

DEZ

# Trockenfrüchte-kuchen

**Zutaten**

4 Eier
50 g Honig oder Zucker
4 Essl. heißes Wasser
150 g Weizen- oder Dinkel-Vollkornmehl
500 g Trockenfrüchte (z. B. Äpfel, Birnen, Aprikosen, Zwetschgen, Quitten, Feigen, Rosinen, nach Belieben auch Zitronat, Orangeat)
50 g Hasel-, Walnüsse oder Mandeln
Gewürze (z. B. Zimt, Anis, Piment, Galgant, Fenchel)

## Zubereitung

*Trockenobst und Nüsse klein schneiden, Schaummasse für Biskuitteig herstellen, Mehl, Gewürze, Früchte, Nüsse unterziehen. Teig in eine gefettete Kastenform geben (Boden mit Backfolie auslegen), auf unterer Schiene 50 Minuten bei Mittelhitze backen.*
*Gut sieht das Biskuitfrüchtegebäck in einer Rehrückenform aus, die allerdings beschichtet sein soll. Beim Aufschneiden des ausgekühlten Kuchens am besten ein scharfes Sägemesser verwenden, da das Gebäck leicht bröselt.*
*Die Arbeitsgeräte und das Rohr werden am besten ausgenützt, wenn man drei Kuchen bäckt.*

*Die Zusammenstellung der Früchte kann beliebig nach eigenem Geschmack und Vorrat erfolgen. Experimentieren sie ein bisschen, das bringt Abwechslung.*
*Zu trockene Früchte über Dampf geben (z. B. Einsatz vom Dampfdrucktopf), nicht einweichen, weil sie sonst zu viel Wasser aufnehmen und zu schwer werden.*

# Grünkohlsuppe

## Zubereitung

*Grünkohlblätter gründlich waschen, grobe Stiele und Rippen entfernen, zerkleinern. Alles in ½ l Flüssigkeit garen. Kurz mixen. So viel Flüssigkeit zugeben, dass eine sämige Suppe entsteht. Dann würzen und mit Sahne verfeinern.*

## Tipp

*Etwas frischen Grünkohl mitmixen, Suppe nicht mehr kochen lassen.*

**Zutaten**

250 g Grünkohl
250 g Kartoffeln
1–2 Zwiebeln (etwa 100 g)
1 l Wasser oder Gemüsebrühe
gemahlener Koriander
Kümmel oder Muskat
Salz
50–100 ml Rahm

Variante
Kartoffeln durch 100 g Haferflocken ersetzen

# Gemüsesuppe mit Kürbis

**Zutaten**

500 g Kürbis
250 g Kartoffeln
250 g Lauch
250 g Sellerie
1–1,5 l Wasser
jodiertes Salz
Kürbiskerne
Knoblauch oder Pfefferoni

## Zubereitung

*Geputztes Gemüse klein schneiden, in ½ l Flüssigkeit bissfest garen. Mit dem restlichen Wasser auffüllen, zerkleinerte Kürbiskerne, Knoblauch oder Pfefferoni zugeben, abschmecken.*
*Wer die Suppe sämig wünscht, mixt das gegarte Gemüse mit dem Sud, ersetzt ¼ l Wasser mit Milch, schmeckt mit Sauerrahm, Apfelessig ab, fügt Kräuter hinzu (z. B. Petersilie, Kerbel, Sellerie) oder würzt mit Curry oder Galgant.*

## Hinweise

*Als man noch keinen Mixer kannte, wurde so eine Suppe auch mit einem Stampfer etwas breiig gemacht, sodass einzelne Gemüsestücke noch zu erkennen waren. Auch diese Art schmeckt.*

DEZ

# Grünkohl-Püree mit Grünkern-Frikadellen

*Getreidefrikadellen lassen sich auch durch Fleischpflänzchen ersetzen. Auch rustikale Würste passen zum Grünkohl-Püree.*

## Zubereitung

*Den gesäuberten, von groben Teilen befreiten Grünkohl 5–10 Minuten kochen. Durch den Fleischwolf drehen oder fein schneiden, nochmals kurz erwärmen. Mit Gewürzen und Rahm abschmecken.*

## Variante

*Etwas fein geschnittenen Grünkohl zum Schluss untermischen.*
*Sämiger und milder wird das Püree, wenn 250 g Grünkohl durch Kartoffeln ausgetauscht werden. Auch Bindung mit etwas Grünkernmehl ist möglich.*

## Zubereitung

*Das Grünkernmehl und die fein gewürfelten Gelben Rüben in den kochenden Gemüsesud geben. Bei schwacher Hitze etwa 5–10 Minuten kochen. Dabei öfters umrühren. Auf ausgeschalteter Herdplatte noch etwas nachquellen lassen.*
*Zwiebeln und Lauch fein schneiden, in 1–2 Essl. Öl andünsten. Zusammen mit den Kräutern und Gewürzen zum ausgekühlten Schrotbrei geben. Mit Eiern vermischen. Nach Bedarf Haferflocken oder geriebene Walnüsse zufügen. Bratlinge formen, ins heiße Fett geben. Von beiden Seiten knusprig braten.*

**Zutaten**

Grünkohl-Püree
¾ kg Grünkohl
1–2 Zwiebeln (etwa 100 g)
Pfeffer, Muskat
Senf
Prise Zimt
Knoblauch
50–100 ml Rahm

Grünkern-Frikadellen
400 ml Gemüsebrühe
200 g mittelgrob geschrotetes Grünkernmehl
100–200 g Gelbe Rüben
1–2 Zwiebeln (etwa 100 g)
200 g Lauch, 4 Essl. Öl
Petersilie oder Kerbel
1 Essl. Pilzpulver oder Curry, Salz

# Roher Grünkohlsalat mit Zuckerhut

**Zutaten**

Zuckerhutsalat
Grünkohl
Marinade
nach Belieben ein paar Walnüsse

## Zubereitung

*Zuckerhut und Grünkohlblätter (ohne Stiele und Rippen) fein schneiden, Walnüsse zerkleinern. Mit beliebiger Marinade abschmecken.*

## Hinweise

*Eigentlich wagt man es kaum, Grünkohl roh zu essen. Fein geschnitten schmeckt er aber pikant, wenn er anderen Salaten beigemischt wird.*

# Winterliches Gemüse mit Fisch

## Zubereitung

*Sellerie, Gelbe Rüben, Kartoffeln schaben oder schälen, in Würfel schneiden, bissfest dämpfen.*
*In der Zwischenzeit Chinakohl in etwa 1–2 cm breite Streifen schneiden, Zwiebeln würfeln, beides in Fett leicht anrösten, weichdünsten. Das andere Gemüse zugeben, würzen, mit Petersilie, Kerbel oder Keimsprossen bestreuen.*
*Fisch mit Zitronensaft beträufeln, durchziehen lassen, panieren, in Fett ausbacken.*

## Tipp

*Zum Dünsten eignen sich beim Chinakohl mehr die festeren Teile, die feine Spitze kann als Rohkost zubereitet werden.*

**Zutaten**

Gemüse
200 g Sellerie
200 g Gelbe Rüben
400 g Kartoffeln
1–2 Essl. Fett
1–2 Zwiebeln
600 g Chinakohl
Salz, Paprika
geriebener Kümmel, Kerbel
Petersilie oder Keimsprossen

Fisch
400 g Fischfilet
Zitronensaft
Salz
Pfeffer
zum Panieren Ei, Mehl, Semmelbrösel
Ausbackfett

# Zuckerhutsalat mit Äpfeln

**Zutaten**

Zuckerhutsalat
2–3 Äpfel
1 Zitrone
Wal- oder Haselnüsse
Marinade
nach Belieben Zuckermais

## Zubereitung

*Zuckerhutsalat entweder in Streifen oder in mundgerechte Stücke schneiden. Äpfel raspeln oder in kleinere Stücke teilen, mit Zitronensaft beträufeln. Nach Belieben gekochten Zuckermais (aus dem Gefriergerät) zugeben. Alles mit einer Marinade vermischen.*

## Tipp

*In der Vollwertküche wird kalt gepresstes Öl bevorzugt. Es ist auch unter der Bezeichnung „nativ“ oder „Jungfernöl“ im Handel.*
*Sehr umweltfreundlich und wenig aufwendig ist dagegen die „Direktvermarktung“ der fettreichen Nüsse durch unseren Körper.*

## Hinweise

*Als Ergänzung zu gekochtem Gemüse ist ein Rohkostsalat ideal. Zuckerhut ist ein sehr dankbarer Wintersalat. Er enthält etwas Bitterstoffe, die nicht unbedingt durch Wässern ausgelaugt werden sollen, denn sie regen den Gallenfluss und die Verdauung an.*

# Grünkohl-Gratin

## Zubereitung

*Die geschälten Kartoffeln in Scheiben oder Würfel schneiden, bissfest vorgaren. Den von den dicken Rippen und Stielen befreiten Grünkohl blanchieren und zusammen mit den gekochten Kartoffeln in eine gefettete Form geben, mit der gewürzten Sahnemilch und dem geriebenen Käse übergießen. 30 Minuten bei Mittelhitze überbacken.*
*Gegen Ende der Garzeit die geschnittenen Tomaten als Garnierung auflegen und etwas bräunen lassen.*
*Dazu passt Zuckerhutsalat, der mit etwas fein geschnittenem rohem Grünkohl vermischt wird.*

**Zutaten**

750 g Grünkohl (ohne dicke Stiele)
750 g Kartoffeln
100–200 ml Sahne
100–200 g geriebener Käse
2 Eier
Koriander
Salz
zur Garnierung ein paar nachgereifte Tomaten

# Rosenkohl-Auflauf

**Zutaten**

500 g Rosenkohlröschen
500 g Kartoffeln
250 g Knollensellerie
250 g Gelbe Rüben
Salz
Paprika
Pfeffer
Muskat
getrocknete oder gefrorene Kräuter
1–2 Eier
100 ml Sahne
50–100 g Käse

## Zubereitung

*Die gewaschenen Röschen am Stiel kreuzweise einschneiden. Kartoffeln schälen, Sellerie und Gelbe Rüben putzen, alles würfelig schneiden, dann bissfest dämpfen oder kochen.*
*Eier, Sahne, Salz, Gewürze, Kräuter und geriebenen oder gewürfelten Käse verrühren. Zu dem gegartem Gemüse geben und gut vermischen. Alles in eine Auflaufform geben und 30–45 Minuten bei Mittelhitze im Backofen garen. Die Masse wird dabei fest und nimmt eine goldgelbe Farbe an.*

## Hinweise

*Rosenkohl ist ein Wintergemüse, das Frost verträgt. Allerdings leiden die Röschen durch starke Fröste und krasse Temperatursprünge. Rechtzeitiges Abernten (evtl. Tiefgefrieren) sichert die Ernte.*

DEZ

# Weihnachtliches Mostfleisch mit Trockenfrüchten und Böhmischen Mehlknödeln

## Zubereitung Mostfleisch

*In den Most noch Essig, zerkleinertes Wurzelwerk, Zwiebeln, Gewürze, Fleisch geben und an einen kühlen Ort stellen. Das Fleisch öfters wenden, wenn es nicht ganz mit Beize bedeckt ist. Nach etwa 3 Tagen Beize erhitzen, Fleisch und Trockenfrüchte einlegen, im Dampfdrucktopf garen. Gegen Ende der Kochzeit klein gewürfeltes Wurzelgemüse zugeben und bissfest garen. Lebkuchen mit Kochsud einweichen. Zum Schluss die Brühe mit den Trockenfrüchten, dem Wurzelgemüse (etwas zum Garnieren zurücklassen) und den Lebkuchen mixen. Dadurch entsteht eine sämige Soße. In der Regel ist keine Bindung mit Mehl mehr erforderlich. Nach Bedarf noch mit Essig und Gewürzen abschmecken, eventuell noch Wasser zufügen und mit Sahne abrunden. Fleisch in Scheiben schneiden, in Soße legen, kurz durchziehen lassen.*

## Zubereitung Mehlknödel

*Mehl mit Backpulver und Salz vermischen, Eier dazugeben, durcharbeiten.*
*Nach Bedarf etwas Flüssigkeit zufügen (hängt von der Eigröße ab). Der Teig sollte fest und nicht klebrig sein.*
*Auf einem Brett die Masse kneten, zum Schluss getrocknete oder geröstete Semmelwürfel einarbeiten. Zwei längliche Rollen formen, in reichlich kochendes Wasser einlegen, 20–25 Minuten zugedeckt leise kochen lassen.*
*Die Wecken, die gut aufgehen, einmal wenden. In Scheiben geschnitten servieren.*

**Zutaten**

Mostfleisch
1/2–3/4 kg Rindfleisch oder mageres Schweinefleisch

Beize
3/4 l Most, 1/8 l Obstessig
Wurzelgemüse (Sellerie, Lauch, Gelbe Rüben), 1 Zwiebel
2 Pfeffer-, 2 Pimentkörner
2 Wacholderbeeren
2 Nelken, 2 Lorbeerblätter

Soße
100 g Kletzen, 100 g Dörrzwetschgen
100 g getrocknete Äpfel
250 g Sellerie, 250 g Gelbe Rüben
2–3 Stück Lebkuchen (Schokoüberzug gibt eine schöne braune Farbe)
jodiertes Salz, Sahne

Böhmische Mehlknödel
250 g Weizenvollkornmehl, 2 Teel. Backpulver, 2 Eier, jodiertes Salz, ein paar Essl. Milch oder Wasser
1 Semmel

# Gulasch mit Kürbis

**Zutaten**

250–500 g mageres Fleisch
100–125 g Zwiebeln
250 g Tomaten
250–500 g Kürbis
250 g Champignon oder
25 g Trockenpilze (z. B. Shiitake aus eigener Zucht)
etwa ¼–½ l Wasser oder Brühe
Kräutersalz
Gewürze (z. B. Kümmel, Paprika, Curry)
nach Belieben ein Stück Pfefferoni
50–100 ml Sahne oder Sauerrahm

## Zubereitung

*Gewürfeltes Fleisch mit zerkleinerten Zwiebeln, Tomaten, Pilzen und Flüssigkeit kochen. Gegen Ende der Kochzeit Kürbiswürfel, Salz, Gewürze zugeben und noch ein paar Minuten kochen. Nach Belieben zum Schluss etwas binden, mit Rahm verfeinern.*

## Hinweise

*Beim Gulasch kann Fett gespart werden durch Verwendung von magerem Fleisch, durch Verzicht auf Rösten von Fleisch und Zwiebeln. Zur Geschmacksverbesserung Tomaten (nachgereift oder aus dem Gefriergerät) oder Tomatenbrei, getrocknete oder frische Pilze, Gewürze und Kräuter einsetzen. Ein Teil des Fleisches wird durch den cholesterinfreien, kalorienarmen Kürbis ersetzt.*

# Fasan gebraten mit Currykartoffeln

## Zubereitung

*Römertopf einweichen, geputztes Wurzelwerk klein schneiden, zerkleinerten Knoblauch und Rosmarin mit Salz im Mörser verreiben, die anderen Gewürze mahlen, den Fasan innen und außen mit der Gewürzmischung einreiben, mit den übrigen Zutaten in den Topf geben und bei schwacher Mittelhitze im Rohr braten. Die Soße kann vor dem Anrichten mit etwas Sahne oder Sauerrahm verbessert werden.*

## Zubereitung

*Geschälte Kartoffeln fächerartig einschneiden, aber nicht durchtrennen (Kartoffel auf einen Löffel legen), zerlassenes Fett mit Curry mischen, die Kartoffeln damit einpinseln. Die Kartoffeln in eine Jenaer Form geben, Wasser dazu, Deckel auflegen und mit dem Fasan ins Rohr schieben. Am Ende der Garzeit (etwa 1 Stunde) Deckel abnehmen und knusprig bräunen.*

**Zutaten**

Fasan

Ein gut abgehangener Fasan
Wurzelwerk (Sellerie, Gelbe Rüben, Lauch, Zwiebel)
getrocknete Steinpilze
Knoblauch, frischer Rosmarin
Wacholderbeeren, Lorbeerblatt
Pfeffer, Salz, Thymian
¼ l Flüssigkeit
nach Belieben etwas Sahne oder Sauerrahm

Currykartoffeln

1 kg Kartoffeln
2–3 Essl. Butterschmalz
3–4 Teel. Curry
⅛ l Wasser

# *Winterlicher Obstsalat mit Walnüssen*

**Zutaten**

Obst nach eigener Wahl
(z. B. Äpfel, Birnen, Quitten, Kiwis, tiefgefrorene oder pasteurisierte Früchte)
Nüsse
Trockenfrüchte
Honig
nach Bedarf etwas Fruchtsaft

## Zubereitung

*Gefrorene Früchte rechtzeitig auftauen, nach Bedarf schneiden. Trockenobst evtl. zerkleinern, in etwas Obstsaft einweichen. Äpfel, Birnen, Kiwis schälen, in kleine Stückchen schneiden, mit Zitronensaft beträufeln oder in Obstsaft legen.*
*Quitten sehr fein zerkleinern, nur kleine Mengen zugeben. Nüsse hacken.*
*Alle Zutaten vermischen, abschmecken, gleich servieren oder etwas kühl stellen.*

## Hinweise

*Jetzt wird es Zeit, unser Immunsystem gegen nasskaltes Wetter zu stärken.*
*Hilfreich sind die natürlichen Vitamine und gesundheitsfördernden Stoffe im Obst. Kiwis sind besonders reich an Vitamin C (doppelt so viel wie Zitronen).*
*In Niederbayern gibt es einen Klostergarten, in dem an einer freistehenden Mauer 3 Kiwipflanzen (1 männlich), gut gedeihen. Sie haben schon wiederholt Ernten von 1000 Stück (großfrüchtig) gebracht. Natürlich gab es bei starkem Frost auch Totalausfälle. Die robusten Pflanzen treiben aber immer wieder aus. Die Ende Oktober oder Anfang November abgenommenen Früchte halten sich bei kühler Lagerung bis in den Januar hinein. Sie sind reif, wenn sie bei Druck leicht nachgeben.*
*Wer keine Kiwis hat, kann auf tiefgefrorenes Obst (z. B. Erdbeeren, Himbeeren, Johannisbeeren, Kirschen, Weintrauben) zurückgreifen.*

# Quitten-Müsli

## Zubereitung

*Flüssigkeit zu den Haferflocken geben. Quitten vom Flaum befreien, waschen, mit der Schale sehr fein reiben, Äpfel etwas gröber raspeln, sofort etwas Zitronensaft zugeben, um Verfärben zu vermeiden. Alle Zutaten vermischen, abschmecken.*

## Tipp

*Haferflocken brauchen nicht unbedingt eingeweicht werden. Lange Quellzeit macht sie bitter.*

**Zutaten pro Portion**

50 g Haferflocken
100 ml Apfel-/Birnensaft oder Sauermilch
Zitronensaft
nach Belieben etwas Sahne
Honig
Walnüsse
½–1 Quitte
1–2 Äpfel

# Haselnusscreme

**Zutaten**

½ l Milch
1 Teel. Zimt
1 Teel. Agar-Agar (oder Gelatine)
50–100 g geriebene Haselnüsse
1–2 Essl. Honig
100 ml Sahne

## Zubereitung

*Agar-Agar und Zimt mit Milch verrühren, zum Sieden bringen. Etwa 2 Minuten kochen, etwas abkühlen. In die noch lauwarme Flüssigkeit Honig und Nüsse einrühren, abkühlen lassen. In die kalte, noch nicht ganz feste Creme die geschlagene Sahne unterheben.*

## Hinweise

*Haselnüsse sind besonders günstig für Aufbau und Festigung der Knochen, denn sie enthalten reichlich Kalzium und Phosphor in einer ausgewogenen Form.*
*Nüsse gelten allgemein mit ihrem relativ hohen Lezithingehalt als Nahrung für das Gehirn.*
*Gerbstoffe regen außerdem die Haut- und Darmfunktion an. Die Nüsse am besten erst vor der Verwendung mahlen. Der Luftsauerstoff greift die Fettsäuren an, sie werden leicht ranzig. In der Schale halten sich Haselnüsse wesentlich länger als Walnüsse.*

DEZ

# Weihnachtliche Mohn-nachspeise

## Zubereitung

*Vollkornmehl mit etwas Milch vermischen, restliche Milch erhitzen, in den Mehlteig einrühren, gemahlenen Mohn zugeben, etwa 5 Minuten kochen, dann ausquellen lassen. In den etwas abgekühlten Brei Honig, Rum, Zimt geben, abschmecken. Schichtweise Mohnbrei und Gebäck in eine Schale oder in ein Glas füllen. Nach Belieben mit etwas Sahne garnieren.*

## Hinweise

*Die österreichische, aber auch die böhmische Küche verwendet gerne Mohn. Früher bauten ihn die meisten Familien auf dem Lande selbst an.*
*Diese Mohnspeise ist eine Abwandlung der schlesischen Mohnklöße, die es früher nur am Heiligen Abend und zu Silvester gab. Sie kamen nach dem Abendessen als Nachspeise auf den Tisch.*

**Zutaten**

½ l Milch
50 g Weizen-Vollkornmehl
250 g gemahlener Mohn
2–4 Essl. Honig
2–4 Essl. Rum
1 Teel. Zimt
nach Belieben etwas Sahne zum Garnieren

# Glarner Spitzbube

**Zutaten**

Teig
300 g Mehl
150 g Butter
1 P. Vanillezucker
1 Ei, 1 Eigelb
100 g Puderzucker

Füllung
Je 5 g Mandeln
getrocknete Pflaumen und Aprikosen
2 getrocknete Apfelringe
1 Essl. Zwetschgenwasser
etwas abgeriebene Zitronenschale
50 g Farinzucker
1 Essl. Süße Sahne, 1 Eiweiß

Zum Bestreichen
1 Ei (getrennt), Milch

## Zubereitung

*Mehl in eine Schüssel sieben, zimmerwarmes Fett zugeben und zu Streuseln verarbeiten. Puderzucker darübersieben und untermischen. 1 Ei, 1 Eigelb (Eiweiß für Fülle aufheben) und Vanillezucker zufügen und kurz verkneten, Teig kühlstellen.*
*Für die Fülle Mandeln reiben, die Trockenfrüchte fein hacken und mit den übrigen Zutaten vermischen.*
*Teig auf bemehlter Arbeitsfläche dünn auswalken. Plätzchen ausstechen. Die Hälfte der Plätzchen am Rand mit Eiweiß bepinseln, in der Mitte kreuzweise einschneiden, über die mit der Füllung bestrichenen Plätzchen stülpen, an den Rändern festdrücken und auf ein mit Backpapier belegtes Backblech setzen.*
*Eigelb mit Milch verrühren und die Spitzbuben damit bepinseln. Plätzchen etwas ruhen lassen. Bei 180 Grad etwa 20 Minuten backen.*

# Kammerfenster

## Zubereitung

*Mürbteig herstellen, auswalken, Plätzchen ausstechen. In eine Hälfte ein Kreuz einschneiden, die Ecken nach außen biegen und etwas festdrücken. Bei 175 Grad goldgelb backen. Erkaltet mit Johannisbeergelee zusammensetzen. Die Ecken der „Fenster“ mit rosafarbener Puderzuckerglasur bestreichen. Eventuell etwas Schokokuvertüre in ein Pergamentspritztütchen füllen und die Eckkonturen etwas nachziehen.*

## Hinweise

*Auch bei der Weihnachtsbäckerei treffen wir auf Produkte aus dem eigenen Garten: Früchte, die zu Marmelade oder Gelee verarbeitet wurden, aromatische Säfte, Hasel- und Walnüsse, getrocknete Zwetschgen, Birnen und Äpfel.*
*So ist man bei einer rosaroten Puderzuckerglasur auch nicht auf die Chemie angewiesen. Himbeer-, Johannisbeer- und Kirschsäfte färben je nach Zugabe intensiv oder zart.*

**Zutaten**

200 g Mehl
50 g Speisestärke
1 Ei
75 g weiche Butter
etwas geriebene Zitronenschale
40 g Zucker
1 Teel. Backpulver

Zum Bestreichen und Verzieren
Johannisbeergelee
Puderzucker
Schokokuvertüre

# Quitten-Fruchtschnitten

**Zutaten**

500 g geriebene Quitten
1 Zitrone
150–200 g Honig
100–200 g grob gemahlene oder gehackte Nüsse (Wal- oder Haselnüsse)
Gewürze (Zimt, Ingwer oder Vanille) nach Belieben:
50–100 g Zitronat
100 g Trockenfrüchte (z. B. Zwetschgen, Birnen, Kirschen, Rosinen)
Fruchtsaft oder Rum

## Zubereitung

*Abgeriebene Quitten mit der Schale fein reiben, mit Zitronensaft vermischen.*
*Ohne Wasser bei schwacher Hitze weich dünsten, danach Honig zugeben.*
*Harte Trockenfrüchte im Wasserdampf geschmeidig machen, fein hacken. Alle Zutaten miteinander vermischen, abschmecken. Bei Bedarf der Flüssigkeit noch Nüsse zugeben.*
*Die Masse zwischen Oblaten streichen, beschweren, später in Stücke schneiden.*
*Kühl und nicht zu lange lagern.*

## Hinweise

*Fett, Zucker, Eier sind Bestandteile der meisten Weihnachtsbäckereien.*
*Die Fruchtschnitten kommen ohne Eier und zusätzliches Fett aus. Ballaststoffe sind reichlich enthalten.*

DEZ

# Gesundheitsbällchen

## Zubereitung

*Trockenfrüchte einweichen, Kletzen evtl. weichkochen, beides durch den Fleischwolf drehen oder mit einem Blitzhacker zerkleinern. Haferflocken und geriebene Walnüsse zugeben. Weiche Masse etwas anziehen lassen, bei fester Beschaffenheit Saft beifügen. Nach eigenem Geschmack süßen und aromatisieren.*
*Bällchen formen, in gerösteten Sesamkernen wälzen. Diese „Rohkost" hält gekühlt einige Tage, sie kann auch eingefroren werden.*

## Hinweise

*Sesam bekommt durch das trockene Rösten einen nussartigen Geschmack. Sesamsamen ist äußerst nährstoffreich. Der Ölgehalt liegt bei etwa 50 %, die Fettsäuren sind überwiegend ungesättigt.*
*20–40 % des Samens bestehen aus Eiweiß. Ungeschälter Sesam hat etwa 10-mal so viel Kalzium wie Kuhmilch. Das Phosphor-Kalziumverhältnis ist sehr ausgeglichen. Dies ist für die Knochen sehr vorteilhaft. Magnesium, Eisen, Kieselsäure, Selen und Lezithin sind weitere wertvolle Bestandteile.*

**Zutaten**

125 g getrocknete Zwetschgen
125 g Kletzen (Dörrbirnen)
125 g Haferflocken
125 g geriebene Walnüsse
Zitronen-, Orangensaft
etwas Zimt
Sesam
nach Belieben Honig, aromatisierter Alkohol (z. B. vom Rumtopf)

# Weihnachtsplätzchen für Kinder

**Zutaten**

200 g Mehl
(50 g davon kann Amarant- oder Hirsemehl sein)
175 g Butter
100 g Puderzucker
100 g geriebene Mandeln
Saft von einer Zitrone
evtl. Marmelade zum Füllen

## Zubereitung

*Butter in Flocken schneiden, mit Mehl abbröseln, Zucker, Mandeln und so viel Zitronensaft beifügen, dass ein geschmeidiger Teig entsteht. Kühl stellen, dann auswalken, Formen ausstechen, hellgelb backen, nach Belieben verzieren.*

## Hinweise

*Dieser Teig hält auch ohne Eier gut zusammen. So bestehen keine gesundheitlichen Gefahren, wenn die Junioren von der Masse naschen. Mit Weizenmehl Type 405, das manchmal auch schon aus dem ökologischen Anbau zu bekommen ist, bröselt der Teig nicht und lässt sich bequem auswalken. Dies ist wichtig für Kinder. Wird vor dem Backen noch ein Loch ausgestochen, eignen sich die Plätzchen zum Aufhängen an einen Zweig. Sie können beliebig von den kleinen Künstlern verziert werden. Mit Marmelade gefüllt sieht dieses Weihnachtsgebäck auch dekorativ aus.*

# Lebkuchen als Christbaumschmuck

*Der Lebkuchen hat eine alte Tradition. Schon die Ägypter brachten ihren Göttern Honigkuchen als Opfergabe dar. Die Römer verfeinerten die Rezepte noch mit Gewürzen, Mandeln und Rosinen. Bei uns pflegten im Mittelalter besonders die Klöster das Lebkuchenbacken. Auf Kirchweihfesten wurden „Lebzelten" gerne mit christlichen Motiven angeboten. Regional entwickelten sich Spezialrezepte (z. B. Nürnberger Lebkuchen, Aachener Printen, Baseler Leckerli).*

## Zubereitung

*Flüssigkeit erwärmen (30–50 °C), Honig und Butter auflösen, etwas abkühlen. In die lauwarme Masse Eier, das mit Gewürzen und Lockerungsmittel vermischte Mehl und die geriebenen Nüsse geben, alles verkneten, über Nacht stehen lassen. Die Masse ergibt etwa 4 Bleche und lässt sich leicht bearbeiten. Nicht zu dünn auswalken (½–1 cm), sonst schmeckt Honiggebäck leicht trocken. Beliebige Formen ausstechen oder nach Schablonen ausschneiden. Für das Aufhängerloch ein Makkaronistück in den Teig stecken, das nach dem Backen entfernt wird. Die Lebkuchen mit Kondensmilch (wird schön glänzend) bestreichen, beliebig verzieren. Auf ein mit Backpapier oder Backfolie ausgelegtes Blech legen, etwa 10–15 Minuten bei Mittelhitze backen. Die Lebkuchen können noch mit einer Spritzglasur verschönt werden.*

## Zubereitung / Glasur

*Alle Zutaten glatt und glänzend rühren. Die Masse darf nicht zu weich sein. Aus Pergamentpapier kleines Tütchen formen, Spitze sehr knapp abschneiden. Glasur einfüllen, beliebiges Muster auf die Lebkuchen spritzen. Gut trocknen lassen.*

**Zutaten**

125 ml Apfelsaft, 400 g Honig
125 g Butter, 3 Eier
500 g Weizenvollkornmehl
200 g Roggenvollkornmehl
200 g geriebene Nüsse
5 g Hirschhornsalz (1 Teel.)
10 g Natron (2 Teel.), 1 Teel. Zimt
eine Messerspitze Nelken
4 Teel. Lebkuchengewürz

Verzierung
Sonnenblumenkerne, Mandeln
Nüsse, Kürbiskerne vom Ölkürbis
getrocknete oder kandierte Früchte

Glasur
50 g Puderzucker, 1 Teel. Eiklar
Zitronensaft oder 50 g Puderzucker
1 Teel. Stärkemehl, nach Bedarf
Zucker oder Saft zugeben

# Gefüllte Butterblumen

**Zutaten**

Teig
200 g Weizenmehl
175 g Butter
100 g heller Honig oder Puderzucker
100 g fein geriebene Wal- oder Haselnüsse
1 Eigelb, 1 Eiweiß zum Bestreichen

Füllung
500 g Trockenfrüchte (z. B. Dörrzwetschgen, kandierte Quitten, Rosinen, getrocknete Feigen, Äpfel, Birnen), 1 Teel. Zimt
eine Messerspitze Nelken und Ingwer
Saft von 1–2 Zitronen oder Sanddornsaft
100–200 g geriebene Nüsse
nach Bedarf Honig

## Zubereitung

*Butter in Flocken schneiden, mit Mehl abbröseln. Die übrigen Zutaten beifügen, rasch zu einem Teig verarbeiten und kalt ruhen lassen.*

## Variante

*Schaummasse aus Butter, Eigelb und Süßungsmittel rühren, sehr fein geriebene Nüsse beifügen. Gesiebtes Mehl zugeben, alles kurz kneten. Die Masse kalt stellen.*

*In der Zwischenzeit Füllung herstellen. Trockenfrüchte nach Bedarf in Wasserdampf erweichen, in einem Blitzgerät zerkleinern oder durch den Fleischwolf drehen. Mit geriebenen Nüssen, Gewürzen und Fruchtsaft vermischen, sodass eine streichfähige Masse entsteht.*
*Mürbteig messerrückendick auswalken, Plätzchen ausstechen. Die Hälfte in der Mitte kreuzweise einschneiden. Etwas Fülle auf die nicht eingeschnittenen Plätzchen geben und den Rand mit Eiweiß bestreichen. Die gekerbten Formen darauflegen, etwas andrücken.*
*Bei mäßiger Mittelhitze (konventioneller Herd 175 °C) etwa 10–15 Minuten hellbraun backen. Nach Belieben mit Puderzucker übersieben.*

# *Innsbrucker Nussplätzchen*

## Zubereitung

*Aus den Zutaten einen Mürbteig herstellen. Über Nacht kühl stellen. Dünn auswalken, runde Formen ausstechen. Bei Mittelhitze hellgelb backen. Sahne, Honig und Schokolade leicht erwärmen. So viele Nüsse zugeben, dass eine streichbare Masse entsteht. Sobald die Bäckerei erkaltet ist, etwas Fülle auf ein Plätzchen geben, mit einem anderen abdecken. Nach Belieben überzuckern.*

**Zutaten**

Teig
250 g Weizenvollkornmehl
125 g Butter
70 g Puderzucker
Saft von 1–2 Zitronen

Füllung
100 ml Sahne
100 g Honig
50 g zerlassene Schokolade
200–250 g geriebene Walnüsse

# Index


## A

Apfel 30, 31, 32, 33, 36, 53, 54, 65, 78, 99, 100, 159, 188, 194, 196, 210, 218, 241, 258, 264, 265, 268, 278
Aprikose 195, 197
Aubergine 191, 192
Aufläufe 53, 121, 134, 167, 168, 217, 219, 280

## B

Ballaststoffe 16, 36, 53, 67, 73, 105, 110, 131, 135, 155, 171
Bärlauch 97, 98, 117
Biskuitteig 34, 101
Blaukraut 256
Blumenkohl 135, 166
Bockshornklee 27
Bohnen 14, 15, 163, 165, 231, 232
Brennnessel 62
Brokkoli 133, 134, 167, 229, 230
Buchweizen 88, 249

## C

Chicorée 19, 68
Chinakohl 228, 240, 251, 254
Cholesterin 53, 106

## D

Dinkel 85, 86, 172

## E

Eiweiß 16, 37, 41, 53, 76, 110
Endivie 208
Erbsen 22, 155, 160, 162
Erdbeeren 126, 130, 148, 149

## F

Feldsalat 52, 70, 74
Fenchel 208, 240
Felsenbirne 129
Fischgerichte
- Eingelegtes Fischfilet 116
- Fisch in Currysoße 69
- Forelle mit Kerbel-Kartoffeln 93
- Gurkengemüse mit Fisch 190
- Heringstopf 41
- Kartoffel-Chinakohl-Püree mit Brathering 228
- Überbackenes Gemüse mit Fisch 25
- Winterliches Gemüse mit Fisch 277

Fleischgerichte
- Auberginen mit Hackfleisch 191
- Bohnenbrei mit Lammkotelett und Rosmarinkartoffeln 231
- Braten nach Gärtnerart 255
- Fasan gebraten mit Currykartoffeln 283
- Fleischpflänzchen nach Gärtnerart 209
- Gegrilltes Truthahnschnitzel mit Tomaten und Zuckererbsen 162
- Geschnetzeltes mit Quitten 261
- Getreide-Hackfleisch-Pflänzchen mit Zuckererbsen 160
- Gulasch mit Kürbis 282
- Gulasch nach Gärtnerart 237
- Hackfleisch mit Hirse und Gemüse, Curryäpfel 63
- Weihnachtliches Mostfleisch mit Trockenfrüchten und Böhmischen Mehlknödeln 281
- Zucchini gefüllt mit Hirse und Hackfleisch 186
- Zucchini-Hackfleischgericht 143

## G

Gelbe Rüben 38, 48, 61, 75, 92, 118, 159
Gerste 108
Giersch 62, 87, 117
Gratins 67, 111, 119, 239, 279
Grünkohl 68, 72, 273, 275, 276, 279
Gulasch 237, 282
Gurke 165, 177, 178, 189, 190

## H

Hafer 53, 109, 110, 161, 171, 180, 182, 251
Hefeteig 30, 42, 184
Heidelbeeren 146
Himbeeren 152, 153, 173
Hirse 131, 139, 185, 186, 197, 202, 219
Holunder 120

## J

Joghurt 160, 170
Johannisbeeren, Josta 123, 128, 147, 150, 168, 169, 171, 174

## K

Kapuzinerkresse 164
Kartoffelknödel 18
Kartoffeln 18, 44, 45, 61, 66, 69, 73, 80, 84, 94, 95, 111, 113, 135, 187, 207, 228, 233, 238, 250
Keimsprossen 22, 27, 42, 19, 58, 60, 74, 142, 264
Kerbel 110
Kirschen 128, 145, 172
Kiwi 266
Kohlrabi 132, 235, 236
Kohlrübe 6, 88, 223
Kompott/Obstsalate/Müsli
- Äpfel mit Semmelbrösel-Keimsprossenmischung 265
- Erfrischende Mischkompotte 220
- Felsenbirnenmüsli 129
- Himbeermüsli mit Pfirsichen 152
- Johannisbeer-Preiselbeer-Kompott 123
- Kornelkirschenmüsli 201
- Kürbismüsli 246
- Mispelmüsli 247
- Müsli „Chinaapfel“ 82
- Müsli „Ferienfreude“ 176
- Müsli „Herbstsinfonie“ 200
- Müsli mit Obstmus 222
- Obstsalat „Hochsommer“ 198
- Pastinakenmüsli 58
- Quark-Müsli mit Apfel 36
- Quitten-Müsli 285
- Rhabarberkompott 122
- Rhabarbermüsli mit Rokkenfrüchten 104
- Winterlicher Obstsalat mit Walnüssen 284

Kornelkirsche 201
Kräuter 83, 178, 186, 193, 207
Kresse 66, 69
Kuchen/Torten/Gebäck
- Apfelbrot 268
- Apfelkuchen 100
- Apfelkuchen mit Marmelade 54
- Apfelkuchen mit Quark 31
- Apfel-Mohnkuchen 264
- Biskuitroulade mit Zwetschgenmus 242
- Erdbeerkuchen mit Bananen 148
- Gefüllte Butterblumen 291
- Gesundheitsbällchen 291
- Glarner Spitzbube 288
- Heidelbeergebäck 146
- Herbstlicher Apfeldatschi 218
- Innsbrucker Nussplätzchen 295
- Johannisbeerkuchen 169
- Johannisbeer-Schmetterling 147
- Kammerfenster 289
- Kartoffelkuchen salzig 187
- Kartoffeltorte 80
- Kletzenbrot 267
- Korbinianstorte mit Most 34
- Lebkuchen als Christbaumschmuck 293
- Leichter Apfelkuchen vom Blech 196
- Pastinakentorte 56
- Quitten-Fruchtschnitten 290
- Rhabarberblechkuchen 124
- Roggen-Biskuitkuchen mit Johannisbeeren 174
- Schneller Rhabarberkuchen 125
- Trockenfrüchtekuchen 272
- Vollkornlebkuchen 269
- Vollkornwaffeln mit Johannisbeeren 150
- Walnusskrapferl 270
- Walnusswaffeln 55
- Weihnachtsplätzchen für Kinder 292
- Wickeltorte 101
- Zwetschgendatschi 233

Kürbis 17, 23, 203, 225, 238, 246, 252, 258, 260, 262, 274, 282

## L

Lauch 39, 62, 64, 95, 109, 111
Linsen 16, 45, 73, 76
Löwenzahn 106

## M

Mangold 141
Meerrettich 225, 259
Mehlspeisen/Süße Gerichte
- Apfel-Mohnstrudel mit Hefeteig 30
- Apfelpfannkuchen 194
- Apfelquark 99
- Aprikosenknödel 195
- Bratäpfel 33
- Bunter Hirseteller 202

Dinkelflammeri mit Sauerkirsch-Bananensoße 172
Haferbrei mit roher Johannisbeerfruchtsoße 171
Haferflockenauflauf mit Äpfeln 53
Haselnusscreme 286
Hefepfannkuchen mit Holler 120
Himbeerkaltschale mit Pfirsichen 173
Hirseauflauf mit Pfirsichen 219
Hirsebrei mit Aprikosen 197
Joghurt mit Früchten 170
Kirschknödel 145
Mirabellenstrudel 217
Pfannkuchenstrudel mit Quitten 263
Quarkauflauf mit Johannisbeeren 168
Reisbrei mit Quitten 248
Rhabarberauflauf mit Quark-Fruchtsoße 121
Rohe Erdbeersoße mit Biskuitgebäck 130
Vollkornflammeri mit Kiwi garniert 266
Weihnachtliche Mohnnachspeise 287
Zimtnudeln mit Johannisbeer-Preiselbeer-Kompott 123
Zwetschgenknödel mit Vollkornbröseln, Walnüssen und Mohn 243
Milchsaueres Gemüse 18, 44
Mineralstoffe 14, 15, 16, 22, 26, 27, 36, 37, 53, 73, 109, 131, 139, 147, 155, 225
Mispel 247
Mohn 30, 264, 287
Morcheln 95
Mungobohne 142

## P

Paprika 185, 206
Pastinake 46, 56, 58, 70, 71, 94
Pfirsich 152, 153, 173, 219
Pilze 204, 205, 211, 226

## Q

Quitte 241, 248, 261, 263, 285, 290

## R

Rettich 28, 52, 114, 233, 234
Rhabarber 104, 121, 122, 124, 125
Rohkostsalate 26, 64, 69, 159
Rosenkohl 280
Rote Beete 28, 59

## S

Salate
Blaukrautsalat 256
Bunte Salatplatte mit Quark-Rahmsoße 215
Bunter Eisbergsalat 188
Bunter Hafersalat 161
Bunter Salatteller mit Brokkoli 230
Chicoréesalat mit Grünkohl 68
Chicoréesalat mit Kürbis 19
Chinakohlsalat mit Fenchel 240
Erfrischender Sommersalat 157
Erfrischender Spinatsalat 96
Feldsalat mit Pastinaken und Hirse 70
Feldsalat mit Wasserrüben und Keimsprossen 74
Feldsalat mit Winterrettich 52
Gelbe-Rüben-Apfelsalat 93
Gelbe-Rüben-Schwarzwurzel-Salat 75
Grüner Salat mit asiatischer Note 142
Herbstlicher Tomatensalat 232
Kapuzinerkresse-Salat 164
Kartoffelsalat mit Pastinaken 94
Kürbissalat mit Apfel 258
Roher Grünkohlsalat mit Zuckerhut 276
Roher Kohlrabisalat 236
Rohkostsalat 69
Rote-Rüben-Rettich-Salat 28
Sättigender Gurkensalat 165
Salat mit Gelbe Rüben, Sellerie 48
Salat mit Stangensellerie 214
Sauerkrautsalat mit Kürbis 23
Selleriesalat mit Gelben Rüben und Äpfeln 92
Sommerlicher Nudelsalat 137
Sommerlicher Vitalsalat 138
Spinat mit Winterrettich und Radieschen 114
Tomatensalat mit Äpfeln und Haselnüssen 210
Waldorfsalat auf leichtere Art 79
Winterlicher Rohkostsalat 21
Zuckerhutsalat mit Äpfeln 278
Zuckerhutsalat mit Grünkohl und Wasserrüben 72
Zuckerhutsalat mit Weizensprossen 50
Sauerkraut 23, 47, 250
Schafgarbe 108
Schnittlauch 97
Schwarzwurzeln 20, 26, 67, 75
Sellerie 48, 51, 60, 92, 118
Shiitake 107, 113
Spargel 131
Spinat 62, 91, 96, 112, 114, 117, 119, 140, 251
Stachelbeeren 128
Stangensellerie 214, 224, 226, 239
Steinpilze 37
Suppen
Bohnensuppe 15
Brokkolicremesuppe 133
Brotsuppe 40
Buchweizensuppe mit Gemüse 249
Bunte Gemüsesuppe mit Linsen 16
Champignonsuppe mit Stangensellerie 226
Champignonsuppe mit Tomaten 204
Fischklößchensuppe mit Walnuss 14
Gemüsecremesuppe 203
Gemüsesuppe mit Kürbis 274
Gemüsesuppe „Querbeet“ 154
Geriebene Teigsuppe mit Gelbe-Rüben-Einlage 38
Grüne Kartoffelsuppe 84
Grünkohlsuppe 273
Gurkensuppe mit Rosmarin 178
Haferflocken-Lauchsuppe 109
Hirsesuppe mit Spargel 131
Kalte Gurkensuppe 177
Kalte Tomatensuppe 179
Kartoffel-Gelbe-Rüben-Suppe mit Topinambur 61
Kartoffelsuppe mit buntem Sauerkraut 250
Kerbelsuppe 110
Klare Gemüsesuppe mit Dinkelklößchen 86
Kohlrabisuppe mit Hirse 132
Kohlrübensuppe 223
Kräuterpfannkuchen-Suppe 83
Kürbissuppe mit Meerrettich 225
Lauchcremesuppe 39
Nudelsuppe mit Gemüse 85
Pfannkuchensuppe mit Erbsen 155
Roher Lauchsalat 64
Rote-Rüben-Suppe 59
Schafgarbensuppe 108
Selleriesuppe 60
Shiitake-Rahmsuppe 107
Spinatsuppe mit Haferflocken 251
Stangensellerie mit Herbstgemüse 224
Steinpilz-Kartoffelsuppe 37
Tomatensuppe mit Haferflocken 180

## T

Taglilie 142
Tomate 162, 179, 180, 183, 185, 193, 204, 210, 213, 227, 232
Topinambur 61, 77
Trockenfrüchte 104, 105, 267, 272, 281, 284, 291

## U

Ungesättigte Fettsäuren 14, 110

## V

Vitamine 14, 15, 16, 22, 26, 27, 36, 37, 53, 67, 73, 109, 131, 139, 147, 155, 171, 173, 206

## W

Waffeln 55, 150
Walnüsse 14, 55, 241, 243, 259, 270, 284
Wasserrübe 72, 74
Weintraube 202
Weißkraut 144, 257

## Z

Zucchini 136, 143, 156, 163, 181, 182, 184, 186, 203, 207
Zuckerhut 45, 50, 72, 276, 278
Zwetschgen 242, 243, 244

## Von Hermine Hofbauer ist im Obst- und Gartenbauverlag ebenfalls erschienen:

### Die Verwertung von Obst und Gemüse aus dem Garten

Frau Hofbauer beschreibt in diesem Buch ausführlich alle häuslichen Verwertungsverfahren für alle Gartenprodukte:
Saftgewinnung – Kalt pressen – Frostentsaften – Dampfentsaften
Weinbereitung – Essigherstellung
Tiefgefrieren – Blanchieren – Fruchteis – Sauerkonservierung
Einkochen – Einwecken – Marmelade – Konfitüre – Gelee – Fruchtaufstrich – Kompott – Obstgrütze
Einlegen in Alkohol – Essig – Salz – Zucker
Trocknen von Obst – Gemüse – Kräutern
Ernte – Lagerung

Erwähnt werden Vor- und Nachteile und was man bei den einzelnen Verfahren alles beachten muss.
Dazu kommen Hinweise für den richtigen Erntezeitpunkt, die Lagerung und natürlich viele ihrer bewährten Rezepte.

21 × 20 cm, 152 Seiten, 154 Farbbilder, **€ 9,20**

## Die Gartenbuchhandlung des Obst- und Gartenbauverlages

- über 2000 verschiedene Fachbücher
- modernes Antiquariat, spezialisiert auf preisgünstige Ausgaben
- Qualitätswerkzeuge wie Scheren, Sägen, Messer
- Fachzeitschrift „Der praktische Gartenratgeber" mit praktischen Tipps und Anregungen für den Freizeitgärtner

**Öffnungszeiten:**
**Montag – Donnerstag 8–16.30 Uhr, Freitag 8–14 Uhr**
Herzog-Heinrich-Straße 21 · 80336 München
Telefon: 0 89/54 43 05-14/15 · Telefax: 0 89/5 32 88 41
Nähe Theresienwiese, U-Bahn-Station Goetheplatz,
Parkplätze direkt vor dem Haus
**Online-Shop: www.gartenratgeber.de**

# Der praktische Gartenratgeber

**Verbandsorgan und Fachzeitschrift der bayerischen Gartenbauvereine**

Die Zeitschrift können Sie über Ihren Gartenbauverein abonnieren oder direkt beim Obst- und Gartenbauverlag:
Postfach 15 03 09 · 80043 München
Telefon: 0 89/54 43 05-24 · Fax: 0 89/5 32 88 41
E-Mail: bestellung@gartenbauvereine.org

**Jeden Monat neu!**

- **Ausführlicher monatlicher Arbeitskalender**
- **Naturgemäßer Pflanzenschutz**
- **Gesunde Ernährung**
- **Gartenökologie und Gartengestaltung**
- **Ortsverschönerung**
- **Landschaftspflege**

**Jahres-Abo ab Euro 9,20 inkl. Versand**

# Gartenbauvereine
## helfen Mensch und Natur!

Die Mitgliedschaft in einem Gartenbauverein eröffnet viele Möglichkeiten die Gartenleidenschaft zu teilen.
Gleichzeitig erhalten Sie Informationen zu allen Fragen rund um den Garten.

### Kompetenz & Erfahrung

Wir geben unseren Mitgliedern praxisnahe Hilfestellung zur Anlage und Pflege von Gärten. Wir fördern den Erfahrungsaustausch über den Gartenzaun hinweg.

### Natur & Familie

Wir sensibilisieren und begeistern auch Kinder und junge Menschen für die Belange der Natur. Wir erhalten die Natur für unsere Kinder als ein lebens- und erlebenswertes Gut.

### Gartenkultur & Landespflege

Wir vermitteln Freude am Garten. Wir leisten unseren aktiven Beitrag zur Verschönerung der Dörfer, Gemeinden und Städte durch naturnahe Gärten, Wettbewerb, Pflanzaktionen und Patenschaften.

### Willkommen in einer großen Gemeinschaft

Mehr als 525 000 Mitglieder in über 3300 Vereinen sind unter dem Dach des Bayerischen Landesverbandes für Gartenbau und Landespflege e. V. zusammengeschlossen.
Nicht nur von anderen fordern, sondern selbst anpacken und mit positiven, nachahmenswerten Beispielen neue Wege aufzeigen ist unser Erfolgsrezept.
Seit über 100 Jahren treten wir ein für die Förderung von Obst- und Gartenbau, Umweltschutz, Heimatpflege und somit für die gesamte Landeskultur.
Ziel unserer Bildungsarbeit ist es, ein verstärktes ökologisches Verständnis bei möglichst vielen Bürgern zu wecken sowie für die Bewahrung und Förderung der Natur in Garten, Siedlung und Landschaft als „Kulturaufgabe“ zu werben. Die Dachorganisation der Gartenbauvereine ist deshalb bemüht, mit praxisnahen Unterlagen in Form von Diaserien, Merk- und Fachblättern, Broschüren sowie der Monatszeitschrift „Der praktische Gartenratgeber“ die bestmögliche Beratung zu leisten. Darüber hinaus werden mit Schwerpunktprogrammen und Wettbewerben im ganzen Land wichtige Aktivitäten ausgelöst.

Herzog-Heinrich-Straße 21
80336 München
**Telefon**
0 89/54 43 05-0

**Telefax**
0 89/5 32 88 41
**E-Mail**
info@gartenbauvereine.org

**Weitere Informationen auch über die Gartenbauvereine in Ihrer Nähe finden Sie im Internet unter: www.gartenbauvereine.org**